중국 요녕성
조선족학교 교가와
그 연구

안병삼(安炳三)
bayusansan@hanmail.net

2007년 전남대학교 세계한상문화연구단에서 중국 지역을 담당하는 연구교수로 재직하면서 중국 조선족 문화 연구를 처음 시작하였다. 특히 "근·현대 한인디아스포라 지식자원 발굴과 DB 구축"(한국연구재단 지원) 프로젝트를 진행하면서 수차례 중국 조선족이 많이 거주하고 있는 동북3성을 조사하였다. 이러한 현지조사를 토대로 그들의 삶과 역사, 교육, 사상 등을 연구하였다. 이를 통해 중국 조선족학교가 급격히 사라지면서 그동안 중국 조선족학교가 이룩한 한민족의 다양한 '학교문화'가 사라지고 있음을 알게 되었다. 그중 교가의 소실이 심각하다는 사실을 알고 보존의 필요성을 인식하였고, 이를 주제로 2010년부터 2013년까지 "중국 조선족학교의 교가 발굴과 그 연구"(한국연구재단 지원) 프로젝트를 진행하였다. 또 2014년부터 2017년까지는 '학교문화'로 연구 범위를 확대하여 교가뿐만 아니라 조선족학교가 지금까지 생산한 모든 '학교문화'를 발굴·수집하기 위해 "중국 조선족학교 '학교문화' 자원 발굴과 그 연구"(한국연구재단 지원)를 진행하였다. 2018년부터는 "중국 조선족학교 당안관 자원 발굴과 그 연구"(한국연구재단 지원)를 통해 조선족학교의 방대한 자료를 보관하고 있는 학교 당안관을 연구하고 있다. 이 연구를 통해 조선족학교의 다양한 기록들을 발굴하는 동시에 당안관의 관리시스템을 실증적으로 고찰하고 있다. 현재는 삼육대학교 중국어학과 교수로 재직 중이다.

**중국 요녕성
조선족학교 교가와
그 연구**

2020년 12월 10일 초판 인쇄
2020년 12월 15일 초판 발행

지은이 안병삼 | **펴낸이** 이찬규 | **펴낸곳** 북코리아
등록번호 제03-01240호 | **전화** 02-704-7840 | **팩스** 02-704-7848
이메일 sunhaksa@korea.com | **홈페이지** www.북코리아.kr
주소 13209 경기도 성남시 중원구 사기막골로 45번길 14 우림2차 A동 1007호
ISBN 978-89-6324-730-4 93020

값 23,000원

중국 요녕성
조선족학교 교가와
그 연구

안병삼 지음

북코리아

조선족학교가 집중 분포하는 중국 요녕성의 위치

안병삼 교수의 중국 조선족학교 정신을 노래한 교가(校歌)에 대한 연구성과 출판을 진심으로 축하합니다.

이 책에 수록된 교가들은 중국 근대학교의 효시(嚆矢)로서의 서전서숙(瑞甸書塾) 교가로부터 오늘에 이르기까지의 학교 교가들이고 게다가 이미 폐교된 학교의 교가들까지도 모두 포함됩니다.

교가는 학교 정신을 성음예술의 형식으로 표현한 것으로서 조국과 민족에 대한 열애의 감정, 시대성과 미래지향성을 반영합니다. 교가는 학생들로 하여금 조국과 민족의 미래의 발전과 번영을 위해 배움터에서 열심히 공부하여 날 따라 향상하려는 사상감정을 키워주는 교양의 좋은 도경과 형식입니다.

교가는 학교 정신문화의 조성부문으로서 조선족학교의 미적인 교육사에 대한 연구뿐만 아니라 교육사상사 연구에도 학술적 가치와 현

주: 철자법은 중국조선족 규범(2007)에 따름.

실적 의의가 크다고 생각합니다.

안병삼 교수의 교가연구는 중국 조선족학교 교가 연구에서 처음으로 되는 전문저작으로서 교육학계에서 새 중국 이전의 교가에 대한 연구를 중시하고 건국 후 교가는 중시하지 않던 경향성을 개변시켜주었으며 또한 이후 중국 조선족학교 교가 연구에 매우 큰 도움이 될 것입니다.

2015년 1월 27일
연변대학사범학원 조선족교육연구소 자료실에서
허청선 교수

먼저, 『중국 요녕성 조선족학교 교가와 그 연구』라는 책을 편찬하게 된 것을 진심으로 축하드립니다. 그동안 안병삼 교수가 어려움을 무릅쓰고 대도시는 물론이고 소도시의 작은 농촌마을에 자리한 조선족학교까지 찾아다니는 것을 직접 본 사람으로서 너무나도 기쁩니다. 사실, 중국에 거주하는 조선족이 이러한 작업을 해야 하는데 안병삼 교수가 우리를 대신해서 이렇게 힘든 작업을 해줘서 정말 고맙게 생각하고 있습니다.

제가 안병삼 교수를 처음 만난 것은 2011년 여름, 무더위가 절정일 때였습니다. 요녕성 조선족학교를 방문하여 교가를 수집하고 조선족학교에 대해 이해를 하고 싶다고 저를 찾아왔습니다. 그날, 안병삼 교수가 교가 수집을 통해서 하고자 하는 바에 대한 설명을 들은 후, 나는 두 가지 감정이 생겼습니다. 하나는 먼 한국에서 중국까지 와서 중국 조선족학교에 대해 연구한다는 그 열정에 대해 무척 감명을 받았습니다. 그래서 지금도 당시 안병삼 교수의 모습을 잊을 수가 없습니다. 또 다른 하나는 부끄러움이었습니다. 중국 조선족이 마땅히 해야 할 일인데 우리는 아무도 이런 생각을 하지 않고 있었다는 사실에서 오는 부끄러움이었습니다. 나는 이러한 두 감정을 가지고 그 이후에 안병삼 교수가 중국에 올 때마다 최선을 다해 도와주었습니다.

중국 동북3성의 조선족학교가 가장 많았을 때는 1,500여 개가 넘었습니다. 그러나 현재 조선족 학교 수는 엄청 줄어들었습니다. 요녕성만 해도 현재 모두 33개 학교만이 존재하고 있을 뿐입니다. 더욱 심각한 문제는 이 33개 학교 중에도 신입생이 없어지면서 머지않아 폐교의 처지에 놓여있는 학교가 상당수를 차지하는 사실입니다. 이러한 조선족학교의 폐교와 더불어 안타까운 사실은 자료의 소실이라고 할 수 있습니다. 예를 들어 교가, 교훈, 교칙 등이 있겠습니다. 이런 것들은 모두 학교문화에 해당하는 것들로 모두 소중한 민족의 자산입니다. 하지만 현재 이러한 자료들은 체계적으로 관리가 되지 않은 채, 점점 사라지고 있습니다. 이렇게 시간이 흐른다면 나중에는 찾고 싶어도 찾을 수 없는 기록물이 될 것입니다. 이러한 시기에 안병삼 교수가 우리 조선족학교의 자료들을 모아 그 정신을 역사에 남기는 작업을 하는 것은 무척 의미가 있다고 생각합니다.

다시 한 번 그동안의 노고에 경의를 표합니다. 앞으로도 조선족학교에 대한 깊이 있는 연구를 계속해서 진행해 주시길 부탁드립니다. 감사합니다.

2018년 9월
요녕성기초교육교연양성센터 사무실에서
김 수 남

나의 연구생활에서 중국 조선족학교 교가를 수집하고 그것을 연구한 지난 몇 년간은 너무나 행복했다. 또한 이러한 연구를 할 수 있었던 것은 나에게는 참으로 행운이었다. 지금까지 그 누구도 중국 조선족이 세운 조선족학교의 교가에 대한 소중함을 인지하지 못한 상황에서 급격히 사라져가던 교가를 수집하고 그것을 연구한 것은 큰 보람이었다. 더위와 추위를 무릅쓰고 직접 중국 동북3성의 이곳저곳을 돌아다니며 조선족 교육의 뿌리를 찾아다니는 작업은 설레는 일이었다.

사실 조선족학교 교가에 대한 연구를 시작한 동기는 우연히 『중국 조선족교육』이라는 잡지에서 교가를 발견하고 나서였다. 전남대학교 세계한상문화연구단에 근무하면서 "근현대 한인 디아스포라 지식자원 발굴과 DB구축" 사업에 참여해 중국 현지에서 조선족 교육에 관한 저술들을 조사하는 과정에서 하나같이 학교의 규모나 배운 교과목 등을 정리해 놓은 것들이거나 졸업생들의 명단을 정리하는 등의 내용이 전부라는 사실을 발견하였다. 그 어디에도 교가나 교육이념, 그리고 교훈 등의 학교정신에 대한 내용을 기록한 교육 관련 저술이 없었다. 이 소중한 교가 등을 왜 빠뜨렸을까? 하는 의문을 갖고 있는 상태에서 중국 현지조사 중『중국조선족교육』이라는 잡지에서 일정기간 조선족학교 교가를 소개한 글을 발견하였던 것이다. 그래서 그 잡지에 수록된 교가를 시작으로 사라져가는 중국 조선족학교 교가를 빨리 수집하여 보존하는 것도 한민족의 문화를 후대에 전하는 소중한 작업이라고 생각하게 되었다. 이러한 생각을 더욱 굳히게 된 계기는 중국 현지에서 조선족의 집거지가 사라지면서 그 속에서 역할을 하던 조선족학교가 급격하게 폐교되거나 합병되는 상황에서 그 누구도 교가를 보존하려는 노력을 하지 않는 현실을 직접 보고 난 뒤였다. 난 모두가 느끼는 조선족 교육의 위기감과 더불어 누구도 신경쓰지 않는 교가 소실에 대한 나만의 위기감을 느꼈다. 지금도 과거 어떤 학교에서 무슨 내용의 교가를 학생들에게 부르게 하였는지 100% 알 길은 없다. 이런 상황에서 지금 교가를 수집하지 않는다면 영원히 조선족학교 교가는 미궁의 연구과제로 남을 것이다.

지금까지 그 누구도 하지 않았던 작업을 하는 신선함이 좋았다. 내가 하지 않으면 오늘 하루에도 사라질 수 있다는 사명감이 나를 움직였다. 그래서 한 곡 한 곡 교가를 수집하는 작업은 너무 행복했다.

본 서에 실린 교가들은 저자가 2010년부터 지금까지 중국 동북3성 중국 조선족학교를 방문하여 수집한 것들이다. 중국 현지에서의 교가 수집은 생각만큼 단순하지도 않았고 그리 쉽게 진행되지도 않았다. 현존하는 학교의 교가는 학교에 가면 쉽게 구할 줄 알았고 폐교된 학교의 교가는 퇴직교원이나 그 학교에 근무했던 교원을 찾으면 구할 수 있을 것이라 생각했다. 하지만 현실은 기대와 전혀 달랐다. 폐교된 학교의 교가를 구하기 위해 퇴직교원이나 그 학교 교원을 찾았지만 모르는 경우가 대부분이었고, 현존하는 학교의 교가를 구하기 위해 학교를 방문했지만 교가를 가지고 있는 교원들은 많지 않았다. 심지어는 왜 교가를 수집하는 거냐고 의심의 눈길을 보내며 협조하지 않는 경우도 있었다. 보통 여름 방학과 겨울 방학을 이용하여 중국 현지로 가서 수집을 하기 때문에 많은 경우 학교가 문을 닫아 아무도 없거나 당직하는 선생님들이 개학하면 다시 오라는 경우도 많았다. 방학 때는 교가를 담당하는 음악선생님이 한국에 갔거나 출근을 하지 않는다는 이유였다. 이것은 교가에 대해서 심지어는 교장선생님 및 일반 교원들이 잘 모르고 있기 때문이다. 처음에는 도저히 이해가 가지 않았지만 그것이 엄연한 현실이었다. 간혹 교가를 만든 작곡가나 작사가를 찾아도 본인이 만들었지만 교가를 가지고 있지 않은 경우도 많았고 기억을 하지 못하는 경우도 허다하였다.

한 학교에 존재하는 교가의 수도 다양하였다. 교장이 바뀜에 따라 새로운 교가를 만들어 한 학교에 교가가 3개나 있는 경우도 있었다. 작사와 작곡 중 하나만을 바꾸어 사용한 경우도 있었고 완전히 다르게 창작한 경우도 있었다. 하지만 이러한 교가에 대해 자세한 기록을 가지고 있지 않아 당사자를 제외하고는 모르는 경우가 많았다. 그 결과 교가를 언제 누가 만들었는지에 대한 기본적인 기록조차도 가지고 있지 않은 경우가 대부분이었다. 최근에 교가를 만든 경우는 대부분 학교의 **주년 기념행사를 준비하면서 만드는 경우가 많았다.

교가는 예전에는 학교의 현관 게시판에 많이 전시하였지만 지금은 리모델링을 하면서 다 없애고 있었다. 그것은 교가를 부르지 않고 있기 때문이다. 학교의 생존이 불확실한 상황에서 교가를 부르는 것은 의미가 없다고 생각하였다. 또한 학생이 줄어드는 상황에서 학교 성적을 올려 학교를 선전하기 급급하므로 교가 교육은 당연히 뒷전이었다.

예전에 월요일이나 종례시간, 음악시간 등 자주 부르는 교가는 현재 거의 부르지 않고 있다. 월요일 전체 조례시간에는 국가를 부르고 있고 음악시간에도 많이 부르지 않고 있다. 다만 * * 주년 행사나 학교 행사에서 간혹 부르고 있는 정도이다.

책의 구성은 제1장에서는 중국 요녕성 조선족학교 교가에 대한 분석의 글이다. 그동안 수집한 교가를 대상으로 발표한 논문을 다시 엮었다. 이 부분에서는 필자가 중국 현지조사에서 수집한 중국 요녕성 조선족학교의 교가 37개를 대상으로 조선족학교 교가의 작곡가와 작사가 현황과 교가 가사에 대한 다양한 분석을 진행하였다.

제2장에서는 요녕성 조선족학교 교가에 대한 학생들의 인식을 논하였다. 이 부분에서는 중국 조선족학교에서 교가교육을 받아본 경험이 있는 조선족 학생 186명의 설문지를 분석하였다. 먼저 일반적 특성과 그들이 교가를 배워온 상황을 파악하고, 중국 조선족학교 교가 내용을 분석한 논문에 근거하여, 먼저 가장 많이 교가에 표현된 민족의식, 배움의 중요성, 사회주의 사상, 애국심, 중화사상 등을 큰 항목으로 나눈 뒤 각 항목별로 교가에서의 사용 적합 여부, 가장 적당한 단어, 영향여부 등을 묻는 설문지 문항으로 구성하여 그 결과를 도출하였다.

제3장에서는 중국 조선족학교 교가에 나타난 조선족의 현실 인식을 논하였다. 이 부분에서는 먼저 중국 조선족학교에 나타난 조선족들의 현실 인식을 크게 정치적 현실 인식으로써의 공산당 찬양과 사회적·문화적 현실 인식으로써의 중화사상 강조로 나누어 살펴보았다. 그 다음으로 중국 조선족학교 교가에 이러한 조선족들의 현실 인식이 나타나는 구체적 원인을 분석하였다.

제4장에서는 해외 한민족학교 교가를 비교 연구하였다. 이 부분에

서는 중국 조선족학교와 일본의 조선학교의 교가를 다양한 시각으로 분석하였다.

제5장에서는 중국 동북3성에서 수집한 성회(省會: 省의 수도) 소재 조선족학교 교가 37개(길림성 장춘지구 8개, 흑룡강성 하얼빈지구 15개, 요녕성 심양지구 14개)를 음악적으로 다양하게 분석하고 그 특징을 살펴보았다. 먼저, 중국 조선족학교 교가의 시작과 이후 조선족학교의 시대적 배경에 맞는 교가 창작에 대해 논하였다. 다음으로, 음악의 3대 요소인 리듬, 선율, 화성을 분석하여 그 속에 담겨있는 다양한 음악적 특징을 알아보고자 하였고, 마지막으로, 음악의 구성요소인 악곡의 구조, 빠르기 분류, 작사·작곡가 현황, 음악과 가사의 일치성 등으로 다시 분석하여 그 속에 담겨있는 조선족학교 음악적 특징을 고찰하였다.

제6장에서는 현재 중국 조선족학교가 가장 심각하게 직면한 문제 중 하나인 학생 수 감소 극복을 위해 많은 조선족학교에서 선택한 '한족 학생'의 수용에 관해 고찰하였다. 이 부분에서는 교육 현장에서 '한족 학생'의 수용에 대해 가장 정확하게 이해하고 있는 교장선생님을 대상으로 실시한 심층인터뷰를 통해 중국 조선족학교의 '한족 학생' 수용에 관해 알아보았고, 조선족학교 발전을 위한 대안을 마련하고자 하였다.

제7장에서는 21세기 중국 조선족학교의 '學校文化' 변형 원인에 대해 논하였다. 이 부분에서는 21세기 조선족학교의 학교문화가 여러 가지 원인으로 급격하게 변형되는 모습을 살펴보고, 그 원인을 분석하였다.

제8장에서는 연구자가 수집한 요녕성 조선족학교 교가를 실었다. 먼저 지역별로 교가를 나눠 심양지구, 철령지구, 무순지구, 단동지구, 본계지구, 료양지구, 영구지구, 대련지구 등으로 구분하여 실었다. 그

리고 그 속에서 유치원 소학교 중학교 대학교 등을 구분하였다. 한 학교에 교가가 여러 개 경우는 현재 사용하는 것을 '(현)'이라고 표시하였고 나머지는 '(구)'라고 표시하였다.

교가의 출처를 교가마다 밝혔다. 그것은 교가의 출처마다 약간의 차이가 있을 수 있기 때문이다. 다만 교가의 창작시기를 알 수 없는 것은 아쉬운 대목이다. 작사가와 작곡가는 수집한 그대로 적었다. 교가에 나타난 모든 한글은 우리식으로 수정하지 않고 중국 현지에서 수집한 그대로 표시를 하였다.

앞으로도 중국 조선족학교 교가에 대한 수집과 그 연구는 계속될 것이다. 이에 혹 여기에 실린 길림성 조선족학교 교가가 원본과 다른 부분을 발견한 경우 저자에게 연락을 해주신다면 매우 감사하겠다.

많은 분들이 교가를 수집하는 데 도움을 주셨다. 이 기회를 빌어 깊은 감사의 말씀을 드린다. 또한 이 연구에 대한 지지를 보내주시고 출판을 해주신 북코리아 출판사 이찬규 사장님에게도 감사드린다.

2020년 가을날에
삼육대학교 바위실에서
안병삼

I 중국 요녕성 조선족학교 교가의 분석

V 중국 조선족학교 교가의 음악적 분석과 그 특징

VI 중국 조선족학교의 '한족 학생' 수용에 관한 고찰

VII 21세기 중국 조선족학교의 '學校文化' 변형의 원인

VIII 요녕성 조선족학교 교가

1. 심양지구

I

중국 요녕성 조선족학교 교가의 분석

1. 머리말

한민족이 한반도를 벗어나 중국으로 이주하기 시작한 지 100여 년
이 지난 지금, 우리는 그들이 타국에서 생산한 많은 문화유산들이 보
존과 소실이라는 갈림길에 서 있음을 직면하고 있다. 이런 문화유산들
을 발굴·수집, 그리고 보존하지 않는다면 그동안 어렵게 이룩하였던
해외 한민족의 문화유산들은 영원히 우리의 역사에서 시나브로 사라
지고 말 것이다. 우리는 이런 현상을 이미 많이 겪고 있다. 비록 우리
한민족이 이룩한 빛나는 문화유산이지만 우리 스스로는 그것의 존재
조차도 전혀 알지 못하고 있거나, 우리보다는 다른 나라 다른 민족이
그것의 소중함을 인식하고 연구하고 있는 현실이 그것이다. 이러한 문
화적 우매함은 이제 멈춰져야 한다.

해외 한민족 700만여 명인 오늘날, 우리는 해외 한민족 문화유산
에 대해 미약하지만 그 중요성을 인식하고 그것에 대한 관심을 기울
이기 시작하였다.[1] 이러한 변화는 우리 자신들이 한반도 내 한민족 문
화유산에만 한정되었던 문화적 인식이 세계 속의 한민족 문화유산으
로까지 확대되었음을 의미한다. 이러한 인식의 변화는 그동안 한민족

---

1   인천에 건립한 한국이민사박물관이 그 첫걸음이다. 한국이민사박물관은 2003년 미주
     이민 100주년을 맞아 해외 이주 한민족의 개척자적인 삶과 발자취를 후손들에게 전하기
     위해 인천광역시 시민들과 해외동포들이 뜻을 모아 한국 최초의 공식 이민 출발지였던
     인천에 이민사박물관을 건립하여 100여 년의 한민족 이민역사를 한눈에 볼 수 있게 하
     였다.

이 세계 도처에 이룩한 문화유산들도 소중히 보존해야 함을 시사하는 것이다.

중국 조선족학교 교가에 대한 연구도 마찬가지이다. 본 연구에서 다루고자 하는 교가는 해외 한민족의 하나인 중국 조선족들이 생산한 문화유산이다. 그러나 1990년대를 시작으로 급격하게 조선족집거지가 붕괴되면서 그것을 바탕으로 설립되었던 조선족학교가 빠르게 폐교되었고 그 속에서 만들어졌던 수많은 교가들도 사라져갔다.[2] 이것 또한 지금 누군가가 서둘러 발굴·수집하고 보존하는 작업을 하지 않는다면 우리의 역사 속으로 사라질 것이다. 이에 중국 조선족학교의 폐교 과정에서 사라져가는 수많은 교가들에 대한 많은 관심과 연구가 하루빨리 이루어져야 한다.

중국의 조선족[3], 그들도 우리와 같은 한민족이다. 중국 동북3성에 집중적으로 거주하고 있는 중국 조선족은 한반도의 근·현대사에서 나라의 폭정과 참기 힘든 굶주림을 벗어나기 위해 압록강과 두만강을 건너 중국으로 이주하였다. 특히 19세기 60년대부터 일시적인 월강경작이 경작영주를 위한 형식으로 바뀌면서 조선의 가난한 백성들이 본

---

2 가장 많을 때에는 중국 전역에 1,500여 개의 조선족학교가 운영되고 있었지만 1992년 한중수교를 기점으로 조선족학교는 점점 감소하는 추세를 보였다. 2003년 통계에 의하면 전체 학교의 60%인 900여 개 학교가 폐교되었다. 문정매, 『중국조선족학교 통·폐합의 원인분석』, 서울대학교 교육학 석사학위논문, 2007년, 1쪽 참조. 필자가 2010년부터 2013년까지 동북3성을 순차적으로 조사한 결과 현재 운영되고 있는 순수한 조선족학교는 더욱 적었다. 지역별로는 길림성 조선족학교는 130여 개교, 흑룡강성 조선족학교는 50여 개교, 요녕성의 조선족학교는 40여 개교였다.

3 조선족이라는 용어는 때와 장소에 따라 그리고 사람에 따라 아주 다양하게 사용되고 있다. 중화인민공화국 건립 전에는 한반도에서 이주 온 이주민들을 조선인, 한인, 고려인으로 불렀고, 이들이 운영하는 학교나 이들 자녀가 주로 다니는 학교를 한인학교, 조선인학교, 고려학교로 불렀다. 중국의 건립에 즈음하여 중국 정부는 국내의 소수민족을 55개로 공식화하고 그중 한인계 중국인을 조선족으로 지칭했다. 문정매, 『중국조선족학교 통·폐합의 원인분석』, 서울대학교 교육학 석사학위논문, 2007년, 7쪽.

격적으로 중국의 동북지역으로 대량 유입하기 시작하였다. 이러한 흐름에 따라 이 지역에는 '조선족개간구역'이 설치되었고 1907년 통계에 의하면 연변지방에만 조선족 이주민이 7만이 넘었다고 한다. 1910년에 일제가 조선을 강제로 합병한 뒤에는 일제의 가혹한 식민지수탈과 탄압으로 더욱 많은 이주민들이 중국으로 유입하기 시작하였다. 1918년 말 중국 동북지역에 거주하는 이주민은 36만 명에 이르렀다고 한다.[4] 당시 이주민들은 버려진 황폐한 땅을 농사지을 수 있는 농토로 만드는 동시에 자신들의 민족정체성을 지키기 위해 마을마다 학교를 세워 아이들을 가르쳤다. 예부터 부지런하고 남달리 교육을 중시해 온 조선족은 중국 땅으로 이주한 후에도 마을마다 서당을 세워 자식들의 교육에 힘을 썼던 것이다.[5]

이렇게 시작된 중국 조선족학교 교육은 학교마다 교가를 통해 학교의 교육이념과 학습목표 등을 학생들에게 가르쳤다. 또한 당시의 시대적 요구에 맞는 인재를 양성하기 위해 교가에 한민족이 지녀야 할 시대적 정신과 교육적 이념 등을 불어넣기도 하였다. 주지하다시피 일본이 한반도 및 중국 동북지역을 강점하였을 때에는 조선족학교의 교가를 통해 학생들에게 독립의 신념을 심어주고자 반일 및 독립정신 그리고 민족해방 교육을 노래하였고, 중화인민공화국이 성립한 이후

---

4   연변대학 교육학 심리학 · 연변민족교육연구소 교육사연구실, 『연변 조선족 교육사』, 연변인
     민출판사, 1987년, 4-5쪽 참조. 2011년 4월 28일에 중화인민공화국 국가통계국이 발표한
     제6차 전국인구조사에 의하면, 조선족 인구는 183만 929명이다. 이는 2000년 제5차 전국인
     구조사의 192만 3,842명보다 4.83%가 줄어든 숫자이다.

5   이렇게 조선족이 이주 초기부터 단일공동체를 형성하여 거주한 결과 조선족은 독자적인 학
     교를 세우고 자녀들을 교육하게 되었다. 조선족은 거주 지역에서 촌마다 소학교를 세웠고, 구
     마다 중학교를 세워 자식들에게 민족의 언어와 역사와 전통을 가르쳤다. 이것이 조선족이 단
     일 민족학교 운영형태를 취하게 된 객관적인 요인이 되었으며 오늘날 조선족 교육의 중요한
     특징 중 하나이다. 채휘군, 「조선족 교육의 형성과정과 현안문제 고찰」, 『교육철학』 제29집,
     2006년, 188쪽 참조.

에는 타국에서 사는 소수민족으로서 중국 공산당을 찬양함과 동시에 한민족의 문화선양과 자부심을 노래하였다.[6]

이렇듯 중국 조선족학교 교가는 개교 당시 시대적 배경을 바탕으로 학교의 교육목표나 건학정신, 교풍, 조선족의 정서, 역사적 의무 등이 잘 내포되어 있으며, 교육활동의 일부로서 학교에서 실시하는 졸업식 등 여러 학교행사에서 부르는 학교를 대표하는 노래였다. 따라서 중국 조선족학교 교가에 대한 연구는 해외에서 살아가는 소수민족으로서의 한민족이 교가를 통해 학생들에게 학교가 추구하는 교육 목적인 애국심, 애교심, 애향심, 이상 등을 어떻게 교육하려고 하였고 또한 당시 중국 조선족이 처한 사회적·시대적 상황을 교가에 어떻게 반영하였는지 분석할 수 있는 매우 의미 있는 작업이라고 하겠다.

그러나 이러한 상황에서도 한국과 중국 연구자들 대부분은 아직까지 해외 한민족 문화유산으로서의 조선족학교 교가에 대한 가치를 정확하게 인식하지 못하고 있는 실정이어서 그에 대한 연구 역시 활발하게 이루어지지 않고 있다. 이에 본 연구는 조선족학교의 통·폐합 과정에서 사라져가는 교가를 발굴·수집하고 그것을 연구하는 것을 목적으로 한다. 본 연구에서는 2012년 7월과 2013년 2월 두 차례 중국을 방문하여 현지조사를 통해 수집한 중국 요녕성 조선족학교의 교가를 대상으로 연구를 진행하고자 한다.

---

6   안병삼, 「중국 조선족학교 교가의 가사 연구」, 『한국학연구』 제39집, 2011년, 303쪽 참조.

2. 요녕성 조선족학교 개황과 연구대상 교가

1) 요녕성 조선족학교 개황

요녕성은 중국 동북 지방 남부에 자리 잡은 면적이 14.57만km²인 성(省)으로 성도(省都)는 심양(沈阳)이다. 남동쪽으로 압록강을 끼고 북한과 국경을 접하고, 북동쪽으로 길림성, 북서쪽으로 내몽고자치구 및 하북성과 접하며, 남서쪽으로는 발해(渤海) 및 황해에 접해 있다. 성내의 지형은 대체적으로 북고남저(北高南低)로 육지에서 해양을 향해 경사져 있으며 산지와 구릉이 동서 양측에 분포되어 있고 중부의 평원을 향해 경사져 있다. 경내에는 크고 작은 390여 개의 하천이 총연장 16만km에 달하며 주요 강으로는 요하(辽河), 혼하(浑河), 대릉하(大凌河), 태자하(太子河), 요양하(绕阳河), 압록강(鸭绿江) 등이 있다. 2000년 실시된 제5차 전국인구조사 통계에 따르면 성내 총 인구는 4,238만 명이었고 이 중 조선족 인구는 24만 1,052여 명이다.[7]

요녕성의 조선족은 19세기 중엽부터 한반도에서 직접 이주해오거나 혹은 연변, 길림 등지를 거쳐 요녕성으로 이주하여 밭농사를 지을 수 있는 혼하(浑河), 요하(辽河), 포하(蒲河) 등 하천지역을 중심으로 생활의 터를 잡고 살기 시작하였다. 특히, 요녕성의 중심지인 심양으로의 이

---

7   http://www.stats.gov.cn, 金海燕, 「辽宁省朝鲜族人口变化研究」, 『满族研究』, 4期, 2006年, 52-58쪽 참조.

주사를 보면, 최초의 기록에는 1892년부터 1887년 사이에 조선인 서상륜(徐相崙)과 백홍준(白鴻俊) 등이 심양에서 조선문『성경』을 번역·출판하였다고 하였다. 또한『大興朝鮮族鄉志』기록에는 1906년 심양시 위홍구 대홍조선족향 오가황촌(嗚家荒村) 왕가황둔(王家荒屯)에서 김시순(金時順) 등 세 가구 조선인 가족들이 최초로 농사를 짓기 시작하였다고 기록되어 있다.[8] 그 뒤 가족 단위로 몇 가구씩 꾸준히 심양으로 이주해왔고 1910년 일제가 조선을 강제 합병한 이후에는 대량의 이주민이 유입되었다. 기록에 의하면 1910년부터 1920년 사이에 매년 1만 2천여 명의 조선인이 동북지역으로 이주해 들어왔다고 한다.

1933년 만주국이 세워진 뒤에는 '만주농업·일본공업'의 이상을 실현하기 위해 '조선인지도강요(朝鮮人指導綱要)'를 제정하여 강제로 조선에서 농민들을 이주하게 하여 벼농사를 짓게 하였다. 이로 인해 1932년 심양시 조선인이 1,620가구에 7,838명이었으나 1940년에는 5,901가구에 3만 2,658명으로 크게 증가하였다. 1945년 일제의 패망 이후에는 많은 조선인이 조선으로 돌아가서 1947년 8월에 심양 지역에 남아 있는 조선인은 2,524가구에 1만 2,424명이었다. 1948년 공산당이 심양을 통치하기 시작한 이후에는 다시 조선인의 유입이 증가하기 시작하면서 많은 조선족 마을이 생겨났다.[9]

그럼, 요녕성 조선족 교육에 대해 살펴보자. 요녕성은 동북3성 중에서 조선족 인구가 가장 적은 곳이지만 이주 초기부터 다른 성(省)

---

8 중국 동북지역의 논농사는 중국 동북지역의 추운 날씨와 현지 농민의 벼농사 경험이 없었기 때문에 오랫동안 이루어지지 못하다가 1875년 조선족 농민이 통화(通化) 부근의 상전자(上甸子)와 하전자(下甸子) 일대에서 벼농사 짓는 것을 성공하면서 시작되었다. 그 뒤 동북지역 전 지역으로 빠르게 확대되었다. 沈陽市民委民族志編纂办公室編, 『沈陽朝鮮族志』, 遼寧民族出版社, 1989年, 50쪽 참조.

9 沈陽市民委民族志編纂办公室編, 『沈陽朝鮮族志』, 遼寧民族出版社, 1989年, 1-3쪽 참조.

과 마찬가지로 평균 20~30호가 살고 있는 마을마다 서당을 세워『논어』·『맹자』등의 전통적 유교사상 교육을 실시하였다. 심양의 경우 1920년 이전 동선서당(東鮮書堂), 북산창흥서당(北山昌興書堂), 대동촌서당(大東村書堂) 등 9곳이 있었다. 1920년대 이후에는 서당의 현대화가 이루어져 현대식교육이 실시되기 시작하였다. 심양 지역 최초의 현대식 교육을 실시한 조선족학교는 1928년 9월에 심양현(沈陽縣) 오가황(嗚家荒) 삼십리보(三十里堡)에서 개교한 신흥학교(信興學校)였다. 이 학교는 현지 조선족인 윤익선(尹翼善)이 발기하고 조선인기독교회가 협조하여 세웠고, 개교 초기 3개 반 40여 명의 학생과 3명의 선생님을 두었다.[10] 또한 조선이 일본에 강점된 이후에는 많은 반일인사들이 이곳으로 이주함에 따라 반일민족학교, 군사학교, 무관학교 등이 생겨났고, 이곳에서 조국의 독립을 위한 인재양성이 실시되었다.

9·18사변 이후 일본이 이 지역을 차지한 뒤에는 이곳의 소학교는 모두 일본학교와 같이 '심상소학교(尋常小學校)'로 개명을 하였고, 후에 다시 '재만국민학교(在滿國民學校)'로 개명하였다. 1936년 요녕지구 조선족 초등학교 숫자를 보면, 보통학교 67곳, 기타 학교 63곳, 서당 33곳, 유치원 6곳, 특수학교 16곳이 존재하였다. 1941년 조선족 중등학교는 4곳이 있었다. 일제가 패망 후 이 지역은 국민당정부가 관리하였고 중화인민공화국이 성립하기 전까지 이 지역 조선족학교는 소학교 150여 곳, 중학교 5곳이 존재하였다.[11] 1945년 11월, 조선의용군 제1지대가 지금의 신빈현에 진주한 후 '조선족독립동맹'(이듬해 '조선민주동맹'으로 개칭)을 조직하여 조선족 학교 교육의 회복과 발전을 지도하였다. '조선민주동맹'은 1946년 신빈현에 3년제의 조선족신광중학교를 설립하

---

10   李鐘太 外 主編,『沈陽市民族教育百年史』, 辽宁民族出版社, 2012年, 97-98쪽 참조.

11   辽宁省教育志編纂委員會 主编,『辽宁省普通教育年鑑』, 辽宁大学出版社, 1989年, 195쪽 참조.

고 100여 명의 학생을 모집하였다.[12] 1949년 중화인민공화국이 성립된 후에는 정부의 관리하에 모든 학교들이 정돈되어 계획적으로 발전하기 시작하였다.

이에 소학교는 구체적인 통계는 없지만 많이 존재하였고 중학교는 5곳에서 771명이 재학하였다. 1965년에는 소학교는 175곳에서 2만 6,969명의 학생이 재학하였고, 중학교는 14곳에서 6,686명이 재학하였다. 1977년에는 소학교는 112곳에서 1만 7,146명의 학생이 재학하였고 중학교는 60곳에서 1만 1,677명이 재학하였다. 1980년대는 조선족학교가 가장 번성한 시기로, 요녕성 정부는 조선족 학생들의 학습을 위해 소학교의 경우 10명만 되면 반을 열 수 있게 하였고 10명이 되지 않을 경우 학교는 2년에 한 번씩 학생을 모집하게 하였다. 또한 19곳의 중학교가 있는 소학교를 폐교하고 일부 중학교와 고등학교를 병합하여 정상적인 교육이 이루어지도록 하였다. 1985년 소학교는 224곳에서 1만 9,484명의 학생들이 재학하였고 중학교는 34곳에서 1만 1,458명이 재학하였다.[13] 1993년 요녕성에 존재했던 조선족유치원은 46곳이고 재학생이 3,671명이었다. 조선족소학교는 단독학교가 152곳이었고, 한족반의 조선민족반이 52곳이 있었으며 재학생은 1만 8,468명이었다. 조선족중학교는 30곳이었고 재학생은 9,231명이었다. 이 외에 중등사범학교 1곳에 재학생 505명이 있었다.[14] 2002년은 조선족 소학교의 경우 58곳, 조선족 중학교는 29곳이 존재하였다.[15]

---

12 박금해, 『중국조선족교육의 역사와 현실』, 경인문화사, 2012년, 310-311쪽 참조.

13 위에서 설명한 요녕성 교육에 대한 자료는 대체로 다음을 참조하였다. 辽宁省地方志编纂委員會办公室 主编, 『辽宁省志 · 教育志』, 辽宁大学出版社, 2001年, 455-464쪽 참조.

14 崔相錄 외, 『中國朝鮮族敎育的現狀与未來』, 延邊大學出版社, 1995年, 35쪽 참조.

15 이 기록은 재외동포재단과 교육부에서 공동으로 조사한 2002년 내부 자료인 중국 조선족학교 현황을 참조하였다.

2012년 필자의 현지조사에 의하면, 조선족소학교는 11곳, 조선족중학교는 10곳, 조선족유치원, 조선족소학교, 조선족중학교를 통합하여 운영하는 12곳의 통합조선족학교가 존재하였다.

여기서 주의 깊게 보아야 할 조선족학교는 1952년 개교한 요녕성 조선족사범학교이다. 이 학교는 개교 이래 요녕성 조선족학교의 선생님의 대부분을 배출하였고 또한 요녕성 교육관련 기관의 수많은 간부를 배출하였다. 그러나 시대의 변화에 그 발전은 한계가 있었다. 2000년대에 들어와 요녕성 교육청에서는 요녕성조선족사립학교와 요녕성 몽골족사범학교를 병합하여 요녕민족사범고등전과학교를 설립하기로 결정하고 결의안을 성정부에 상정하였다. 이에 따라 성정부와 국가교육부의 비준이 떨어지면 성조선사범학교는 요녕민족사범고등전과학교로 승격하게 된다.[16] 이로써 오랜 역사를 지닌 순수한 조선족사범학교가 사라지게 된 것이다. 〈표 1.1〉은 요녕성 조선족학교 수의 변화를 나타낸 것이다.

〈표 1.1〉 요녕성 조선족소학교 및 중학교 수의 변화

학교	1949	1965	1977	1985	1993	2002	2012[17]
소학교	–	175	112	224	152	58	11
중학교 (중·고등학교)	5	14	60	34	30	29	10
통합조선족학교	–				–	–	12
합계	5	189	172	258	182	87	33

---

16 2012년 7월 13일 『료녕조선문보』 1면 기사 참조.

17 2012년 통계는 필자가 직접 조사한 결과이다.

2) 연구대상 교가

지금까지 국내외에서 출판된 조선족학교의 교육관련 서적들은 많이 있었다. 그러나 이들 서적 대부분은 조선족학교의 규모(반, 학생수, 교사 수등)나 학교의 간부, 위치, 학교사진 등을 수록하고 있을 뿐 교가에 대해 다루고 있는 교육관련 서적은 거의 찾을 수가 없었다. 이러한 상황에서 현재 존재하는 조선족학교 교가에 대한 수집은 학교를 직접 찾아가서 하나하나 교가를 수집해야만 하였고 이미 폐교되거나 합병되어 사라진 조선족학교 교가는 어디에서도 자료를 찾을 수 없어 부득불 은퇴한 교직원이나 그 교가를 만든 작사가나 작곡가를 찾아가서 수집해야만 하였다. 이러한 교가 수집방법은 여러 가지 어려움에 부딪치게 되었다. 예를 들어, 멀리 찾아간 학교는 교가에 대해 아는 선생님이 없는 경우가 많았고, 이미 폐교된 학교는 학교 주변에 살고 있는 교직원을 찾아 교가의 존재여부를 문의하면 교가에 대해서 알지 못하는 경우가 대부분이었다. 작곡가나 작사가 역시 창작 후 시간이 많이 흘러 자신이 만든 교가에 대한 자료를 가지고 있지 않은 경우가 많았다.

이 글의 연구대상은 저자가 2012년 7월과 2013년 2월 두 차례에 중국 현지 조사를 거쳐 요녕성 조선족학교 교가 수집이 이루어졌고, 모두 37개교의 조선족학교 교가를 수집하였다.[18] 〈표 1.2〉는 요녕성 조선족학교의 지역별 분포를 나타낸 것이다.

---

18 이 글의 연구대상 조선족학교 교가 37개교의 교가 중에는 판본이 서로 다른 두 종류 이상의 교가가 존재하는 조선족학교 5개교가 있었는데, 이에 해당하는 학교는 다음과 같다. 심양시조선족유치원, 소가툰구조선족중심소학교, 심양시명렴소학교, 심양시조선족제5중학교, 환인만족자치현조선족중학교이다. 그리고 학교의 명칭이 바뀌었지만 이전의 교가를 사용한 경우도 있었다. 소가툰구성교조선족중심소학교와 대숙보향조선족소학교가 이런 경우이다.

<표 1.2> 연구대상 조선족학교 교가의 지역

학교 \ 지역	유치원	초등학교	중·고등학교	통합 조선족학교	대학교	기타	합계
심양지구	1	12	6	1	1	2	23
대련지구	0	0	0	1	0	0	1
료양지구	0	0	0	1	0	0	1
본계지구	0	0	2	0	0	0	2
단동지구	0	0	1	0	0	0	1
무순지구	0	3	2	0	0	0	5
철령지구	0	1	2	0	0	0	3
영구지구	0	0	1	0	0	0	1
합계	1	16	14	3	1	2	37

〈표 1.2〉의 연구대상 요녕성 조선족학교 교가를 지역별로 살펴보면, 심양지구 조선족학교 교가 23개, 무순지구 조선족학교 교가 5개, 철령지구 조선족학교 교가 3개, 본계지구 2개, 대련지구 1개, 료양지구 1개, 단동지구 1개, 영구지구 1개 등이었다. 요녕성의 경우 모두 14개 지구가 있다. 표에 없는 안산(鞍山)지구와 반금(盤錦)지구에는 조선족학교가 존재하지만 교가가 없거나 하는 등의 원인으로 교가를 수집하지 못한 경우이다. 하지만 부신(阜新)지구, 조양(朝阳)지구, 호호도(葫芦岛)지구, 금주(锦州)지구 등의 4개 지구는 현재 조선족학교가 한 곳도 남아있지 않았으며 폐교된 학교 교가수집도 쉽지 않았다. 이러한 결과는 첫째, 다른 지역과 마찬가지로 성도(省都)를 중심으로 조선족이 거주함에 따라 조선족학교 역시 이곳을 중심으로 증가하였음을 알 수 있다. 다시 말해, 요녕성 조선족학교의 발전 단계상 '지구(地區) 단위'의 구성

이 무너지고 '성(省) 단위'구성으로 가는 중간단계라고 하겠다.[19] 또한 연구대상 요녕성 조선족학교 교가를 학교별로 살펴보면, 유치원 교가 1개, 초등학교 교가 16개, 중·고등학교 교가 14개, 통합조선족학교 교가 3개, 대학교 교가 1개, 기타 교가 2개이다.

연구대상 요녕성 조선족학교 교가의 창작년대를 살펴보면, 대체로 창작년대를 알 수 없는 경우가 절반이 넘었다.[20] 창작년대를 알 수 있는 연구대상 교가는 16개뿐이었다. 이 16개 교가 중 2000년 이후에 창작된 것이 5개, 1990년대 창작된 것이 5개, 1980년대 창작된 것이 3개, 1970년대 창작된 것이 2개, 1950년대 창작된 것이 1개였다.[21] 이를 통해 요녕성 조선족학교 교가는 이전에 창작된 교가보다는 최근에 창작된 교가가 많음을 알 수 있다. 이전의 교가가 시대적 흐름에 민감한 내용을 짙게 내포하고 있다고 한다면 최근에 창작된 요녕성 조선족학교의 교가 대부분은 배움의 중요성을 강조한 내용이 주를 이루고 있다.

---

19 필자는 조선족인구의 감소에 따라 조선족학교의 수적 감소 과정을 학교 분포에 따라 다음과 같이 정의하였다. 1980년대 조선족학교가 가장 왕성한 시기에는 각 마을마다 학교가 있었는데, 이를 '마을 단위 구성'이라고 하였다. 1990년대 조선족 인구의 분산과 감소로 마을마다 있었던 학교는 없어지고 도시로 조선족학교가 모이게 된다. 이를 '시(군) 단위 구성'이라고 하였다. 시(군) 단위의 조선족학교가 다시 학생 수의 부족으로 소학교와 중학교가 합쳐져 통합학교가 생겨나고 조선족학교는 지구 중심으로 모이게 된다. 이를 '지구 단위 구성'이라고 하였다. 다시 지구에 있던 조선족학교들은 학생 수의 부족 등의 원인으로 각 성의 성도에만 조선족학교가 모이게 되는데 이를 '성 단위 구성'이라고 하였다. '성 단위 구성' 시기는 동북3성에 아직 나타나지 않은 단계이다.

20 이는 교가에 대한 기록이 남아 있지 않은 관계로 아는 사람이 없기 때문이다. 교가의 창작연도를 정확하게 알 수 있는 경우는 교가를 만든 작곡가나 작사가가 자신의 작곡집 혹은 작사집을 편찬하는 경우이다. 이럴 경우 정확한 창작연도를 교가에 적어놓았다. 그러나 조선족학교의 교가 창작자가 대부분이 학교에 근무하는 조선어문 선생님이거나 음악 선생님이라는 점에서 정확한 창작연도를 알 수 있는 경우는 많지 않았다. 안병삼, 「중국 흑룡강성 조선족학교 교가 연구」, 『인문과학연구』 제35집, 2012년, 537쪽 참조.

21 판본이 2개 이상이 있을 경우에는 현재 사용하는 교가를 기준으로 구별하였다. 예를 들어 소가툰구조선족중심소학교의 경우 현재 사용하는 교가는 2008년 창작된 것이지만 또 다른 판본은 1998년 창작된 것이다.

연구대상 요녕성 조선족학교 교가를 현존하는 학교와 이미 폐교된 학교로 나누어 살펴보면 〈표 1.3〉과 같다. 현존하는 조선족학교의 교가는 26개이고 이미 폐교된 조선족학교의 교가는 11개이다. 현존하는 조선족학교의 교가가 많은 것은 현지 교가 수집활동 과정에서 먼저 현존하는 조선족학교를 중심으로 교가를 수집하였기 때문이다.

〈표 1.3〉 연구대상 조선족학교 교가의 현존 및 폐교

학교 \ 지역	유치원	초등학교	중·고등학교	통합 조선족학교	대학교	기타	합계
현존 조선족학교	1	9	12	3	1	0	26
폐교 조선족학교	0	7	2	0	0	2	11
합계	1	16	14	3	1	2	37

지금까지 요녕성 조선족학교의 개황과 본 연구의 연구대상 조선족학교 교가에 대해 알아보았다. 이전의 수많은 조선족학교가 있었고, 조선족학교 학생들은 자신의 교가를 부르며 민족의식과 배움의 중요성 등을 배웠을 것이다. 그러나 현재 그들이 가슴 벅차게 불렀던 교가들은 사라지고 없다. 이것은 교가의 중요성을 알지 못하고 소홀히 방치한 결과이다. 이런 상황에서 본 연구는 비록 많은 수는 아니지만 요녕성 조선족학교 교가를 발굴·수집하여 분석한 첫걸음인 것이다.

3. 요녕성 조선족학교 교가 분석

1) 작곡가 및 작사가

(1) 작곡가

연구대상 요녕성 조선족학교 37개교의 교가를 작곡한 사람은 단체와 미상을 제외하면 모두 32명이다. 32명의 작곡가 중 가장 많은 요녕성 조선족학교 교가를 작곡한 사람은 서영화이며, 그는 모두 4개교의 교가를 작곡하였다. 서영화는 중국 조선족 음악계의 1세대 원로이자 요녕성 음악계의 중요 인물이다. 사회음악활동가이면서 작곡가인 서영화는 1928년 요녕성 신빈현 왕청문 강동에서 태어났으며 필명은 문일이다. 그는 1945년 이전 일본 와세다대학 통신학부를 졸업하고 심양음악학원 작곡부에서 강의하였다. 그는 1946년 초부터 1956년까지 군에서 선전대장, 예술부단장 등을 역임하면서 혁명사업을 하였다. 당시 창작한 노래로는 〈수류탄〉, 〈박격포의 노래〉, 〈바다의 용사〉, 〈진달래가 피였네〉 등이 있다. 1957년부터 1985년까지는 심양시 조선민족 문화예술관 공회주석 겸 문예부 주임을 맡아 음악사업을 주도하였다. 그는 심양시 조선민족 문화관에 온 후 심양 및 요녕성 내의 조선민족 문화예술 등 각 분야의 민족사업발전과 조선민족음악사업의 계승·발전을 위하여 많은 노력을 하였다. 그는 대중가요, 무대표현가요, 가극, 무용극, 교가 등 다방면에서 수백 수를 창작하여 대중문화활동의 발전에 힘썼다. 이 시기 창작한 노래에는 〈사회주의 농촌행진곡〉, 〈장백산의 운전수〉, 〈그리운 고향〉, 〈노래하자 우리나라〉 등이 있다. 1985년 이후에는 심양시 민족사무위원회의 초청을 받고 심양시조선민족지와 요녕 조선민족지 『문화예술』의 책임편집을 담당하였다. 평생 동안 그의 왕성한 음악활동은 중국정부의 긍정적인 평가를 받아 많은 훈장과 표창을 수상하였다. 1999년 12월에는 중국 조선민족음악연구회로부터 공로패를 받았다.[22]

그 다음으로 가장 많은 요녕성 조선족학교 교가를 작곡한 사람은 박학림으로 2개교의 교가를 작곡하였다. 박학림은 1955년 연변조선족자치주의 화룡에서 태어난 매우 저명한 조선족 음악가이다. 그는 현재 중국 연변가무단, 연변박학림예술중심, 연변학림악단 대표를 맡아 활동하고 있는 중국 국가1급 작곡가이자 지휘자이다. 1984년 장춘영화촬영소 작곡부 연수를 시작으로 상해음악학원 작곡지휘학부와 평양음악무용대학 작곡지휘학부 등에서 음악교육을 받았다. 그는 대중들의 사랑을 가장 많이 받는 가요들과 창작동요, 영화주제곡, 관현악곡 등 500여 편의 작품을 창작하였다. 그의 대표작으로는 〈제비가 돌아왔네〉, 〈세월은 흘러도〉, 〈진달래고향〉 등이 있다. 그는 많은 창작활동을 김학송과 함께 했다.

서영화와 박학림을 제외하고 연구대상 요녕성 조선족학교 교가를 작곡한 사람은 모두 1개교의 교가를 작곡하였다. 다음 〈표 1.4〉는 연구대상 요녕성 조선족학교 교가의 작곡가 현황이다.

---

22   김남호, 『중국 조선족 전통음악 대중음악론』, 민속원, 2010년, 535-538쪽 참조.

〈표 1.4〉 연구대상 조선족학교 교가의 작곡가

작곡가	교가수	학교명	작곡가	교가수	학교명
집체	1	심양시조선족제1중학교	김 정	1	오기황조선족중심소학교
음악조	1	명렴조선족소학교 ①[24]	김승겸	1	대련조선족학교[25]
김선국	1	황고구화신조선족소학교	윤대일	1	대련조선족학교
강명복	1	심양시조선족제2중학교	김 일	1	서광조선족소학교
권옥란	1	만융중심소학교	조용철	1	무순시신화조선족소학교
박석주	1	단동시조선족중학교	권영봉	1	소가툰조선족중심소학교 ①[26]
김 진	1	개원시조선족중학교	박희무	1	소가툰조선족중심소학교 ②
차재영	1	효선소학교	장길남	1	소가툰구성교조선족중심소학교
서영화	4	심양시조선족유치원[27]	리룡담	1	소가툰신흥촌조선족소학교[28]
		심양시조선족제6중학교	박학림	2	무순시이석채조선족소학교[29]
		혼남신구조선족학교			무순시조선족제1중학교
		심양시조선족제5중학교	리복순	1	환인만족자치현조선족중학교
오광복	1	심양시조선족제4중학교	김옥화	1	영구시조선족고급중학교
김광호	1	신빈만족자치현조선족중학교	김영진	1	본계시조선족중학교
최만길	1	요양시조선족학교	김 검	1	요녕성조선족사범학교
김혜영	1	망화구조선족제2소학교	윤금옥	1	철령시은주구조선족소학교
허창환	1	철령시조선족고급중학교	김흥미	1	화평구서탑소학교
설호근	1	신촌조선족중심소학교	최금철	1	심양시조선족제3중학교[30]
전명자	1	명렴조선족소학교 ②[31]	미상	1	의성학원
윤세복	1	대흥학교			

---

23 이 학교의 교가는 판본이 두 개인데 그중 하나이다. 이 교가는 『중국조선족교육』 1994년 8월
   호에 실린 것으로 작사와 작곡이 모두 개인이 아닌 단체이다.

24 대련조선족학교의 교가는 작사와 작곡 모두 각각 2명이 창작하였다.

25 소가툰조선족중심소학교 교가는 판본이 두 개다. 하나는 1998년 창작한 교가로 2008년 개
   교50주년 경축 행사책자에서 수집한 것이다. 이 교가의 작곡가는 현 소가툰구 문화관장 권영
   봉이고 작사가는 당시 당서기였던 최경순이다. 또 다른 하나는 2012년 7월 16일 학교를 방

연구대상 요녕성 조선족학교 교가의 작곡가 현황을 통하여 알 수 있는 특징은 다음과 같다.

첫째, 요녕성 조선족학교 교가의 작곡가는 대부분이 한 학교의 교가만을 작곡하였다. 이러한 조선족학교 교가의 작곡 경향은 길림성과 흑룡강성 조선족학교 교가의 작곡에서도 공통적으로 나타난 특징이

문하여 3층 교장실 옆 벽에 걸려있는 것을 촬영한 것으로 현재 사용하는 교가이다. 이 교가를 작사한 사람은 현 교장인 최은희 선생님이다. 2008년 창작당시 기존의 교가가 시대에 맞지 않는다고 생각하여 박희무 음악선생님과 함께 만들었다고 하였다.

26 심양시조선족유치원 원가는 판본이 두 개다. 하나는 『서영화작곡집』(료녕민족출판사, 2009)에 실린 것이다. 이 교가는 작사가와 작곡가, 그리고 창작연도가 기록되어 있다. 또 다른 하나는 2012년 7월에 원장님으로부터 받은 것으로 현재 사용하는 원가이다. 여기에는 작사가와 작곡가가 적혀있지 않았지만 작사와 작곡이 『서영화작곡집』에 실린 교가와 매우 유사하였다. 따라서 현재 사용하는 교가는 『서영화작곡집』의 교가를 조금 변형한 교가라고 할 수 있겠다.

27 이 교가는 소가툰구 촌위원회에서 출간을 준비 중인 『소가툰구 촌지』에서 발굴한 것이다. 소가툰구 촌위원회는 촌지 발간을 위하여 어렵게 1기 졸업생을 수소문하여 교가를 부르게 하였고 그것을 녹음하였다고 한다. 작사가와 작곡가는 모두 당시 신흥촌조선족소학교의 선생님이었다고 한다.

28 무순시이석채조선족소학교 교가는 현관 1층 복도건물에 중국 국기와 함께 전시되어 있었다. 악보와 함께 그려진 교가에는 중국어 가사가 있었다. 조선어 가사는 옆에 따로 적어놓았다. 특히 이 학교 김죽화 교장선생님이 중앙인민대표대회에 참가한 사진이 길게 붙어있는 것이 인상 깊었다. 김죽화 교장선생님은 무순시조선족제1중학교 교장 김광산의 누나이다. 그녀는 요녕성에서는 유일하게 종신교장이면서 중앙인민대표대회 6회 참석이라는 기록을 가지고 있다. 무순시 부시장으로 갈 수 있었지만 조선족 교육사업에만 매진하기 위해 그 제안을 거절하였다고 한다. 무순시이석채조선족소학교 교가와 무순시제1중학교 교가는 같은 사람이 작사와 작곡을 각각 하였다.

29 이 학교에서 현재 사용하는 교가는 한국대중가요〈하나되어〉이다. 2007년에 이 학교에 근무하셨던 최금철선생님이 약간의 수정을 통하여 처음 사용하기 시작하였다.

30 이 학교의 교가는 판본이 두 개인데 그중 하나이다. 이 교가는 필자가 2012년 7월 17일 화신조선족소학교에 가서 그곳에 근무 중인 전명자선생님으로부터 직접 받은 것이다. 전명자 선생님은 원래 명렴조선족소학교에 근무하였지만 명렴조선족소학교가 화신조선족소학교와 병합되면서 이곳에서 근무하고 있다고 했다. 그녀는 이 교가를 직접 작곡한 음악선생님이다. 두 교가는 서로 매우 비슷한 걸로 봐서 단체가 작사와 작곡한 교가를 후에 개인이 약간 바꿔 다시 사용한 교가라고 하겠다.

다.[31] 이것은 조선족학교 교가의 작곡가들이 전문적으로 작곡을 하는 사람들이 아니라 오직 한 학교의 교가만을 작곡하였다는 것으로 판단할 수 있다. 이러한 현상의 주요 원인은 그들이 학교의 음악교원이기 때문이다. 교장의 주도하에 교가가 만들어지는 상황에서 작사와 달리 작곡은 어느 정도의 음악에 대한 지식이 필요하였고 그 역할은 자연스럽게 음악교원이 담당하게 된 것이다. 다시 말해 전문적으로 작곡을 하는 서영화와 박학림을 제외하고는 요녕성 조선족학교 교가를 다작하는 경우는 많지 않았다는 사실이다.

둘째, 요녕성 조선족학교 교가의 작곡은 주로 한 사람이 담당하였다. 길림성의 경우, 많은 경우가 조선족학교의 교가를 작곡할 때 2명 이상이 함께 작업하거나 집체 혹은 음악조 같은 단체들이 한 경우가 많았다.[32] 그러나 연구대상인 요녕성 조선족학교 교가에서는 대부분이 1인 작곡가 작품이었다. 2명이 함께 작곡한 교가는 단 1개[33]에 불과하였고 2명 이상의 단체가 작곡한 경우는 2개뿐으로, 집체 작곡의 심양시조선족제1중학교와 음악조 작곡의 명렴조선족소학교가 이에 해당한다.

셋째, 작곡가를 알 수 없는 교가가 다른 성(省)의 조선족학교보다 적었다. 연구대상 요녕성 조선족학교의 교가 중 작곡가를 알 수 없는 것은 오직 1곡이었다. 의성학원 교가 1곡을 제외하고는 모두 작곡가가 누구인지 알 수 있다는 것이다. 이러한 원인으로는 요녕성 조선족학교 교가 대부분이 최근에 창작되어 그 기록이 아직 존재하기 때문이다. 역사가 오래된 학교의 경우도 이전의 교가는 소실되어 잘 모르지

---

31   안병삼, 「중국 흑룡강성 조선족학교 교가 연구」, 『인문과학연구』 제35집, 2012년, 542쪽 참조.
32   안병삼, 「중국 흑룡강성 조선족학교 교가 연구」, 『인문과학연구』 제35집, 2012년, 542쪽 참조.
33   대련시조선족학교가 이에 해당된다.

만 최근에 다시 만든 교가는 그 기록을 가지고 있었다. 또 다른 원인으로는 요녕성에서 수집된 조선족학교 교가가 대부분 현존하는 학교이기 때문이다. 따라서 학교의 작사가와 작곡가를 파악할 수 있었다. 하지만 이러한 기록도 시간이 어느 정도 흘러 현재 근무하는 교원들이 은퇴를 한다면 교가에 대해 아는 사람도 없을 것이다.

(2) 작사가

연구대상 요녕성 조선족학교 37개교의 교가를 작사한 사람은 단체와 미상을 제외하면 모두 35명이다. 35명의 작사가가 중 가장 많은 요녕성 조선족학교 교가를 작사한 사람은 연변시인협회 부회장, 연변시조시인협회 사무국장 등을 지낸 김학송이며, 그는 모두 2개교의 교가를 작사하였다.

시인이자 작사가인 김학송은 1952년, 도문시 곡수촌에서 소학교 교원가정의 4남2녀 중 장남으로 태어났다. 아버지의 잦은 전근으로 룡정, 로투구 등 연변내의 여러 곳을 전전하며 소학교를 다니다가 중학교 2학년 때 문화대혁명이 발생하여 학업을 포기하였다. 1968년 8월에 중학교를 졸업하고 귀향지식청년으로 도문시 홍광향 홍휘6대(곡수촌)에 내려가 농민이 된 그는 소방목원, 논물관리원 등을 하면서 많은 고생을 경험하였다. 1977년 훈춘 소서남차금동광에 배치되어 1년 이상 육체노동만 해야 했다. 장기간의 노동생활에서 희로애락을 경험한 그는 2년 후 도문시석유공사로 자리를 옮겨 일하다가 우연히 쓴 시 한 수가 『연변문예』 1980년 11월호에 실리면서 문학의 길을 걷기 시작하였다. 그는 7년간 농민으로 살아온 경험과 광산에서의 노동생활을 통해 느낀 가난과 고생 등을 창작활동을 통해 솔직하게 표현하였다. 그 후 도문시사탕술담배공사에서 근무하다 1983년 연변대학 문학반에 입학하여 문학이론 등의 전문지식을 배웠다. 1984년에 연변작가 협회에 가입한 김학송은 대학을 졸업하고 도문시문화국 창작실에서 전문적인 창작생활을 하였다.

요녕성 조선족학교 교가 2곡을 함께 창작한 김학송과 작곡가 박학림은 교가 이외에도 50여 수의 노래를 창작하였지만 처음에는 얼굴도 모른 채 지냈다고 한다.[34] 이들 둘의 작품인 노래 〈세월은 흘러도〉는 1980년대에 많이 불렸는데 박학림이 가사집을 뒤적이다가 발견하고 곡을 붙인 것이라고 한다. 그 후에도 작사가 김학송과 작곡가 박학림은 여러 번 함께 창작을 하면서 서로 편지를 주고받았지만 7~8년이 지나서야 처음 만났다고 한다.

1998년부터는 연변가무단에서 근무하면서 더욱 가사 창작에 정진하였다. 이 시기에 창작한 가사들로는 림성호가 작곡한 〈연변아리랑〉, 리규남 작곡의 〈아리랑처녀〉, 리규남 작곡의 〈해바라기련가〉, 김경애 작곡의 〈웃으면 예뻐집니다〉 등 여러 수가 있다. 이 밖에 김학송 씨는 동요 가사도 많이 창작하였는데 최학주 작곡으로 된 동요 〈2천년은 나의 세계〉는 제1차 중국조선족 소년아동예술제에서 특등상을 수상하였다.[35]

---

34 이러한 현상은 당시의 가요창작과정을 살펴보면 이해할 수 있다. 작사가들은 일반적으로 가사를 쓴 후 직접 마음에 드는 작곡가를 찾아 곡을 붙여달라고 부탁하는 경우가 매우 적었다. 작사가는 가사를 가사집에 발표하면 어느 가사집에 수록되었다는 사실만 알 뿐이었다. 심지어는 자신이 쓴 가사에 누군가가 곡을 붙여 가수가 그 노래를 불러 상을 타도 모르고 지낼 수도 있다고 한다.

35 http://www.cwomen.net/bbs/board.php?bo_table=korea&wr_id=639, 김학송에 대한 글은 연변라지오TV신문의 채선애 기자가 쓴 글을 참조하였다.

<표 1.5> 연구대상 조선족학교 교가의 작사가

작사가	교가수	학교명	작사가	교가수	학교명
어문조	1	명렴조선족소학교 ①	원계향	1	오가황조선족중심소학교
전명자	1	황고구화신조선족소학교	김부호	1	대련조선족학교
김희자	1	심양시조선족제2중학교	계영제	1	대련조선족학교
조종만	1	만융중심소학교	김 일	1	서광조선족소학교
조옥자	1	단동시조선족중학교	원성진	1	무순시신화조선족소학교
최금철	1	심양시조선족제3중학교	최경순	1	소가툰조선족중심소학교 ①
박병대	1	개원시조선족중학교	최은희	1	소가툰조선족중심소학교 ②
윤근업	1	효선소학교	배영란	1	소가툰구성교조선족중심소학교
김성철	1	요양시조선족학교	정창경	1	소가툰신흥촌조선족소학교
김명화	1	망화구조선족제2소학교	김학송	2	무순시이석채조선족소학교
김무진	1	철령시조선족고급중학교			무순시조선족제1중학교
설호근	1	신촌조선족중심소학교	김안영	1	환인만족자치현조선족중학교
정연순	1	철령시은주구조선족소학교	리금보	1	영구시조선족고급중학교
정준기	1	화평구서탑소학교	최영옥	1	요녕성조선족사범학교
편도현	1	혼남신구조선족학교	박경옥	1	본계시조선족중학교
윤옥선	1	명렴조선족소학교 ②	김용강	1	심양시조선족제5중학교
김룡성	1	심양시조선족제4중학교	윤세복	1	대흥학교
박성실	1	심양시조선족제6중학교[37]	미상	1	의성학원
김명옥	1	심양시조선족제6중학교	집체	2	심양시조선족제1중학교
김윤복	1	신빈만족자치현조선족중학교			심양시조선족유치원

연구대상 요녕성 조선족학교 교가의 작사가 현황을 통하여 알 수 있는 특징은 다음과 같다.

첫째, 요녕성 조선족학교 교가의 작사가는 거의 모두 한 학교의 교가만을 작사하였다. 오직 작사가인 김학송만이 2곡을 창작하였다. 이

---

36 작곡은 서영화 한 사람이 하였지만 작사는 박성실과 김명옥 두 사람이 하였다.

러한 현상은 작곡에서도 나타난 특징으로 교가 창작에 있어 주도적인 역할을 하는 사람들이 그 학교에 근무하는 교원이기 때문이다. 다시 말해, 대부분 작사를 하는 사람이 학교에 근무하는 교장이거나 설립자, 국어교사 등을 중심으로 이루어졌기 때문이다.[37]

둘째, 작사와 작곡을 모두 한 사람이 창작한 교가가 거의 없다. 오직 대흥학교의 윤세복과 무순시신촌조선족중심소학교의 설호근 두 사람뿐이다. 이러한 현상은 길림성이나 흑룡강성 조선족학교 교가에서도 나타났으며 그 원인은 작곡은 음악교사가 담당하였지만 작사는 조선어문 교사가 담당하거나 교장이 작업하는 경우가 많았기 때문이다.[38]

셋째, 무순시조선족학교 교가의 창작에는 김학송과 박학림이 절대적인 역할을 하였다. 어느 한 지역의 조선족학교 교가를 누군가가 모두 창작한 경우는 매우 드물게 나타나는 현상이다. 그러나 무순시의 연구대상 조선족학교 교가 3곡 중 2곡을 이 두 사람이 창작하였다. 특이한 점은 이 두 사람 모두 요녕성 지역과는 별로 상관이 없다는 점이다. 두 사람은 모두 연변조선족자치주에서 태어났으며 주로 연변 지역에서 활동하던 작사가와 작곡가이다. 이렇게 볼 때 학교의 교장이 교가를 만들 때 특별히 이 두 사람에게 부탁하여 교가를 만들었다고 추정할 수 있다. 특히 조선족 교육을 중시하였던 김죽화 무순시이석채조선족소학교 교장이 자신의 소학교 교가는 물론 자신의 동생이 교장인 무순시조선족제1중학교 교가를 부탁한 것으로 보인다.

---

37 안병삼, 「중국 흑룡강성 조선족학교 교가 연구」, 『인문과학연구』 제35집, 2012년, 545쪽 참조.
38 안병삼, 「중국 조선족학교 교가 분석」, 『인문연구』 제62호, 2011년, 406쪽 참조.

2) 교가의 형식

(1) 교가의 길이

연구대상 요녕성 조선족학교 교가 가사의 음악적 형식에서는 교가의 길이를 가지고 1절, 2절, 3절 등으로 나누었다. 가사가 1절인 조선족학교 교가는 모두 4개였다. 가사가 2절인 조선족학교 교가는 26개

〈표 1.6〉 연구대상 조선족학교 교가의 길이

길이	학교명		합계
1절	심양시조선족제2중학교 요양시조선족학교	명렴조선족소학교 ② 화평구서탑소학교	4
2절	심양시조선족제1중학교 황고구화신조선족소학교 단동시조선중학교 심양시조선족제3중학교 효선소학교 심양시조선족유치원 망화구조선족제2소학교 신촌조선족중심소학교 철령시은주구조선족소학교 명렴조선족소학교 ① 신빈만족자치현조선족중학교 본계시조선족중학교 혼남신구조선족학교	심양시조선족제5중학교 대련조선족학교 서광조선족소학교 소가툰조선족중심소학교[40] 소가툰구성교조선족중심소학교[41] 무순시이석채조선족소학교 무순시조선족제1중학교 환인만족자치현조선족중학교 영구시조선족고급중학교 의성학원 오가황조선족중심소학교 요녕성조선족사범학교 심양시조선족제4중학교[42]	26
3절	만융중심소학교 개원시조선족중학교 철령시조선족고급중학교	심양시조선족제6중학교 무순시신화조선족소학교	5
미상[43]	대흥학교	소가툰신흥촌조선족소학교	2

---

[39] 판본이 2개지만 모두 교가의 길이는 2절이다.

[40] 소가툰구성교조선족중심소학교 교가는 필자가 직접 학교에서 촬영한 것은 중국어판으로 가사는 2절이었다. 그러나 작사가인 배영란과 연락을 취해 얻은 한글본 가사는 1절만 있다. 소가툰구성교조선족중심소학교와 소가툰구대숙향조선족중심소학교 교가는 같아서 본 논문에서는 소가툰구성교조선족중심소학교 교가만 다루었다.

로 가장 많은 비중을 차지하였고, 가사가 3절인 조선족학교 교가는 5개였다. 이 외에도 알 수 없는 미상의 교가가 2개였다. 이를 통해 요녕성 조선족학교 교가의 길이는 길림성 조선족학교나 흑룡강성 조선족학교와 마찬가지로 2절을 가장 선호했음을 알 수 있었다.

(2) 교가의 박자

연구대상 요녕성 조선족학교 교가의 박자에는 2/4, 3/4, 4/4, 6/8, 변박, 그리고 미상 등이 있었다. 이 중에는 4/4박자의 곡이 25개로 가장 많은 수를 차지하였다. 이것은 길림성 조선족학교 교가나 흑룡강성 조선족학교 교가에서 공통적으로 나타난 현상이다. 이를 통해 중국의 조선족학교 교가는 대부분이 4/4박자라고 말해도 과언이 아닐 정도이다. 이것은 4/4박자의 교가가 힘찬 기상을 표현하기에 가장 유리하고, 행진하면서 부르기에 좋기 때문으로 풀이된다.[43] 교가 중에는 중간에 악곡이 변하는 변박자로 구성된 교가도 2개가 포함되어 있었다. 2/4박자는 2개였고, 3/4박자는 3개였다. 6/8박자도 1개가 있었다.

이 외에도 알 수 없는 미상의 교가가 4개였다. 미상의 교가 4개는 모두 교가의 가사만 수집하고 악보는 수집하지 못한 경우이다. 요녕성 조선족학교 교가에서 나타나는 박자의 특징은 악보와 박자가 맞지 않는 경우가 종종 있었다는 사실이다. 비록 악보에는 2/4박자이지만 음

---

41 이 학교의 교가는 원래 2절이었다고 하지만 현재 2절까지 아는 사람이 없었고 교가에 대한 기록도 찾지 못했다. 필자는 중국현지조사에서 그 학교에 근무하였던 선생님을 통해 1절 가사만 구할 수 있었다.

42 미상인 경우에 해당하는 2곡은 교가가 너무 오래되어 기록은 없고 졸업생을 찾아 그의 기억에 따라 최대한 복원한 것이다. 이에 정확히 교가의 길이가 얼마나 되는 지에 대해서는 알 수 없는 경우이다.

43 안병삼, 「중국 흑룡강성 조선족학교 교가 연구」, 『인문과학연구』 제35집, 2012년, 548쪽 참조.

표를 보면 전혀 맞지 않는다. 예를 들면, 우홍구오가황조선족중심소학교 교가가 그 좋은 예이다.

〈표 1.7〉 연구대상 조선족학교 교가의 박자

박자	교가수	학교명	
2/4	2	단동시조선족중학교	오가황조선족중심소학교
3/4	3	심양시조선족유치원 ① 요녕성조선족사범학교	영구시조선족고급중학교
4/4	25	심양시조선족제1중학교 심양시조선족제3중학교 심양시조선족제6중학교 효선소학교 요양시조선족학교 신촌조선족중심소학교 화평구서탑소학교 신빈만족자치현조선족중학교 혼남신구조선족학교 서광조선족소학교 소가툰조선족중심소학교 ② 무순시이석채조선족소학교 환인만족자치현조선족중학교	심양시조선족제2중학교 심양시조선족제5중학교 만융중심소학교 심양시조선족유치원 ② 망화구조선족제2소학교 철령시은주구조선족소학교 명렴조선족소학교 본계시조선족중학교 대련조선족학교 무순시신화조선족소학교 소가툰구성교조선족중심소학교 무순시조선족제1중학교
변박 (2/4→4/4)	2	철령시조선족고급중학교	소가툰조선족중심소학교 ①
6/8	1	황고구화신조선족소학교	
未詳	4	심양시조선족제4중학교 의성학원	소가툰신흥촌조선족소학교 대흥학교

3) 교가의 가사 내용

중국 조선족학교 교가 가사의 구성은 일반적으로 세 부분으로 구분된다. 도입부는 학교의 위치가 좋고 유구한 역사를 표현하기 위하여 학교 주변 지명이나 산, 강 등의 이름을 사용하여 교가를 시작한다. 중간 부분은 교가의 핵심부분으로 학교에서 학생들에게 전달하고자 하는 학교의 교육이념, 학생들에 대한 당부, 시대적 요구 등이 주요한 내용이다. 끝부분은 후렴을 통하여 학교의 이름을 강조하기 위해 학교 이름을 반복적으로 사용한다.[44]

그럼, 중간 부분 교가의 핵심내용은 지금까지 어떤 내용들이 있었을까? 필자가 길림성이나 흑룡강성 조선족학교 교가 가사에 대한 연구를 통해 알 수 있었던 사실은 중국 조선족학교 교가가 1906년 최초의 조선족학교 서전서숙으로부터 2000년대 통합조선족학교까지 모두 각 시대적 상황에 따라 서로 다른 교가 내용을 만들어 학생들에게 부르게 하였다는 것이다. 다시 말해, 1945년 일제가 패망하기 전 조선족학교 교가는 주로 시대적 상황에 맞게 항일정신과 독립정신, 그리고 대중적 계몽의식과 민족정신을 일깨우는 내용을 담고 있었다. 그러나 중화인민공화국 성립 이후의 조선족학교 교가는 공산당과 사회주의 찬양, 중화사상, 학교 자랑, 배움의 중요성 강조, 민족정신 고양, 학생들에 대한 당부 등의 다양한 내용을 표현하고 있었다.[45]

연구대상 요녕성 조선족학교 교가는 길림성 조선족학교 교가나 흑룡강성 조선족학교 교가와 마찬가지로 도입부에서 지명, 산, 강 등을 언급하였다. 하지만 교가 내용의 핵심인 중간 부분은 다른 성(省)과는 약간 차이가 있었다. 1945년 광복 전의 연구대상 요녕성 조선족학교 교가에서는 이전의 교가와는 달리 항일정신이나 독립정신 고취의 내

---

44 안병삼, 「중국 흑룡강성 조선족학교 교가 연구」, 『인문과학연구』 제35집, 2012년, 549쪽 참조.

45 이러한 조선족학교 교가에 대한 연구는 다음 논문을 참조하였다. 안병삼, 「중국 조선족학교 교가 분석」, 『인문연구』 제62호, 2011년; 안병삼, 「中國 朝鮮族學校 校歌의 亡失과 그 特徵」, 『한국민족문화』 제39집, 2011년; 안병삼, 「중국 조선족학교 교가의 歌詞 연구」, 『한국학연구』 제39집, 2011년; 안병삼, 「중국 흑룡강성 조선족학교 교가 연구」, 『인문과학연구』 제35집, 2012년.

용이 분명하게 나타난 교가는 찾기 힘들었다. 또한 1949년 중화인민 공화국 성립 이후의 연구대상 요녕성 조선족학교 교가에서도 공산당과 사회주의 찬양은 잘 보이지 않고 주로 학교 자랑이나 배움의 중요성 강조, 민족정신 고양 등의 내용을 표현하고 있었다. 여기서는 본 연구의 연구대상 요녕성 조선족학교 교가 가사 내용 중 도입부에서 언급된 지명과 교가에서 언급된 인명을 알아보고, 다음으로 연구대상 요녕성 조선족학교 교가 가사에 나타난 배움(터)의 중요성 강조, 민족의식 고취, 사회주의 찬양 등을 살펴보겠다.

(1) 교가 가사에 나타난 지명과 인명

연구대상 요녕성 조선족학교 교가에 나오는 지명은 특히 학교와 가까운 그 지역의 지명, 강, 산, 바다 등의 이름이었다. 이것은 학교의 위치를 알리기 위한 것이면서 동시에 자신이 살고 있는 고향에 대한 애향심을 표현한 것이라고 할 수 있겠다. 또한 교가의 가사에 등장한 역사적 인물은 '뢰봉'이었다.

〈표 1.8〉을 보면, 연구대상 요녕성 조선족학교 교가 가사에 사용된 지명은 모두 29곳이고 인명은 1명이었다. 가장 많이 사용된 지명은 모두 4개교에서 사용한 혼하(강)이었고 다음으로 가장 많이 사용된 지명은 3개교에서 사용된 료동(벌)이었다. 2번 사용된 지명은 심양(성), 요하 (강), 그리고 태자하(太子河)였다. 이는 길림성에서 가장 많이 사용했던 백두산(장백산)과 흑룡강성에서 가장 많이 사용했던 송화강처럼 그 지역의 상징적인 자연환경이라는 공통점이 있다.

요녕성 조선족학교 교가에 가장 많이 등장한 지명인 혼하(浑河)는 중국 요녕성의 강으로 길이 415km, 유역면적 1만 1,500km²이다. 요녕성과 길림성의 경계인 청원만족자치현(清原滿族自治縣) 동쪽 곤마령(滚馬

〈표 1.8〉 연구대상 조선족학교 교가의 지명과 인명

지구	지명/인명
심양지구	**지명**: 심양성(심양시조선족제1중학교, 심양시조선족제2중학교), 혼하강(만융중심소학교, 망화구조선족제2소학교, 심양시조선족제4중학교, 소가툰구성교조선족중심소학교), 혼하물(소가툰조선족중심소학교 ②), 요하강(심양시조선족제5중학교, 소가툰구신흥조선족중심소학교), 만융벌(만융중심소학교), 서탑(화평구서탑소학교), 심양(명렴조선족소학교, 우흥구오가황조선족중심소학교), 서교(우흥구오가황조선족중심소학교), 혼남벌(혼남신구조선족학교, 서광조선족소학교), 서광촌(서광조선족소학교), 료동벌(요녕성조선족사범학교), 료동(의성학원), 만주(의성학원), 부운산(의성학원), 발용대(의성학원), 백두(요녕성조선족사범학교), 칠성산(심양시조선족제5중학교), 고려탑(심양시조선족제5중학교), 천산산맥(소가툰구신흥조선족중심소학교), 료하벌(서광조선족소학교), 서광촌(서광조선족소학교)
	인명: 뢰봉(망화구조선족제2소학교)
철령지구	**지명**: 룡수산(철령시조선족고급중학교, 철령시은주구조선족소학교), 채하강(철령시조선족고급중학교, 철령시은주구조선족소학교)
무순지구	**지명**: 혼하(신촌조선족중심소학교, 무순시신화조선족소학교), 혼하강(무순시이석채조선족소학교, 무순시조선족제1중학교), 남산(신빈민족자치현조선족중학교), 고이탑(무순시신화조선족소학교), 료동벌(무순시신화조선족소학교)
	인명: 뢰봉(신촌조선족중심소학교)
단동지구	**지명**: 압록강(단동시조선족중학교), 금강산(단동시조선족중학교)
본계지구	**지명**: 태자하(본계시조선족중학교), 평정산(본계시조선족중학교), 오녀봉(환인만족자치현조선족중학교)
요양지구	**지명**: 백탑(요양시조선족학교), 태자하(요양시조선족학교)
영구지구	**지명**: 요하(영구시조선족고급중학교), 요남벌(영구시조선족고급중학교)
대련지구	**지명**: 태평양(대련조선족학교), 아세아(대련조선족학교)

嶺)에서 발원하여 서남쪽으로 흘러 무순(撫順)·선양(沈陽)·요중(遼中) 등을 지나 해성시(海城市) 삼주하(三酒河)부근에서 태자하(太子河)와 합류한다. 이어 大遼河(大遼河)를 따라 남쪽으로 흐른 뒤 대와현(大窪縣) 전장대(田庄臺)를 지나 영구시(營口市) 부근에서 요동만(遼東灣)으로 흘러 들어간다. 원래는 요하(遼河)의 지류였으나, 1958년 외료하(外遼河)를 가로막은 뒤부터 독립 수계가 되었다. 혼하는 예전에는 심수(瀋水)로 불리기도 했다.

심양은 혼하(강)를 축으로 해서 강남과 강북이 형성되어 있다.

다음으로 가장 많이 쓰인 요동(遼)은 흔히 지금 중국의 요녕성 동남부 일대를 가리킨다. 우리나라와 지리적으로 매우 가깝고, 특히 중국으로 가는 중요한 육상 통로이기 때문에 각종 외교 사절과 상인들의 왕래가 빈번하게 이루어졌다.

2번 사용된 요하(遼河)는 중국 동북지구 남부를 지나는 전장 1,390km의 강이다. 하북성(河北省), 내몽구자치구, 길림성(吉林省), 요녕성(辽宁省)을 지나며 지류인 혼하(渾河) 및 태자하(太子河) 유역을 포함하여 유역면적이 21.9만km^{2}에 달한다.

여기서 발견할 수 있는 연구대상 요녕성 조선족학교 교가 가사 지명의 특징은 요녕성 조선족학교에서는 조선족에게 있어 어떤 민족적인 상징을 나타낼 수 있는 지명 등을 사용한 것이 아니라 학교 주변, 즉 그 지역에서 친숙한 지명을 사용했다는 점이다. 이에 민족의 상징이라 불리는 백두산과 압록강 등의 사용은 거의 보이지 않았다. 이것은 교가에서 나타날 수 있는 정치적이거나 민족적인 색깔에서 벗어나 교육적인 목적에만 집중하려는 의도가 강하다고 하겠다.

연구대상 요녕성 조선족학교 교가 가사에 사용된 유일한 인명은 뢰봉(雷鋒)이다. 뢰봉은 길림성 조선족학교에서도 사용했던 이름으로 지금까지도 중국에서 학생들이 배워야 하는 인물로 칭송되고 있는 인물이다. 그는 1940년 12월 18일 호남성(湖南省) 장사(長沙)에서 태어난 중국 인민해방군의 모범병사이다. 인민해방군에 투신해 평생을 이웃에 봉사한 그는 중국 공산주의의 이상형으로 추앙받고 있다. 물로 배를 채우며 한푼 두푼 모은 돈을 수재민들에게 보냈다거나, 몸이 아파 병원에 가던 도중 공사장에서 일손이 달리는 것을 보고 벽돌을 함께 날랐다는 일화는 지금도 회자되고 있다. 1962년 8월 15일 요녕성 무순에서 22살의 젊은 나이에 교통사고로 숨지자 모택동은 1963년 3월 5일 '뢰봉을 따라 배우자(向雷鋒同志学习)'는 붓글씨를 썼다.[46]

(2) 교가 가사에 나타난 배움(터)의 중요성 강조

연구대상 요녕성 조선족학교 교가 가사 내용의 가장 두드러진 특징은 길림성이나 흑룡강성 조선족학교 교가 가사와 달리 정치적이거나 사상적인 내용을 사용하지 않고 배움(터)의 중요성을 강조한 점이다. 이는 요녕성 조선족학교 교가의 제목을 통해서도 알 수 있다. 요녕성 연구대상 37개교의 교가 중에 6개교의 교가에서 제목을 발견할 수 있었는데,[47] 교가의 제목 중 다수를 차지하는 단어가 '배움의 요람'이었다. 이것은 학생들의 배움을 강조한 학교의 교육이념이라고 볼 수 있다. 이러한 현상은 요녕성의 조선족학교 교가가 대부분 중국의 개혁 · 개방정책 이후 만들어져 정치적인 영향을 크게 받지 않았기 때문으로, 학교의 교육적 역할과 학생들의 교육에 대한 열정을 동시에 강조한 것으로 판단된다.[48]

교가 가사에 나타난 학교는 배움의 요람이며 학생들의 꿈을 키워주는 곳이다. 또한 학교에는 학생들의 꿈을 키워주는 선생님이 있고 열심히 선생님을 따라 공부하는 학생들이 있다. 선생님과 학생들은 배

---

46 안병삼, 「중국 조선족학교 교가 분석」, 『인문연구』 제62호, 2011년, 415쪽 참조.

47 1. 소가툰조선족중심소학교: 판본 ①: 배움의 요람, 판본 ②: 배움의 요람에서 건실히 자라나요, 2. 소가툰구성교조선족중심소학교: 신흥소학은 화원, 3. 무순시이석채조선족소학교: 세월 속에 빛나라 길이 빛나라, 4. 영구시조선족고급중학교: 사랑스런 우리학교 배움의 요람이여, 5. 단동시조선족중학교: 배움의 요람, 6. 심양시조선족제3중학교: 하나되어

48 흑룡강성 조선족학교 교가에서도 교가의 제목을 발견할 수 있었다. 여기서는 대다수가 '빛나라'라는 용어를 사용하고 있었다. 이것은 학교의 발전을 기원하는 바이며, 학교를 빛내기 위해서는 전교생이 열심히 배움에 임해야 한다는 교육적 이념을 담고 있다고 하겠다. 안병삼, 「중국 흑룡강성 조선족학교 교가 연구」, 『인문과학연구』 제35집, 2012년, 545쪽 참조.

움의 요람인 학교에서 행복감을 느낀다고 강조한다. 이러한 교가를 통해 학교는 학생들에게 학교에 대한 자긍심을 심어주고 동시에 학교의 소중함을 강조하고자 하였다. 다음은 전형적인 배움(터)의 중요성을 강조한 심양시 황고구 화신조선족소학교 교가이다.[49]

사랑이 넘쳐나는 아담한 배움터 자랑찬 우리 학교 웃음꽃 활짝 피네
성실 애심 성실 애심 즐거운 우리 학교
아- 화신 믿음과 사랑 넘치는 배움의 요람이래요

화신조선족소학교 교가 가사에서 가장 특징적인 것은 일반적인 구성을 따르지 않고 처음부터 끝까지 학교에서의 배움을 강조했다는 점이다. 앞에서도 언급했듯이 일반적인 교가 가사의 구성은 도입부에서는 학교의 위치를 드러내는 지명이나 그 지역의 자연환경이 등장하고 중간 부분은 강조하고자 하는 핵심내용이 나오고 끝부분에서는 학교의 이름을 반복적으로 강조한다. 그러나 화신조선족소학교 교가 가사에는 '배움터', '자랑찬 우리 학교', '즐거운 우리 학교', '배움의 요람' 등의 배움(터)을 강조하는 내용으로 서론·본론·결론을 모두 구성하였다.

자세히 살펴보면, 도입부는 학생들이 배움터인 학교가 사랑과 웃음꽃으로 가득한 아담하고 자랑스러운 곳임을 노래하고 있다. 중간 부분은 학교의 교훈을 열거하면서 성실하게 학업에 임하고 나라를 사랑하는 마음으로 공부하자고 하고 있다. 끝부분도 역시 사랑이 넘치는 학교는 즐거운 배움터라는 것을 강조하였다. 여기서 또 주의할 사항은 교가에서 '사랑'이라는 단어를 사용하였다는 것이다. 이는 교가에서는

---

49 출처는 2008년 제59회 졸업 앨범 맨 뒷장에 있는 것으로, 필자가 2012년 7월 17일 학교를 방문했을 때 교가를 작사한 전명자 선생님이 주셨다.

매우 보기 드문 경우이다. 중국이 비록 개혁·개방정책 이후 자유로운 분위기가 많이 확산되었다고는 하지만 사회주의 국가의 교가에 '사랑'이라는 단어는 아직까지는 개방적이며 교육적이지 못하다는 부정적인 시각이 있다.

심양시조선족제2중학교 교가[50] 역시 배움(터)의 중요성을 강조하고 있다.

> 심양성에 우뚝 솟은 우리의 배움터 창문마다 글소리 랑랑 하늘가에 울리네
> 선생님의 얼굴엔 지식이 넘치고 우리들의 가슴엔 희망이 넘치네
> 아- 2중 배움의 요람 우리들의 푸른 꿈을 키워갑니다 키워갑니다

이 학교 교가에서 나타나는 가장 큰 특징은 학교의 배움을 통해 희망이 넘치고 꿈이 자라난다는 것을 강조한 것이다. 도입부는 다른 교가와 마찬가지로 학교가 위치하고 있는 심양을 나타내면서 학교에서 열심히 공부하는 학생들의 모습을 형상화하였다. 중간 부분은 학교에서 생활하는 선생님의 우수한 모습과 학생들의 희망찬 모습을 보여주고 있다. 끝부분은 학교의 이름을 드러내면서 이곳에서 학생들의 꿈을 키워간다고 강조하고 있다. 다시 말해, 교가의 내용은 우수한 선생님의 지도 속에 학생들이 열심히 공부하는 심양시조선족제2중학교는 학생들의 희망과 꿈을 키워준다는 내용인 것이다.

결론적으로, 배움(터)의 중요성을 강조한 요녕성 조선족학교 교가에서는 순수한 배움의 터전을 강조하고 있을 뿐 정치적인 색채는 거

---

50 출처는 2006년 개교 50주년 행사를 위해 만든 책자에 있는 것으로, 필자가 2012년 7월 16일 학교를 방문하였을 때 교장선생님이 주셨다.

의 보이지 않았다.[51]

(3) 교가 가사에 나타난 민족의식 고취

중국의 소수민족 중에서 조선족은 비교적 자신들의 문화를 잘 지키며 살아가는 민족 중 하나이다. 이것은 조선족학교를 중심으로 고유한 문자와 언어를 교육하면서 민족정체성을 확립시켜주었기 때문이다. 사실 조선족은 중국으로 본격적으로 이주하면서 세워졌던 초기의 학교에서부터 지금까지 민족정신을 지키기 위해 많은 노력을 해왔다.

그러나 이러한 노력은 점차 그 한계를 드러내고 있다. 중국 동북3성에 집중적으로 모여 살던 조선족 집거촌은 붕괴되어 조선족의 인구는 점차 줄어들고 한족의 인구 비율은 증가 추세이다. 이에 따라 각 마을의 조선족학교는 폐교되거나 통합되는 상황에 처하게 되었다. 그동안 자연스럽게 어린 학생들에게 교육되었던 민족교육마저 위태로운 현실이다. 더구나 중국 정부의 보이지 않는 동화정책은 조선족 문화와 민족성을 지키며 살기에는 너무 힘든 현실이 되어 버렸다.[52]

---

51 위에서 소개한 조선족학교 교가 이외에도 배움(터)을 강조한 교가는 매우 많다. 다음은 소가툰조선족중심소학교 3층 게시판에 걸려 있는 교가이다.

비단여울 혼하물에 마음을 씻어 희망찬 래일 위해 서로 손잡고
오늘도 부지런히 갈고닦으며 즐겁고 슬기롭게 자라는 우리
사랑이 가득 찬 우리 배움터 행복이 넘치는 배움의 요람
소가툰소학교 우리 배움터 우리는 여기서 미래를 키운다

52 이러한 상황은 조선족학교에 다니는 학생 수의 급격을 통해 그 일면을 알 수 있다. 조선족 사회의 지도층이라고 말할 수 있는 많은 부류의 사람들은 자신의 아들·딸들을 한족학교에 입학시키고 있다. 저자가 만난 조선족학교 선생님의 자식들도 상당수가 한족학교에 다니고 있었다. 이에 어떤 선생님들은 한족학교에 다니는 조선족 학생들만 조선족학교에 다녀도 학생 수의 부족은 충분히 극복할 수 있다고 말하였다. 부모가 자식을 조선족학교에 보내지 않고 한족학교에 보내는 이유는 자식이 성장했을 때 중국의 주류사회에 쉽게 동화할 수 있어 질 높은 삶을 살아가는 데 도움이 된다고 생각하기 때문이다. 단적인 예로 조선족학교에 다니면 중국어도 한족 학생처럼 말할 수 없다고 생각한다. 이에 조선족학교가 가정 형편이 어렵거나 부모

하지만 조선족학교는 교가를 통하여 여전히 학생들에게 민족의식을 고취하려고 노력하고 있다. 여기서 중요한 사실은 중국 조선족학교 교가에서의 민족의식 고취가 시대마다 약간의 차이점을 지니고 있다는 것이다. 필자는 이것을 3단계로 구분하였다.

1단계는 1945년 이전 일제 패망 이전에 조선족학교 교가를 통해 교육한 것이다. 이 시대의 민족의식은 나라 잃은 민족이 지닐 수 있는 독립을 향한 민족정체성이며, 이 독립국가에서 다시 옛날 조상들이 이룩했던 찬란한 민족문화를 꽃피워야 한다는 것이었다.

2단계는 중화인민공화국 이후부터 개혁·개방정책 실시 이후에 교가에 나타난 민족의식이다. 이 시기는 중국 내 소수민족으로서 다른 민족 문화와 조화롭게 어울릴 수 있는 우리 고유의 문화를 계승·발전시키기 위한 민족정체성을 말한다. 동시에 유구한 역사를 지닌 자랑스러운 민족이라는 민족의 자부심을 지니도록 하는 것이다. 여기서 중요한 것은 민족의식이 중화문명의 발전에 이바지해야 한다는 사실이다.[53]

3단계는 2000년대 이후에 나타난 조선족과 한족이 함께 사용할 수 있는 포괄적인 민족의식이다. 이 시기는 모든 민족이 중화의식을 바탕으로 뭉쳐야 한다는 중국인으로서의 민족의식이다. 당연히 조선족도 중국인이다. 여기서는 조국, 중화 등의 단어를 많이 사용하였다. 연구 대상 요녕성 조선족학교 교가에서는 민족의식을 고취하는 교가는 많지 않았다. 다만 요녕성 조선족학교 교가에서 2단계에 해당하는 교가들이 대부분이며, 3단계에 해당하는 민족의식이 나타난 교가는 아직

가 없는 가정의 학생들이 다니는 학교로 전락하는 것이 아닌지 우려의 목소리가 높다.

53   안병삼, 「중국 조선족학교 교가의 歌詞 연구」, 『한국학연구』 제39집, 2011년, 317쪽 참조.

까지는 발견되지 않고 있다.

연구대상 요녕성 조선족학교 교가에서 민족의식을 잘 고취한 대표적인 교가는 무순시 신화조선족소학교 교가와 료녕성조선족사범학교 교가이다. 먼저, 무순시신화조선족소학교 교가를 보자.[54]

아름다운 금수강산 짓밟힐 때에 3·1의 얼을 이어 세워진 학교
우리말 우리글을 일깨워주며 자유를 깨우쳐준 계몽의 요람
아– 사랑하는 신화조선소학교 존사애생 단결우애 문명으로 꽃피워
일류의 계관 안고 길이 빛나라 길이 빛나라

이 교가 내용에서 가장 눈에 띄는 것은 연구대상 요녕성 조선족학교 교가에서 유일하게 3·1운동을 언급하였다는 점으로, 이는 동북3성 조선족학교 교가에서도 유일하다. 이것은 이 학교에서 민족정신인 3·1운동의 얼을 계승하려는 의지가 강하다는 뜻이다. 교가의 도입부에서는 학교의 역사와 개교정신을 표현하였다. 아름다운 금수강산이 짓밟힐 때는 일제점령기이며 이를 반대하고 무폭력주의로 항거하였던 3·1운동의 얼은 자유와 독립을 향한 민족의 몸부림이었다. 이러한 정신을 이어 학교가 세워졌다는 것을 표현하였다. 중간 부분에서는 학교의 역할을 강조하였다. 학교에서는 우리말 우리글을 통해 학생들에게 우리의 민족문화를 가르쳐주고, 민족의 과거 역사를 통해 자유의 중요성을 깨우쳐주고자 하였다. 이 두 단락에서는 아름다운 금수강산이 짓밟히는 고통스런 시기와 자유를 깨우친다는 상반된 표현을 통해 학교 역할의 중요성을 강조하였다. 끝부분에서는 이 학교가 단결 위에

---

54   무순시 신화조선족소학교에 근무하는 김경덕 선생님이 제공하였다.

발전하여 영원히 빛나기를 염원하면서 마치고 있다. 전체적으로 우리 학생들이 과거에 빛났던 우리의 민족정신을 이어받아 우리의 글과 문자를 잘 읽혀 자유로운 사상을 지닌 큰 인물로 성장하라는 의미를 지니고 있다고 하겠다. 21세기가 된 지금, 잊혀져가는 3·1운동의 정신을 어린 조선족 학생들에게 교가를 통해 교육한다는 것은 민족의식을 고취하는 데 큰 효과가 있었을 것이다.

다음은 요녕성조선족사범학교 교가[55]에 나타난 민족의식 고취를 살펴보자.

> 료동벌 주름잡아 헤쳐온 천만리
> 원예사 요람으로 자랑도 많았네 자랑도 많았네
> 무궁화 피여나는 정다운 교정은 푸른 꿈 키워주는 청춘의 활무대
> 아- 한 떨기 아름답게 피여난 꽃이여
> 백두의 기상 안고 겨레의 꿈 안고 영원히 피여나리

연구대상 요녕성 조선족학교 교가 중 유일한 대학교 교가인 요녕성조선족사범학교 교가는 요녕성 조선족학교 교원 및 요녕성 교육관련 간부들에게 가장 많은 영향을 끼친 교가이다. 왜냐하면 이 학교 졸업생 대부분은 학교 교원이 되어 조선족학교 교가 창작에 영향을 줄 수 있기 때문이다.[56] 이런 까닭에 요녕성조선족사범학교 교가에는 민족의식을 고취하기 위한 내용이 많이 들어 있다. 예를 들어, 요녕성에

---

[55] 심양시 교육국에 근무하는 이종태 선생이 요녕성조선족사범학교에 근무하는 친구를 통해 수집하였다. 이 교가는 학교 40주년 기념행사를 하면서 1992년에 만들었다고 한다.

[56] 흑룡강의 경우, 오상시조선족사범학교 졸업자인 김혜영, 리선화는 라북현조선족중학교에 근무하면서 교가를 창작하였는데 오상시조선족사범학교 교가의 구절을 이용하기도 하였다.

서 보기 힘든 '백두의 기상', '무궁화' 등의 단어를 사용하였다. 교가의 도입부는 학교의 성격을 규정하고 있다. 많은 조선족학교 교가에서 표현하였듯이 선생님은 학생이라는 숲을 가꾸는 원예사로 비유하면서 원예사를 배출하는 자랑거리가 많은 요람이라고 학교의 자부심을 표현하였다. 중간 부분은 민족의 꽃인 무궁화를 교정에 심어 어린 학생들이 꿈을 키워간다고 하였다. 무궁화는 1년 내내 지고 또 피는 끈질긴 생명력을 가지고 있다. 이러한 끈질긴 민족정신을 바탕으로 꿈을 키워간다고 표현한 것이다. 끝부분은 민족의 정기인 백두산의 기상과 겨레의 꿈을 안고 자란 학생들이 무궁한 발전을 하리라고 강조하였다.

다음은 연구대상 요녕성 조선족학교 교가에 나타난 민족의식을 고취하기 위해 사용한 단어들이다.

〈표 1.9〉 연구대상 조선족학교 교가의 민족의식 고취 용어

지구	민족의식 고취 용어
심양지구	겨레(심양시조선족제1중학교, 효선소학교, 심양시조선족제4중학교, 심양시조선족제6중학교, 요녕성조선족사범학교, 만융중심소학교), 조국(심양시조선족유치원, 심양시조선족제5중학교, 소가툰조선족중심소학교①), 민족(심양시조선족제1중학교, 심양시조선족유치원, 심양시조선족제4중학교, 혼남신구조선족학교, 요녕성조선족사범학교, 우흥구오가황조선족중심소학교, 소가툰구성교조선족중심소학교), 민족문화(명렴조선족소학교), 새조선(소가툰구신흥조선족중심소학교), 무궁화(황고구화신조선족소학교, 요녕성조선족사범학교), 백두의 기상(요녕성조선족사범학교)
철령지구	조국(철령시조선족고급중학교, 철령시은주구조선족소학교), 겨레(철령시조선족고급중학교), 민족(철령시은주구조선족소학교)
무순지구	겨레(무순시이석채조선족소학교, 무순시조선족제1중학교, 신빈민족자치현조선족중학교) 3·1의 얼(무순시신화조선족학교)
단동지구	민족(단동시조선족중학교)
본계지구	겨레(본계시조선족중학교)
영구지구	겨레(영구시조선족고급중학교)

(4) 교가 가사에 나타난 사회주의 찬양

중화인민공화국이 성립된 이후 개혁·개방정책 실시 이전까지 중국 조선족학교 교가에서 가장 많이 등장하는 용어는 사회주의 찬양과 관련한 용어였다. 그러나 이러한 현상은 중국이 개혁·개방정책을 실시하고 서양의 문물을 많이 받아들이면서 점차 사라져갔다. 하지만 여전히 중국 조선족학교 교가에는 사회주의를 찬양하는 내용이 많이 나오고 있다. 이것은 중국이 현재 사회주의 국가라는 것을 생각하면 쉽게 이해할 수 있다. 또한 중국의 교육정책이 정치와 불가분의 관계임을 나타내는 반증이라고도 할 수 있겠다. 그러나 연구대상 요녕성 조선족학교 교가에 나타난 사회주의 찬양은 다른 성(省) 조선족학교 교가에서 볼 수 있는 것처럼 어조가 강하지 않다는 것이 특징이다. 다음은 서광조선족소학교 교가이다.[57]

> 공산당의 민족정책 하도 좋아서 우리들은 행복하게 자라납니다
> 선생님들 반갑게 기다려주는 배움의 요람으로 찾아갑니다
> 아- 우리 학교 자애로운 어머니마냥
> 우리에게 과학지식 넓혀주고요 혁명의 리상도 키워줍니다

이 학교의 교가는 연구대상 요녕성 조선족학교 교가 중 가장 강한 어조로 사회주의를 찬양한 것이다. 교가의 도입부는 공산정권의 정책 찬양이다. 조선족 학생의 행복이 공산당의 민족정책 때문이라고 찬양하고 있다. 중간 부분은 선생님들이 반갑게 맞아주는 학교에 간다는

---

[57] 이 교가는 원래 음악교원이었던 이 학교의 교장 김일 선생님이 작사·작곡한 것이다. 2012년 7월 28일 김일 선생님이 직접 종이에 적어서 주면서 1988년 학교의 새 건물을 준공하면서 준공식에서 부른 교가라고 설명해주었다.

내용이다. 끝부분은 그 학교에서 사회주의 국가 발전을 위해 필요하다고 여기는 과학을 배우고 최종적으로 완벽한 사회주의 이상을 키워간다고 말하고 있다. 결론적으로 이 교가의 구조는 '공산당의 민족정책 실시 → 행복한 배움터 마련 → 혁명의 이상 고취'이다. 다시 말해 조선족의 행복은 공산당의 정책이 있어 가능했고, 이 민족정책으로 조선족의 배움터를 만들어 그곳에서 국가가 원하는 과학기술을 배우고 국가가 원하는 혁명가로 자라난다는 것이다. 일반적으로 학교에서는 학생들의 미래와 학생 자신의 꿈을 키우지만 이 교가에서는 국가가 원하는, 국가를 위한 공산주의자를 키우고자 하는 것이다.

다음은 또 다른 사회주의를 찬양한 심양시 화평구서탑소학교 교가[58]이다.

> 유서 깊은 서탑에 해빛 넘치고 해빛 밝은 교정에 노래 넘쳐요
> 우리 당이 마련해준 배움의 요람 은혜로운 민족정책 꽃피는 요람
> 아- 사랑하는 서탑소학 나의 학교여 그- 자랑 그- 영광 영원하리라

이 교가에서도 역시 당의 은혜로운 민족정책으로 배움터가 생겼고 그 안에서 학생들이 자라난다는 소위 '공산당 햇살론'을 펼치고 있다. 도입부는 학교가 자리 잡은 곳에도, 학교의 교정에도 햇볕이라는 따뜻함이 존재한다고 표현하였다. 중간 부분은 사회주의 찬양의 핵심 부분으로, 앞에서 언급한 햇살이 가득한 터전은 당이 마련해준 것이며 이곳에서 은혜로운 민족정책이 잘 이루어진다고 표현하였다. 끝부분은 당이 마련해준 곳이자 당의 정책이 잘 실현되는 학교가 영원하길 노

---

58 『중국조선족교육』 2004년 7월호에 실린 것이다.

래하고 있다.

결론적으로 연구대상 요녕성 조선족학교 교가에 나타난 사회주의 찬양은 대부분이 공산당의 따뜻한 품속에서 어린 학생들이 행복하게 잘 자라나고 있다는 '공산당 햇살론'을 펴고 있었다. 이에 따라 배움의 요람인 학교에서는 국가가 주는 사랑에 보답하고자 국가가 원하는 학생, 국가를 위한 학생들의 양성이 무엇보다도 중요한 임무라고 표현하였다.

〈표 1.10〉 연구대상 조선족학교 교가의 사회주의 용어

지구	사회주의 용어
심양지구	우리당(화평구서탑소학교), 현대화(심양시조선족제6중학교, 심양시조선족제5중학교, 심양시조선족제5중학교), 공산당(서광조선족소학교), 붉은 기(서광조선족소학교), 혁명(서광조선족소학교), 새중국(소가툰구신흥조선족중심소학교)
무순지구	현대화(신촌조선족중심소학교), 공산주의(신촌조선족중심소학교), 당의햇살(신빈민족자치현조선족중학교)

4. 맺음말

　본 연구는 필자가 중국 현지조사에서 수집한 중국 요녕성 조선족
학교의 교가 37개를 대상으로 진행한 것이다. 연구대상 요녕성 조선
족학교 교가는 심양지구 교가 23개, 무순지구 교가 5개, 철령지구 교
가 3개, 본계지구 교가 2개, 대련지구 교가 1개, 료양지구 교가 1개, 단
동지구 교가 1개, 영구지구 교가 1개 등이었다. 연구대상 요녕성 조선
족학교 교가의 창작년대를 살펴보면, 대체로 창작년대를 알 수 없는
경우가 절반이 넘었다. 창작년대를 알 수 있는 연구대상 교가는 16개
뿐이었다. 이 16개 교가 중 2000년 이후에 창작된 것이 5개, 1990년대
창작된 것이 5개, 1980년대 창작된 것이 3개, 1970년대 창작된 것이
2개, 1950년대 창작된 것이 1개였다. 현존하는 조선족학교의 교가는
26개이고 이미 폐교된 조선족학교의 교가는 11개였다.

　연구대상 요녕성 조선족학교 37개교의 교가를 작곡한 사람은 단체
와 미상을 제외하면 모두 32명이었다. 32명의 작곡가 중 가장 많은
요녕성 조선족학교 교가를 작곡한 사람은 서영화이며, 모두 4개교의
교가를 작곡하였다. 그 다음으로 많은 요녕성 조선족학교 교가를 작곡
한 사람은 박학림으로 2개교의 교가를 작곡하였다. 시영화와 박학림
을 제외하고 연구대상 요녕성 조선족학교 교가를 작곡한 사람은 모두
1개교의 교가를 작곡하였다. 연구대상 요녕성 조선족학교 교가의 작
곡가 현황의 특징은 다음과 같았다. 첫째, 요녕성 조선족학교 교가의

작곡가는 대부분이 한 학교의 교가만을 작곡하였다. 둘째, 요녕성 조선족학교 교가의 작곡은 주로 한 사람이 담당하였다. 셋째, 작곡가를 알 수 없는 교가가 다른 성(省)의 조선족학교보다 적었다. 연구대상 요녕성 조선족학교의 교가 중 작곡가를 알 수 없는 것은 단 1곡이었다.

연구대상 요녕성 조선족학교 37개교의 교가를 작사한 사람은 단체와 미상을 제외하면 모두 35명이다. 35명의 작사가 중 가장 많은 요녕성 조선족학교 교가를 작사한 사람은 김학송이며, 그는 모두 2개교의 교가를 작곡하였다. 연구대상 요녕성 조선족학교 교가의 작사가 현황의 특징은 다음과 같다. 첫째, 요녕성 조선족학교 교가의 작사가는 거의 모두 한 학교의 교가만을 작사하였다. 오직 작사가인 김학송만이 2곡을 창작하였다. 둘째, 작사와 작곡을 모두 한 사람이 창작한 교가는 거의 없었다. 오직 대흥학교의 윤세복과 무순시신촌조선족중심소학교의 설호근 두 사람뿐이었다. 셋째, 무순시조선족학교 교가의 창작에는 김학송과 박학림이 절대적인 역할을 하였다. 넷째, 교가에 제목을 따로 두었다.

연구대상 요녕성 조선족학교 교가 가사의 음악적 형식에는 교가의 길이가 1절인 조선족학교 교가는 모두 4개였다. 가사가 2절인 조선족학교 교가는 26개로 가장 많은 비중을 차지하였고, 가사가 3절인 조선족학교 교가는 5개였다. 이 외에도 알 수 없는 미상의 교가가 2개였다. 이를 통해 요녕성 조선족학교 교가의 길이는 길림성 조선족학교나 흑룡강성 조선족학교와 마찬가지로 2절을 가장 선호했음을 알 수 있었다. 연구대상 요녕성 조선족학교 교가의 박자 중에 4/4박자의 곡이 25개로 가장 많은 수를 차지하였다. 교가 중에는 중간에 악곡이 변하는 변박자로 구성된 교가도 2개가 포함되어 있었다. 2/4박자는 2개였고, 3/4박자는 3개였다. 6/8박자도 1개가 있었다. 이 외에도 알 수 없는 미상의 교가가 4개였다.

　연구대상 요녕성 조선족학교 교가 가사에 사용된 지명은 모두 29곳이고 인명은 1명이었다. 가장 많이 사용된 지명은 모두 4개교에서 사용한 혼하(강)이었고, 다음으로 가장 많이 사용된 지명은 3개교에서 사용된 료동(벌)이었다. 2번 사용된 지명은 심양(성), 요하(강), 그리고 태자하(太子河)였다. 또한 교가의 가사에 등장한 인명은 '뢰봉'이었다.

　연구대상 요녕성 조선족학교 교가 가사 내용의 가장 두드러진 특징은 길림성이나 흑룡강성 조선족학교 교가 가사와 달리 정치적이거나 사상적인 내용을 많이 사용하지 않았다는 사실이었다. 그 결과 연구대상 요녕성 조선족학교 교가 가사에 주로 나타난 내용은 배움(터)의 중요성을 강조하는 것이었다. 더욱이 연구대상 요녕성 조선족학교 교가 대부분 개혁·개방정책 이후에 창작된 것들이어서 이러한 경향은 더욱 두드러졌다.

　중국의 조선족 교육이 번성하였던 1980년대에는 요녕성에 조선족학교가 300여 개교가 있었다. 하지만 현재 요녕성 조선족학교는 30여 개교 정도이다. 이러한 급격한 조선족학교의 폐교 과정에서 그 학교의 정신과 이념을 담고 있었던 교가들도 함께 사라져갔다. 특히 교가에 대한 기록이나 보존의식이 미약한 현재, 당장이라도 한국과 중국 연구자들이 조선족학교의 교가에 대해 수집·보존하지 않는다면 모두 사라지고 말 것이다. 시간이 얼마남지 않았다는 절박한 심정으로 사라져가는 중국 조선족학교 교가에 대해 신속한 수집 및 연구가 이루어지기를 희망한다.

II

중국 조선족학교
교가에 나타난
학생들의 의식 고찰

1. 머리말

　지구촌이라고 불리는 지금, 우리 한민족은 국경을 넘어 세계 여러 지역에 자리를 잡고 살아가고 있다. 현재 그 수가 170여 개국 700만여 명으로 추산되고 있다. 우리가 사용하고 있는 한민족의 명칭은 나라마다 조선민족(朝鮮民族), 조선족(朝鮮族), 조선인(朝鮮人) 등으로 다양하게 부르기도 한다. 하지만 대한민국에서는 1950년 국무원고시 제7호에 의해 '조선'이란 명칭 사용이 기피되면서 외국에 거주하는 한민족을 가리킬 때에는 대개 한민족이나 한인(韓人)으로 호칭하고 있다. 이러한 호칭 이외에도 특별히 구소련 거주 한민족들, 특히 20세기 초에 연해주에 거주하다가 스탈린에 의해 중앙아시아로 강제 이주된 한인들은 '고려인(高麗人)'이라고 부르기도 한다. 어찌됐든 해외 한민족 700만여 명 중 중국에 거주하는 한민족은 중국 내 소수민족인 조선족과 재중한국인을 포함한 276만여 명으로[1] 그 수가 가장 많다.

　중국 내 소수민족 중 인구가 12번째인 조선족은 한민족 중에서 거의 유일하게 자신들의 집거지를 중심으로 민족교육을 위해 스스로 교육기관을 세워 자식들을 교육하였다. 그들은 이주 초기부터 마을마다 교육기관을 세워 민족의 정체성을 배양히였고 학교에서는 한글을 가르쳤다. 더욱이 학교 교가를 통하여 학교의 이념과 목표를 학생들에

게 주지시켰다. 다시 말해, 중국 조선족들은 1906년 독립운동가 이상설이 중국 길림성 용정에 조선족 최초의 근대교육기관인 서전서숙(瑞甸書塾)을 설립하고 교가를 부르기 시작한 이후 수많은 조선족학교들도 교가를 만들어 학생들로 하여금 애창하게 하였다. 이후 중국에는 정부 주도의 조선족학교가 급속도로 늘어났다.

　　그러나 1990년대 이후, 조선족집거지의 인구가 급격히 줄면서 조선족학교가 붕괴되기 시작하였다. 한 통계에 의하면, 1950년대 초반 중국 동북지방에 1,500여 개의 조선족학교가 있었는데 그 수는 2000년 1,195개교, 2005년에는 456개교로 나타났으며 근년에는 255개교가 있는 것으로 추산된다.[2] 이러한 추세에 따라 조선족학교에서 부르던 교가 역시 지금은 잘 불리지 않고 있으며 심지어는 관리 자체가 되지 않아 소실되고 있는 실정이다. 필자의 조사에 의하면, 2010년 현재 길림성 조선족 중·소학교 89개교 중 교가를 운영하고 있는 학교는 모두 67개교인 것으로 파악되었으며, 흑룡강성의 경우 2012년 현재 조선족 중·소학교 39개교 중 교가를 운영하고 있는 학교는 모두 28개교였고, 요녕성은 2012년 현재 조선족 중·소학교 21개교 중 교가를 운영하고 있는 학교는 모두 18개교였다.[3] 이러한 상황에서 학생들에게 올바른 교가교육을 통해 민족교육을 기대하기란 거의 불가능하였다.[4]

2　최우길, 「중국조선족교육의 현황과 과제」, 『디아스포라연구』 제6권 제1호, 2012년, 85쪽 참조.

3　이 통계는 필자가 직접 중국에 가서 조사한 숫자이다. 길림성 현존 조선족학교 교가운영 실태를 보면, 소학교 34개교, 중·고등학교 33개교였다. 흑룡강성 현존 조선족학교 교가운영 실태를 보면, 소학교 12개교, 중·고등학교 165개교였다. 요녕성 현존 조선족학교 교가운영 실태를 보면, 소학교 8개교, 중·고등학교 10개교였다.

4　1990년대 이전까지 교가는 학교에서 가장 활발하게 부르는 노래 중 하나였다. 학교 행사는 물론 월요일 조회시간, 음악시간, 야유회 등에서 자주 불렀다. 그럼, 지금은 교가를 왜 부르지 않는 것일까? 첫째, 학교 교장 및 음악교원의 교가에 대한 애착심 부족이다. 교장은 경비 마

교가(校歌)는 그 시대를 배경으로 한 학교의 교육목표나 건학정신, 교풍, 시대적 사명 등을 내포하고 있다. 그래서 교가는 학생들의 애교심, 시대적 사명감을 고취시키는 데에 가치가 있고, 학생들의 올바른 가치관을 형성하는 데 교육적 효과를 가지고 있다.

1945년 광복 이전의 조선족학교 교가는 주로 시대적 상황에 맞게 항일정신과 독립정신, 그리고 대중적 계몽의식과 민족정신을 일깨우는 내용을 담고 있었다. 이것은 조선족이 사는 지역에서 폭넓은 민족적 기반을 구축하고 독립운동사상을 배양하는 데 큰 공헌을 하였다. 1949년 중화인민공화국 건립 이후의 중국 조선족학교 교가는 주로 각 시기별 정치적 변화에 따라 공산당과 사회주의 찬양, 중화사상, 학교 자랑, 배움의 중요성 강조, 민족정신을 일깨우는 내용 등 다양하게 시대상을 반영하고 있었다.[5]

사실, 교가의 운영에 관한 조선족 교육에 관한 법규나 규정은 없다. 다만 조선족학교는 규범적인 조선언어문자로 강의해야 한다는 규정만 있을 뿐이다.[6] 교가에 대한 관리 및 운영은 교장이 절대적인 권한을 가지고 있어 교장의 의지에 따라 운영되고 있다고 말할 수 있다. 이에 교가의 운영에 대한 모든 결정권을 가진 교장이 조선족의 우수한 민족교육을 실시해야 한다는 대전제하에 학교마다 서로 다르게 운영하고 있는 실정이다.

련, 학생 충원 등 전반적인 학교 운영에 모든 신경을 쓰고 있고 교원들은 교가 교육의 중요성을 인지하지 못하고 있다. 이것은 시대적 흐름이다. 둘째, 학생들의 교가에 대한 흥미 감소이다. 이전에는 학생들이 부를 만한 노래가 많지 않아 교가를 자주 불렀다면 현재 학생들은 자기가 좋아하는 가수의 노래나 음악을 자유롭게 듣고 부를 수 있다. 셋째, 교가 대신 국가를 부르고 있다.

5   안병삼, 「중국 조선족학교 교가의 망실과 그 특징」, 『한국민족문화』 제39집, 2011년, 391쪽 참조.

6   최상록 외, 『중국조선족교육의 현황과 전망』, 연변대학출판사, 1995년, 268쪽 참조.

본 연구는 아직까지 국내외에서 중국 조선족학교 교가 및 교가 교육에 대한 연구가 거의 전무한 상황에서 중국 조선족학교 학생들이 교가에 대해 어떠한 생각을 가지고 있으며 어느 정도 영향을 받았는지에 주목하였다. 왜냐하면 이러한 조사는 현재 진행되고 있는 교가 교육의 문제점 해결과 향후 교가의 활성화를 위한 기본 자료로 활용될 수 있기 때문이다. 더불어 교가가 학교의 정신을 대표하고 학생들에게 민족의식, 배움의 중요성 등을 고취하는 데 중요한 역할을 한다는 인식이 중국 조선족 교육계에 전파되어 예전처럼 다시 조선족학교의 교가교육이 부활되어야 한다는 전제 하에 그 대안을 모색하는 계기를 마련하고자 한다.

이를 위해 본 연구는 중국 조선족학교에서 교가교육을 받아본 경험이 있는 조선족 학생들을 대상으로 중국 현지에서 설문조사를 실시하여 조선족학교 교가에 대한 학생들의 의식을 고찰하고자 한다.

2. 연구대상 및 분석 방법

본 연구는 중국 조선족학교의 교가 가사 내용에 대한 학생들의 의식 조사를 위하여 2012년 7월부터 8월까지 요녕성 심양시에서 설문지를 통해 실시하였다. 그 대상으로는 심양시의 조선족소학교와 조선족중학교에서 실시하였고, 또한 동북3성 중소조선족학교 독서문화캠프에 참여한 학생, 2012년 요녕성 조선족 중소학생 민들레조선어작문콩클에 참여한 학생들을 대상으로 설문지를 나눠주고 설명하면서 진행하였다. 그 결과 총 186부의 설문지를 회수하여 분석하였다.

본 연구의 연구도구는 중국 조선족학교를 다니는 학생을 대상으로 먼저 일반적 특성과 그들이 교가를 배워온 상황을 파악하고, 중국 길림성 조선족학교 교가 내용을 분석한 논문[7]에 근거하여, 먼저 가장 많이 교가에 등장한 민족의식, 배움의 중요성 강조, 사회주의 사상, 애국심, 중화사상 등을 큰 항목으로 나눈 뒤 각 항목별로 교가에서의 사용 적합 여부, 가장 적당한 단어, 영향 여부 등을 학생들에게 묻는 설문지 문항으로 구성하였다. 본 연구를 수행하는 데 사용된 분석방법은 실증분석방법이다. 여러 개의 항목에 따른 서로 다른 차별적 특징을 도출하여 포괄적인 분석과 구체적인 서술이 가능하기 때문이다.

본 설문조사에서 사용된 구체적인 실증분석방법은 다음과 같다.

---

7   안병삼, 「중국 조선족학교 교가의 가사 연구」, 『한국학연구』 제39집, 2011년.

첫째, 연구대상자의 일반적인 특성, 교가 관련 사항을 알아보기 위하여 빈도분석(Frequency Analysis)을 실시하였다. 둘째, 교가 관련 사항에 대한 인식의 차이를 살펴보기 위하여 집단 간의 차이 검증인 교차분석을 실시하였다. 셋째, 본 연구의 실증분석은 유의수준 $p < .05$, $p < .01$, $p < .001$에서 검증하였으며, 통계처리는 SPSSWIN 15.0 프로그램을 사용하여 분석하였다.

3. 연구결과 및 분석

1) 연구대상자의 일반적 사항과 교가 교육 현황

본 연구의 연구대상자는 위에서 언급하였듯이 조선족학교를 다니는 학생 중 교가를 배운 적이 있는 소학교 및 중·고등학생이다.[8] 〈표 2.1〉에서 보는 바와 같이 일반적 사항 중, 성별의 경우에는 여학생이 70.4%로 남학생의 29.6%보다 더 높게 나타났다. 학년의 경우에는 소학생이 68.8%로 대부분을 차지하였고 중학생 27.4%, 고등학생 3.8% 순으로 나타났다.

설문지에 응한 조선족학교 학생들의 경우 교가를 부르는 횟수는 '일주일에 한 번 이상'이 30.1%로 가장 높았고 '전혀 부르지 않는다'가 26.9%, '반년에 한 번 이상'이 16.7%, '1년에 한 번 이상'이 14.5% 등의 순으로 나타났다. 교가를 부르는 경우에는 '학교 행사 때'에 교가를 부른다고 응답한 경우가 30.5%로 가장 높게 나타났다. 하지만 '어떠한 경우에도 교가를 부르지 않는다'고 응답한 비율도 21.2%로 나타나 많은 학교가 교가를 부르지 않고 있다는 현실을 그대로 보여주고 있

8 　본 연구의 연구대상자가 소학생이 다른 학년보다 많은 것은 현재 조선족학교 교가 교육이 고학년보다는 저학년에서 그나마 실시되고 있는 현실이 반영된 것이다. 이에 교가 교육이 이루어지고 있는 소학생을 대상으로 실시된 본 설문지 조사는 그 정확도를 높일 수 있었다고 생각한다. 필자는 설문지 조사의 정확도를 높이기 위해 학생들의 질문을 받고 설명하는 방식으로 실시하였다.

<표 2.1> 연구대상자의 일반적 사항

구분		빈도	퍼센트
성별	남	55	29.6
	여	131	70.4
학년	소학교	128	68.8
	중학교	51	27.4
	고등학교	7	3.8
교가를 부르는 정도	매일	5	2.7
	일주일에 한 번 이상	56	30.1
	한 달에 한 번 이상	17	9.1
	반년에 한 번 이상	31	16.7
	1년에 한 번 이상	27	14.5
	부르지 않는다	50	26.9
합계		186	100
교가를 부르는 시기	학교 행사 때	72	30.5
	월요일 아침 조회 때	31	13.1
	음악시간에	41	17.4
	방학 및 개학할 때	27	11.4
	부르지 않는다	50	21.2
	기타	15	6.4
합계		236	100

*교가를 부르는 시기는 복수응답

었다.[9] 이 외에도 '음악시간에'가 17.4% 등의 순으로 나타나 학교 행사

---

9 이것은 조선족학교 교가 운영의 특징 중 하나이다. 많은 조선족학교에서는 이미 교가를 부르
   지 않고 있으며, 교가 자료에 대한 체계적인 관리가 이루어지지 않고 있다. 안병삼, 「중국 조
   선족학교 교가의 망실과 그 특징」, 『한국민족문화』 제39집, 2011년, 384쪽. 대부분 조선족
   학교는 교가교육에 무관심하며, 교가를 대신하여 중국 국가(國歌)를 부르는 조선족학교가 늘
   고 있다. 비록 학교가 교가를 가지고 있지만 현재 조선족학교에서는 자신의 교육이념이 담긴
   교가를 부르기보다는 국가를 주로 부르고 있다. 안병삼, 「중국 조선족학교의 교가교육에 관한

때나 음악시간에 교가를 부른다는 응답이 과반수 이상 되었다.

2) 조선족학교 교가에 대한 학생들의 의식

(1) 교가 속 민족의식 고취에 대한 학생들의 의식

조선족은 중국 내 소수민족으로 살아가면서도 민족의식을 지키기 위해 꾸준히 노력해 왔다. 특히 조선족학교에서는 이러한 민족의식 고취를 위해 학생들에게 교가를 통해 자연스럽게 교육하였다.[10] 이에 조선족학교에서 직접 교가를 배우는 학생들에게 교가 속 가사에 민족의식을 고취하는 여러 가지 표현을 사용하는 것이 옳은지에 대해 물었다.

그 결과 〈표 2.2〉에서 보는 바와 같이 '매우 그렇다 + 그렇다'의 긍정적인 응답이 약 54%로, '전혀 그렇지 않다 + 그렇지 않다'의 약 2%보다 높게 나타났다. 성별에 따라서는 남자는 '매우 그렇다 + 그렇다'의 긍정적인 응답이 약 56%, 여자는 약 53%로 여자보다 남자가 교가속에 민족의식을 표현하는 것이 옳다고 생각한다는 응답이 더 높게 나타났다(p < .01). 이러한 결과를 통해 알 수 있는 것은 조선족 학생들이 교가를 통한 민족의식 고취에 대해 거부감이 없으며 이러한 교육방식을 찬성한다고 추정할 수 있다. 또한 교가에서 민족의식 고취 표현을 매우 옳다라고 보는 남학생이 여학생보다 높게 나타났다. 이는 민족문

고찰」, 『한국동북아논총』 제18집 1호, 2013년, 165쪽.

10 조선족 교육의 민족성은 조선족이 중국에 이주하면서부터 시종 조선족 교육이 지향하는 중요한 목표이자 조선족 교육에 일관하는 교육이념이기도 하였다. 조선족 교육사를 거슬러 올라가 보면 중국 역사의 부동한 단계마다 우리의 조상들이 수시로 강요당하는 중국 당국의 동화정책에 맞서 민족교육의 맥을 지키기 위한 노력과 몸부림을 쉽게 찾아볼 수 있다. 박금해, 『중국조선족교육의 역사와 현실』, 경인문화사, 2012년, 471쪽 참조.

〈표 2.2〉 교가에 민족의식 고취를 표현하는 것이 옳다고 생각하는지 여부

구분		전혀 그렇지 않다	그렇지 않다	보통이다	그렇다	매우 그렇다	전체	x^2(p)
성별	남	2	3	19	19	12	55	15.502** (.004)
		3.6%	5.5%	34.5%	34.5%	21.8%	100%	
	여	0	0	61	53	17	131	
		.0%	.0%	46.6%	40.5%	13.0%	100%	
학년	소학교	2	1	59	44	22	128	6.237 (.182)
		1.6%	.8%	46.1%	34.4%	17.2%	100%	
	중고등 학교	0	2	21	28	7	58	
		.0%	3.4%	36.2%	48.3%	12.1%	100%	
전체		2	3	80	72	29	186	
		1.1%	1.6%	43.0%	38.7%	15.6%	100%	

**p 〈 .01

제에 대한 남학생의 관심이 더 많음을 알 수 있다.

다음으로, 민족의식 고취를 위한 가장 적당한 단어에 대해 물었다. 〈표 2.3〉에서 보는 바와 같이 '민족문화'가 54.6%로 과반수 이상을 차지하였고, '백의민족' 19.5%, '우리글' 16.8%, '겨레' 5.4% 등의 순으로 나타났다. 여기서 주목할 점은 교가 속 민족의식 고취를 위한 단어들이 한족과 차별성을 띠는 언어로 집중 사용되었다는 점이다. 또한 이것은 조선족의 우월성을 강조하는 방향으로 교가에서 표출되었다.[11]

조선족의 정체성은 무엇보다 한족에 대한 우월성을 강조하는 방식

---

11 장백조선족자치현제2중학교 교가의 가사를 보면 더욱 분명하게 알 수 있다.

장백산을 굽이돌아 흐르는 압록강반에 광복의 나날 일떠 세운 희망찬 배움터
은혜로운 해빛 아래 백의 후손 키워내여 억센 나래 펼쳐가며 민족위훈 떨치네
아 자랑찬 우리의 장백2중 민족 넋을 키워가는 배움의 요람일세

〈표 2.3〉 민족의식을 고취시키는 가장 적당한 교가 속 단어

구분		겨레	민족문화	백의민족	백두산	우리글	단군	전체	x^2(p)
성별	남	6	26	9	3	8	3	55	16.783** (.005)
		10.9%	47.3%	16.4%	5.5%	14.5%	5.5%	100%	
	여	4	75	27	1	23	0	130	
		3.1%	57.7%	20.8%	.8%	17.7%	.0%	100%	
학년	소학교	7	68	32	2	15	3	127	14.873* (.011)
		5.5%	53.5%	25.2%	1.6%	11.8%	2.4%	100%	
	중고등학교	3	33	4	2	16	0	58	
		5.2%	56.9%	6.9%	3.4%	27.6%	.0%	100%	
전체		10	101	36	4	31	3	185	
5.4%		54.6%	19.5%	2.2%	16.8%	1.6%	100%		

*p 〈 .05, **p 〈 .01

으로 드러나는데 이것은 중국사회에서 조선족이 소수민족으로서 불이익과 차별을 경험해왔던 것과 연관된다. 즉 민족평등을 주장하는 중국 국가의 공식적 담론의 강력한 영향 속에 조선족은 자신들에게 대한 차별을 '차별'로 받아들이기보다는 오히려 한족에 대한 우월함의 형태로 그들만의 종족 정체성을 강조함으로써 한족에 대한 열등감을 중성화시키고 동시에 한족과의 불평등한 경쟁으로부터 벗어나고자 하였다.[12] 이에 조선족학교 교가에서 민족의식 고취를 위해 사용한 단어는 한족문화와 다른 '민족문화, 백의민족, 우리글, 백두산' 등이었고 이를 사용하여 차별화된 조선족의 우월성을 강조한 교가교육을 실시하였다.

마지막으로, 교가 속 민족의식 고취를 통해 자신의 민족의식이 고

---

12 이현정, 「조선족의 종족정체성 형성 과정에 관한 연구」, 『비교문화연구』 제7집 2호, 2001년, 63-64쪽 참조.

<표 2.4> 교가를 통한 민족의식의 고취 여부

구분		전혀 그렇지 않다	그렇지 않다	보통이다	그렇다	매우 그렇다	전체	x^2(p)
성별	남	2	5	21	16	11	55	15.302** (.004)
		3.6%	9.1%	38.2%	29.1%	20.0%	100%	
	여	4	15	65	43	4	131	
		3.1%	11.5%	49.6%	32.8%	3.1%	100%	
학년	소학교	4	18	58	36	12	128	6.818 (.146)
		3.1%	14.1%	45.3%	28.1%	9.4%	100%	
	중고등 학교	2	2	28	23	3	58	
		3.4%	3.4%	48.3%	39.7%	5.2%	100%	
전체		6	20	86	59	15	186	
3.2%			10.8%	46.2%	31.7%	8.1%	100%	

**p 〈 .01

취되었는지에 대하여 조사하였다. 이것은 교가를 통하여 민족의식을 고취시키려는 교육자의 의도가 학생들의 의식 속에서 얼마나 효과를 발휘하고 있는지 알 수 있는 질문으로 매우 중요하다고 할 수 있겠다.

〈표 2.4〉에서 보는 바와 같이 '매우 그렇다 + 그렇다'의 긍정적인 응답이 약 39%로 '전혀 그렇지 않다 + 그렇지 않다'의 약 14%보다 더 높게 나타났다. 성별에 따라서는 남자는 '매우 그렇다 + 그렇다'의 긍정적인 응답이 약 49%, 여자는 약 35%로 여자보다 남자가 교가 속 민족의식 표현을 통하여 민족의식이 고취된다고 생각한다는 응답이 더 높게 나타났다($p 〈 .01$). 이는 교가에서 민족의식 고취 표현을 매우 옳다라고 보는 의견이 여학생보다 남학생이 더 높은 것과 같은 결과라고 할 수 있겠다.

여기서 주의해야 할 것은 민족의식의 시대적 이중성이다. 중화인민공화국 이전의 민족의식은 나라 잃은 민족이 지닐 수 있는 독립을 향한 민족정체성이며, 그 독립국가에서 다시 옛날 조상들이 이룩했던 찬란한 민족문화를 꽃피워야 한다는 것이었다. 그러나 중화인민공화국 이후에 교가에 나타난 민족의식은 첫째, 중국 내 소수민족으로서 다른 민족 문화와 조화롭게 어울릴 수 있는 우리 고유의 문화를 계승·발전시키기 위한 민족정체성을 말한다. 둘째, 유구한 역사를 지닌 자랑스러운 민족이라는 민족의 자부심을 지니도록 하는 것이다. 여기서 중요한 것은 이러한 두 가지가 중화문명의 발전에 이바지해야 한다는 목적의식이 자리 잡혀 있다는 사실이다.[13]

(2) 교가 속 배움의 중요성 강조에 대한 학생들의 의식

1990년대 이후 가장 많은 학교에서 교가를 통해 나타내고자 한 것은 바로 배움의 중요성을 강조한 것이었다. 이는 개혁·개방 이후 등소평의 실사구시의 정신에 따라서 경제를 발전시키기 위해서는 교육을 발전시켜야 한다는 시대적 흐름에 따라 등장한 것이다.[14]

〈표 2.5〉에서 보는 바와 같이 교가에 배움을 강조하는 계몽적인 표현이 있는 것이 옳다고 생각하는지 여부에 대해 살펴보면, '매우 그렇다 + 그렇다'의 긍정적인 응답이 약 52%로 전혀 '그렇지 않다 + 그렇지 않다'의 약 7%보다 높게 나타났다. 학교는 학생들에게 배움을 통해

---

13 안병삼, 「중국 조선족학교 교가의 가사 연구」, 『한국학연구』 제39집, 2011년, 317쪽 참조.

14 이런 요구가 문서상으로 나타난 것은 1985년에 발표된 「중국공산당 중앙위원회의 교육체제 개혁에 관한 결정」과 1993년도에 발표된 중국의 교육개혁 지침인 「중국교육개혁과 발전강요」란 문서이다. 「중국공산당 중앙위원회의 교육체제개혁에 관한 결정」을 보면, "교육은 반드시 사회주의 건설을 위해 봉사해야 하며, 사회주의 건설은 반드시 교육에 의지해야 한다."고 하였다. 구자억, 「개혁개방 이후 중국의 사회주의 교육관 고찰」, 『한국교육』 제24집, 1997년, 23쪽.

〈표 2.5〉 교가에 배움의 중요성을 표현하는 것이 옳다고 생각하는지 여부

구분		전혀 그렇지 않다	그렇지 않다	보통이다	그렇다	매우 그렇다	전체	x^2(p)
성별	남	1	5	18	20	11	55	5.278 (.260)
		1.8%	9.1%	32.7%	36.4%	20.0%	100%	
	여	2	5	57	52	15	131	
		1.5%	3.8%	43.5%	39.7%	11.5%	100%	
학년	소학교	2	6	49	49	22	128	3.836 (.429)
		1.6%	4.7%	38.3%	38.3%	17.2%	100%	
	중고등 학교	1	4	26	23	4	58	
		1.7%	6.9%	44.8%	39.7%	6.9%	100%	
전체		3	10	75	72	26	186	
1.6%		5.4%	40.3%	38.7%	14.0%	100%		

그들의 꿈을 키워주는 곳이다. 이러한 순수한 학교 기능을 표현한 교가는 학생들에게도 많은 호응을 받았고 그들이 학교에 대한 자긍심을 갖고 학교 학생들 간의 단결에 큰 역할을 하였다. 이러한 조사결과는 현재의 학생들이 과거와는 달리 시대적 이데올로기에 민감하지 않고 개인의 성취를 위해 학생으로서 가장 중요한 것이 배움이라는 인식이 자리 잡고 있기 때문으로 분석된다.[15]

다음으로, 배움의 중요성을 강조하기 위해 어떤 단어가 가장 적당한지에 대해 물었다. 〈표 2.6〉에서 보는 바와 같이 배움을 강조하는 계몽적인 내용을 고취하는 가장 적당한 교가 속 단어를 살펴보면 '꿈의

---

[15] 중국 조선족학교의 교가교육에 관한 논문에 의하면, 교가교육을 통해 학생들이 가장 많은 영향을 받은 것은 '배움의 중요성'이라고 조사되었다. 동시에 교가 가사에 가장 필요한 것이 '배움의 중요성 강조'라는 설문조사 결과가 있었다. 안병삼, 「중국 조선족학교의 교가교육에 관한 고찰」, 『한국동북아논총』 제18집 1호, 2013년, 169-171쪽 참조.

〈표 2.6〉 배움의 중요성을 강조하는 가장 적당한 교가 속 단어

구분		우리 학교	배움터	학습	꿈의 요람	희망	성실	전체	x^2(p)
성별	남	4	8	18	7	14	4	55	22.256*** (.000)
		7.3%	14.5%	32.7%	12.7%	25.5%	7.3%	100%	
	여	13	24	10	40	30	14	131	
		9.9%	18.3%	7.6%	30.5%	22.9%	10.7%	100%	
학년	소학교	11	20	23	25	35	14	128	11.427* (.044)
		8.6%	15.6%	18.0%	19.5%	27.3%	10.9%	100%	
	중고등 학교	6	12	5	22	9	4	58	
		10.3%	20.7%	8.6%	37.9%	15.5%	6.9%	100%	
전체 9.1%		17	32	28	47	44	18	186	
		17.2%	15.1%	25.3%	23.7%	9.7%	100%		

*p 〈 .05, ***p 〈 .001

요람'이 25.3%로 가장 높게 나타났고 다음으로 '희망'이 23.7%, '배움 터'가 17.2%, '학습'이 15.1% 등의 순이다.[16] 성별에 따라서는 남자는 '학습'이 적당하다는 응답이 32.7%로 여자의 7.6%보다 더 높게 나타 났고, 반면에 여자는 '꿈의 요람'이 적당하다는 응답이 30.5%로 남자 의 12.7%보다 더 높게 나타났다(p 〈 .001). 학년에 따라서는 소학교 학생 은 '학습' 또는 '희망'이 적당하다는 응답이 각각 18.0%, 27.3%로 중고 등학교 학생의 8.6%, 15.5%보다 더 높게 나타났고, 반면에 중고등학 교 학생은 '꿈의 요람'이 적당하다는 응답이 37.9%로 소학교 학생의 19.5%보다 더 높게 나타났다(p 〈 .05).

16　배움터를 강조한 연길시 중앙소학교의 교가를 보자.

　　연길시 한복판에 자리를 잡고 높이 솟아 빛뿌리는 우리네 학교
　　슬기론 꽃봉오리 한데 모여서 오순도순 사이좋게 공부하는 곳
　　사랑하는 우리 학교 중앙소학교 겨레의 희망을 키우는 요람

〈표 2.7〉 교가를 통한 배움의 중요성 고취 여부

구분		전혀 그렇지 않다	그렇지 않다	보통이다	그렇다	매우 그렇다	전체	x^2(p)
성별	남	1	9	25	17	3	55	7.290 (.121)
		1.8%	16.4%	45.5%	30.9%	5.5%	100%	
	여	3	6	68	45	9	131	
		2.3%	4.6%	51.9%	34.4%	6.9%	100%	
학년	소학교	2	12	64	39	11	128	5.464 (.243)
		1.6%	9.4%	50.0%	30.5%	8.6%	100%	
	중고등 학교	2	3	29	23	1	58	
		3.4%	5.2%	50.0%	39.7%	1.7%	100%	
전체		4	15	93	62	12	186	
		2.2%	8.1%	50.0%	33.3%	6.5%	100%	

마지막으로, 교가 속 배움의 중요성 강조가 자신에게 얼마나 배움의 중요성을 깨닫게 했는지 물었다. 〈표 2.7〉을 살펴보면 '매우 그렇다 + 그렇다'의 긍정적인 응답이 약 39%로 '전혀 그렇지 않다 + 그렇지 않다'의 약 10%보다 더 높게 나타났다. 일반적 사항에 따라서는 교가를 통하여 배움의 중요성이 고취된다고 생각한다는 응답이 대부분을 차지하여 일반적 사항과 상관없이 비슷하게 나타났다.

(3) 교가 속 애교심에 대한 학생들의 의식

교가는 학생들로 하여금 애교심과 단결심, 자긍심을 느끼게 하며, 학교 구성원들의 정체성 확립과 일체감을 심어주는 데 큰 기여를 한다.[17]

---

17   전영권, 「교가에 나타난 대구의 지형관」, 『한국지형학회지』 제19권 4호, 2012년, 84쪽 참조.

<표 2.8> 교가에 애교심을 표현하는 것이 옳다고 생각하는지 여부

구분		전혀 그렇지 않다	그렇지 않다	보통이다	그렇다	매우 그렇다	전체	x^2(p)
성별	남	4	5	19	20	7	55	1.674 (.796)
		7.3%	9.1%	34.5%	36.4%	12.7%	100%	
	여	5	14	39	53	20	131	
		3.8%	10.7%	29.8%	40.5%	15.3%	100%	
학년	소학교	9	15	34	48	22	128	10.134* (.038)
		7.0%	11.7%	26.6%	37.5%	17.2%	100%	
	중고등 학교	0	4	24	25	5	58	
		.0%	6.9%	41.4%	43.1%	8.6%	100%	
전체		9 4.8%	19 10.2%	58 31.2%	73 39.2%	27 14.5%	186 100%	

*p 〈 .05

1990년대 이후 배움의 중요성과 더불어 가장 많이 강조한 부분은 애교심 고취이다. 특히 이것은 당시 조선족집거지의 붕괴가 가속화되어 조선족학교가 급격히 사라져가는 상황에서 학교를 지키고자 학교에 대한 애착을 강조한 것이라고 말할 수 있다. 〈표 2.8〉에서 보는 바와 같이 교가에 학교를 자랑하는 내용을 표현하는 것이 옳다고 생각하는지 여부에 대해 살펴보면 '매우 그렇다 + 그렇다'의 긍정적인 응답이 약 53%로 '전혀 그렇지 않다 + 그렇지 않다'의 약 15%보다 더 높게 나타났다. 학년에 따라서는 소학교 학생은 '매우 그렇다 + 그렇다'의 긍정적인 응답이 약 54%, 중고등학교 학생은 약 51%로 중고등학교 학생보다 소학교 학생이 교가에 학교를 자랑하는 내용을 표현하는 것이 옳다고 생각한다는 응답이 더 높게 나타났다(p 〈 .05).

다음으로, 애교심을 고취하기 위해 가장 적당한 단어가 무엇인지

〈표 2.9〉 애교심을 고취하는 가장 적당한 교가 속 단어

구분		유구한 역사	우수한 스승	학교 전통	훌륭한 선배	학교 이름	지역 이름	전체	x^2(p)
성별	남	4	13	9	16	9	4	55	20.979*** (.001)
		7.3%	23.6%	16.4%	29.1%	16.4%	7.3%	100%	
	여	21	36	36	15	20	0	128	
		16.4%	28.1%	28.1%	11.7%	15.6%	.0%	100%	
학년	소학교	16	38	25	24	20	3	126	6.845 (.232)
		12.7%	30.2%	19.8%	19.0%	15.9%	2.4%	100%	
	중고등 학교	9	11	20	7	9	1	57	
		15.8%	19.3%	35.1%	12.3%	15.8%	1.8%	100%	
전체 13.7%		25	49	45	31	29	4	183	
		26.8%	24.6%	16.9%	15.8%	2.2%	100%		

***p < .001

물었다. 〈표 2.9〉를 살펴보면, '우수한 스승'이 26.8%로 가장 높게 나타났고, '학교 전통' 24.6%, '훌륭한 선배' 16.9%, '학교 이름' 15.8% 등의 순으로 나타났다. 성별로 살펴보면, 남자는 '훌륭한 선배'가 적당하다는 응답이 29.1%로 여자의 11.7%보다 더 높게 나타났고, 반면에 여자는 '유구한 역사' 또는 '학교 전통'이 적당하다는 응답이 각각 16.4%, 28.1%로 남자의 7.3%, 16.4%보다 더 높게 나타났다(p < .001).

마지막으로, 교가 속 애교심 고취를 통해 자신의 애교심이 많이 향상되었는지에 대해 물었다. 〈표 2.10〉을 살펴보면, '매우 그렇다 + 그렇다'의 긍정적인 응답이 약 46%로 '전혀 그렇지 않다 + 그렇지 않다'의 약 10%보다 더 높게 나타났다. 교가로 인해 애교심은 이전보다 많이 늘었지만 여전히 많은 학생들은 부모님을 따라 학교를 떠났다. 그러나 그들의 가슴에 새겨진 학교에 대한 애교심은 영원할 것이다.

〈표 2.10〉 교가를 통한 애교심의 고취 여부

구분		전혀 그렇지 않다	그렇지 않다	보통이다	그렇다	매우 그렇다	전체	x^2(p)
성별	남	1	5	25	17	7	55	2.849 (.583)
		1.8%	9.1%	45.5%	30.9%	12.7%	100%	
	여	3	11	54	54	9	131	
		2.3%	8.4%	41.2%	41.2%	6.9%	100%	
학년	소학교	3	12	51	48	14	128	3.676 (.452)
		2.3%	9.4%	39.8%	37.5%	10.9%	100%	
	중고등 학교	1	4	28	23	2	58	
		1.7%	6.9%	48.3%	39.7%	3.4%	100%	
전체 2.2%		4	16	79	71	16	186	
		8.6%	42.5%	38.2%	8.6%	100%		

(4) 교가 속 사회주의에 대한 학생들의 의식

교가 속 사회주의에 대한 내용은 중화인민공화국 수립 이후에 나타난 것이다. 이것은 일제강점기 독립정신이나 반일사상을 교가에서 강조한 것과 같이 시대적 상황을 잘 반영한 것이라고 할 수 있겠다. 중화인민공화국 수립 이후 공산 정권의 체제선전을 위하여 많은 학교에서 교가를 통해 사회주의 사상을 학생들에게 교육을 시켰다.[18]

그럼, 교가에 나타난 사회주의 관련 가사들에 대해 요즘 학생들은

---

18 중국 공산당이 국민을 위해 희생하였고 봉사하고 있다는 내용의 소설, 시, 산문 등은 중국 교과서에 가장 많이 실리는 내용 중 하나이다. 이를 통해 학생들에게 공산당에 대한 좋은 이미지를 심어주어 애국심을 유도하고 있다. 다음은 서광조선족학교 교가이다.

공산당의 민족정책 하도좋아서 우리들은 행복하게 자라납니다.
선생님들 반갑게 기다려주는 배움의 요람으로 찾아갑니다.
아- 우리학교 자애로운 어머니마냥
우리에게 과학지식 넓혀주고요 혁명의 리상도 키워줍니다.

〈표 2.11〉 교가에 사회주의 사상을 표현하는 것이 옳다고 생각하는지 여부

구분		전혀 그렇지 않다	그렇지 않다	보통이다	그렇다	매우 그렇다	전체	x^2(p)
성별	남	4	7	26	12	6	55	8.390 (.078)
		7.3%	12.7%	47.3%	21.8%	10.9%	100%	
	여	1	12	60	44	14	131	
		.8%	9.2%	45.8%	33.6%	10.7%	100%	
학년	소학교	4	14	62	31	17	128	8.100 (.088)
		3.1%	10.9%	48.4%	24.2%	13.3%	100%	
	중고등 학교	1	5	24	25	3	58	
		1.7%	8.6%	41.4%	43.1%	5.2%	100%	
전체		5	19	86	56	20	186	
2.7%			10.2%	46.2%	30.1%	10.8%	100%	

어떻게 인식하고 있을까? 〈표 2.11〉에서 보는 바와 같이 교가에 사회주의 사상을 표현하는 것이 옳다고 생각하는지 여부에 대해 살펴보면, '매우 그렇다 + 그렇다'의 긍정적인 응답이 약 40%로 '전혀 그렇지 않다 + 그렇지 않다'의 약 12%보다 더 높게 나타났다. 비록 중간적 입장인 '보통이다'가 46.2%로 가장 높은 비율을 차지하였지만, 아직도 사회주의와 관련한 것들에 대해 긍정적인 사고를 보인다는 것은 의외의 결과였다. 그러나 이것은 중국 전체가 아직도 정치적인 생활에서 벗어날 수 없다는 현실을 반영하고 있다고 말할 수 있겠다. 또한 과거나 지금이나 체제에 대한 선전 및 애국심이 강조되는 상황에서 어린 학생들은 사회주의에 대한 추종이 곧 애국이라고 생각하는 것으로 볼 수 있다.

다음으로, 사회주의 사상 고취를 위해 어떤 단어가 가장 적당한지에 대해 물었다. 〈표 2.12〉에서 보는 바와 같이 사회주의 사상을 표

<표 2.12> 사회주의 사상을 표현하는 가장 적당한 교가 속 단어

구분		공산당	혁명	붉은 피	현대화	사회주의	인민	전체	x^2(p)
성별	남	11	8	12	5	13	6	55	8.297 (.141)
		20.0%	14.5%	21.8%	9.1%	23.6%	10.9%	100%	
	여	36	26	19	9	15	25	130	
		27.7%	20.0%	14.6%	6.9%	11.5%	19.2%	100%	
학년	소학교	38	24	23	7	18	17	127	9.011 (.109)
		29.9%	18.9%	18.1%	5.5%	14.2%	13.4%	100%	
	중고등 학교	9	10	8	7	10	14	58	
		15.5%	17.2%	13.8%	12.1%	17.2%	24.1%	100%	
전체 25.4%		47	34	31	14	28	31	185	
			18.4%	16.8%	7.6%	15.1%	16.8%	100%	

현하는 데 가장 적당한 단어를 살펴보면 '공산당'이 25.4%로 가장 높았고, '혁명'이 18.4%, '붉은 피'와 '인민'이 각각 16.8%, '사회주의'가 15.1% 등의 순으로 나타났다. '공산당'이 가장 높은 비율을 차지한 이유는 학교 교육과정에서 공산당은 인민을 위해 일한다는 긍정적 이미지가 구축되었기 때문이다. 다시 말해, 조선족학교 교가에 나타난 사회주의 찬양은 대부분이 공산당의 따뜻한 품속에서 어린 학생들이 행복하게 잘 자라나고 있다는 '공산당 햇살론'을 펴고 있다. 이에 따라 배움의 요람인 학교에서는 국가가 주는 사랑에 보답하고자 국가가 원하는 학생, 국가를 위한 학생들의 양성이 무엇보다도 중요한 임무라고 표현하였다.[19]

마지막으로, 사회주의 사상 고취를 통해 자신의 정치의식이 많이 고취되었는지에 대해 물었다. <표 2.13>을 살펴보면, '매우 그렇다 +

---

19 안병삼, 「중국 요녕성 조선족학교 교가 연구」, 『한민족문화연구』 제43집, 2013년, 101쪽 참조.

〈표 2.13〉 교가를 통한 사회주의 사상의 이해 여부

구분		전혀 그렇지 않다	그렇지 않다	보통이다	그렇다	매우 그렇다	전체	x^2(p)
성별	남	2	8	23	16	6	55	1.080 (.897)
		3.6%	14.5%	41.8%	29.1%	10.9%	100%	
	여	4	14	62	40	11	131	
		3.1%	10.7%	47.3%	30.5%	8.4%	100%	
학년	소학교	2	15	55	39	17	128	11.915* (.018)
		1.6%	11.7%	43.0%	30.5%	13.3%	100%	
	중고등 학교	4	7	30	17	0	58	
		6.9%	12.1%	51.7%	29.3%	.0%	100%	
전체 3.2%		6	22	85	56	17	186	
			11.8%	45.7%	30.1%	9.1%	100%	

*p < .05

그렇다'의 긍정적인 응답이 약 39%로 '전혀 그렇지 않다 + 그렇지 않다'의 약 15%보다 더 높게 나타났다. 학년에 따라서는 소학교 학생은 '매우 그렇다 + 그렇다'의 긍정적인 응답이 약 43%, 중고등학교 학생은 약 29%로 중고등학교 학생보다 소학교 학생이 교가를 통하여 사회주의 사상을 이해하는 데 도움이 된다고 생각한다는 응답이 더 높게 나타났다(p < .05). 이러한 결과는 교가 교육에 있어 소학교 때 가장 큰 효과가 있다는 사실을 간접적으로 시사해주는 것이라고 할 수 있겠다.

(5) 교가 속 애국심에 대한 학생들의 의식

나라를 사랑하는 마음을 학생들이 평소 지닐 수 있도록 교육한다는 것은 모든 학교에서의 중요한 교육과정일 것이다. 최근 중국 정부는 역사 교육을 더욱 강화하여 학생들에게 애국사상을 심어주는 데 주력하고 있다. 중국의 애국주의는 기존의 민족주의와 유사한 성질을 지니고 있으나 다민족국가인 중국의 특성상 주류 민족인 한족 및 55개 소수민족을 아우르는 통일된 사회주의 국가 중국에 대한 애국심을 강조하는 사상인 것으로 이해할 수 있다. 중국의 애국주의는 1990년대 이후 중국 정부가 범국민적인 애국주의 운동을 전개하면서 급속히 확산되었다. 중국의 애국주 교육운동과 관련해서는 1994년 8월 중국 정부가 발표한 『애국주의교육실시강요(愛國主義教育實施綱要)』에 잘 나타나 있다.[20]

이러한 영향은 교가 속 애국심 표현에 대한 학생들의 응답에 그대로 나타나 있다. 〈표 2.14〉에서 보는 바와 같이 교가에 애국심을 표현하는 것이 옳다고 생각하는지 여부에 대해 살펴보면 '매우 그렇다 +

〈표 2.14〉 교가에 애국심을 표현하는 것이 옳다고 생각하는지 여부

구분		전혀 그렇지 않다	그렇지 않다	보통이다	그렇다	매우 그렇다	전체	x^2(p)
성별	남	2	3	16	19	15	55	6.269 (.180)
		3.6%	5.5%	29.1%	34.5%	27.3%	100%	
	여	0	6	44	54	27	131	
		.0%	4.6%	33.6%	41.2%	20.6%	100%	
학년	소학교	0	8	39	51	30	128	6.682 (.154)
		.0%	6.3%	30.5%	39.8%	23.4%	100%	
	중고등 학교	2	1	21	22	12	58	
		3.4%	1.7%	36.2%	37.9%	20.7%	100%	
전체		2	9	60	73	42	186	
		1.1%	4.8%	32.3%	39.2%	22.6%	100%	

20   김정호, 「중국의 소수민족교육과 다문화교육」, 『사회과 교육』 제47권 1호, 2008년, 103쪽.

그렇다'의 긍정적인 응답이 약 61%로 '전혀 그렇지 않다 + 그렇지 않다'의 약 5%보다 높게 나타났다.

다음으로, 애국심 고취를 위해 어떤 단어가 가장 적당한지에 대해 물었다. 〈표 2.15〉와 같이, '애국'이 29.0%로 가장 높게 나타났고 '공산당' 18.3%, '조국' 16.7%, '중화의 진흥' 15.6% 등의 순으로 나타났다. 이러한 결과는 사회주의 국가인 중국에서 공산당에게 충성하는 것이 곧 애국이라는 의식이 깊게 자리 잡고 있다는 사실을 시사한다. 학생들은 애국과 관련하여 공산당이란 국가와 같은 존재이며 무조건적으로 사랑해야 하는 대상으로 인식하고 있는 것이다. 학년에 따라서는 소학교 학생은 '공산당'이 가장 적당하다는 응답이 24.2%로 중고등학교 학생의 5.2%보다 더 높게 나타났다. 반면에 중고등학교 학생은 '중국' 또는 '중화의 진흥'이 가장 적당하다는 응답이 각각 20.7%, 24.1%로, 소학교 학생의 10.9%, 11.7%보다 더 높게 나타났다(p<.01).

〈표 2.15〉 애국심을 고취하는 가장 적당한 교가 속 단어

구분		공산당	중국	모택동	중화의 진흥	애국	조국	전체	x^2(p)
성별	남	10	10	6	8	12	9	55	4.851 (.434)
		18.2%	18.2%	10.9%	14.5%	21.8%	16.4%	100%	
	여	24	16	6	21	42	22	131	
		18.3%	12.2%	4.6%	16.0%	32.1%	16.8%	100%	
학년	소학교	31	14	11	15	38	19	128	18.384** (.003)
		24.2%	10.9%	8.6%	11.7%	29.7%	14.8%	100%	
	중고등 학교	3	12	1	14	16	12	58	
		5.2%	20.7%	1.7%	24.1%	27.6%	20.7%	100%	
전체 18.3%		34	26	12	29	54	31	186	
		14.0%	6.5%	15.6%	29.0%	16.7%	100%		

**p < .01

구분		전혀 그렇지 않다	그렇지 않다	보통이다	그렇다	매우 그렇다	전체	x^2(p)
성별	남	2	8	19	21	5	55	8.501 (.075)
		3.6%	14.5%	34.5%	38.2%	9.1%	100%	
	여	0	11	65	46	9	131	
		.0%	8.4%	49.6%	35.1%	6.9%	100%	
학년	소학교	0	14	56	48	10	128	5.098 (.277)
		.0%	10.9%	43.8%	37.5%	7.8%	100%	
	중고등 학교	2	5	28	19	4	58	
		3.4%	8.6%	48.3%	32.8%	6.9%	100%	
전체 1.1%		2	19	84	67	14	186	
		10.2%	45.2%	36.0%	7.5%	100%		

마지막으로, 교가의 애국심 고취를 통해 자신의 애국심이 많이 고취되었는지에 대해 물었다. 〈표 2.16〉에서 보는 바와 같이, '매우 그렇다 + 그렇다'의 긍정적인 응답이 약 43%로 '전혀 그렇지 않다 + 그렇지 않다'의 약 11%보다 더 높게 나타났다.

(6) 교가 속 중화사상에 대한 학생들의 의식

중화사상을 통한 중국인 대단결 유도정책을 펼치고 있는 중국 정부는 중국 내 소수민족에게도 이 사상을 강조하고 있다.[21] 〈표 2.17〉에

---

[21] 개혁 · 개방 이후에는 경제적 발전이 조금씩 이루어짐에 따라 정치적 색깔보다는 중화사상을 통하여 중국 문화에 대한 자부심을 학생들에게 심어주고 동시에 여러 민족들을 통합하여 사회적으로 안정된 국가를 만들려는 움직임이 많이 보였다. 즉 중국 중심적인 질서관을 심어줄 필요가 대두되었다. 다민족 다문화를 가진 중국은 모든 민족이 중화사상을 중심으로 대단결을 이룰 필요가 있었던 것이다. 이러한 취지는 많은 학교에서도 중화사상을 학생들에게 심어줘야 한다는 생각과 결합되어 중화주의가 반영된 교가가 창작되었다. 안병삼, 「중국 조선족학

<표 2.17> 교가에 중화사상을 표현하는 것이 옳다고 생각하는지 여부

구분		전혀 그렇지 않다	그렇지 않다	보통이다	그렇다	매우 그렇다	전체	x^2(p)
성별	남	1	6	28	14	6	55	3.370 (.498)
		1.8%	10.9%	50.9%	25.5%	10.9%	100%	
	여	3	7	63	47	11	131	
		2.3%	5.3%	48.1%	35.9%	8.4%	100%	
학년	소학교	3	10	63	39	13	128	1.618 (.805)
		2.3%	7.8%	49.2%	30.5%	10.2%	100%	
	중고등 학교	1	3	28	22	4	58	
		1.7%	5.2%	48.3%	37.9%	6.9%	100%	
전체 2.2%		4	13	91	61	17	186	
			7.0%	48.9%	32.8%	9.1%	100%	

서와 같이 교가에 중화사상을 표현하는 것이 옳다고 생각하는지 여부에 대해 살펴보면 '매우 그렇다 + 그렇다'의 긍정적인 응답이 약 41%로 '전혀 그렇지 않다 + 그렇지 않다'의 약 9%보다 더 높게 나타났다.

다음으로, 중화사상 고취를 위해 어떤 단어가 가장 적당한지에 대해 물었다. 〈표 2.18〉에서 보는 바와 같이 중화사상을 고취하는 가장 적당한 교가 속 단어를 살펴보면 '중화문명'이 44.3%로 과반수 가까이 되었고, '조국' 35.1%, '중화사상' 13.0% 등의 순으로 나타났다.

마지막으로, 중화사상 고취를 통해 자신의 중화사상이 많이 고취되었는지에 대해 물었다. 〈표 2.19〉에서 보는 바와 같이, '매우 그렇다 + 그렇다'의 긍정적인 응답이 약 34%로 '전혀 그렇지 않다 + 그렇지 않다'의 약 12%보다 더 높게 나타났다.

교 교가의 가사 연구」, 『한국학연구』 제39집, 2011년, 314-315쪽.

〈표 2.18〉 중화사상을 고취하는 가장 적당한 교가 속 단어

구분		중화사상	한족	중화문명	반만년 문화	조국	전체	x^2(p)
성별	남	7	4	20	4	20	55	8.137 (.087)
		12.7%	7.3%	36.4%	7.3%	36.4%	100%	
	여	17	1	62	5	45	130	
		13.1%	.8%	47.7%	3.8%	34.6%	100%	
학년	소학교	18	5	52	6	46	127	3.929 (.416)
		14.2%	3.9%	40.9%	4.7%	36.2%	100%	
	중고등 학교	6	0	30	3	19	58	
		10.3%	.0%	51.7%	5.2%	32.8%	100%	
전체 13.0%		24	5	82	9	65	185	
		2.7%	44.3%	4.9%	35.1%	100%		

〈표 2.19〉 교가를 통한 중화사상의 고취 여부

구분		전혀 그렇지 않다	그렇지 않다	보통이다	그렇다	매우 그렇다	전체	x^2(p)
성별	남	3	6	21	20	4	54	6.594 (.159)
		5.6%	11.1%	38.9%	37.0%	7.4%	100%	
	여	3	11	77	34	6	131	
		2.3%	8.4%	58.8%	26.0%	4.6%	100%	
학년	소학교	5	14	63	37	8	127	3.550 (.470)
		3.9%	11.0%	49.6%	29.1%	6.3%	100%	
	중고등 학교	1	3	35	17	2	58	
		1.7%	5.2%	60.3%	29.3%	3.4%	100%	
전체 3.2%		6	17	98	54	10	185	
		9.2%	53.0%	29.2%	5.4%	100%		

4. 맺음말

교가는 학창시절 국가(國歌)와 더불어 가장 많이 부르는 노래 중 하나이다. 학생들은 이 교가를 통해 어린 시절 형성되는 가치관이나 인생관에 많은 영향을 받는 것이 사실이다. 특히 중국 조선족학교 교가는 타국에서 소수민족으로 살아가는 조선족 학생들에게 앞으로 바르게 살아가기 위한 정신을 가르친다는 의미에서 매우 중요하다고 할 수 있다. 이에 조선족학교 교가는 교가마다 그 시대를 배경으로 한 학교의 교육목표나 건학정신, 교풍, 시대적 사명 등이 내포되어 있으며 시대마다 민족이 지녀야 하는 정신을 교육하였다. 1945년 광복 이전의 조선족학교 교가에서는 주로 시대적 상황에 맞게 항일정신과 독립정신, 그리고 대중적 계몽의식과 민족정신을 일깨우는 내용을 담고 있었고, 1949년 이후 중화인민공화국 건립 이후의 조선족학교 교가에서는 주로 사회주의 찬양, 중화사상 고취, 배움의 중요성 강조, 민족정신을 일깨우는 내용 등 다양하게 시대상을 반영하였다.

여기서는 중국 조선족학교에서 교가교육을 받아본 경험이 있는 조선족 학생 186명의 설문지를 분석하였다. 먼저 일반적 특성과 그들이 교가를 배워온 상황을 파악하고, 중국 조선족학교 교가 내용을 분석한 논문에 근거하여, 먼저 가장 많이 교가에 표현된 민족의식, 배움의 중요성, 사회주의 사상, 애국심, 중화사상 등을 큰 항목으로 나눈 뒤 각 항목별로 교가에서의 사용 적합 여부, 가장 적당한 단어, 영향 여부 등을 묻는 설문지 문항으로 구성하였다. 본 연구의 주요한 결과를 요약하면 다음과 같다.

첫째, 교가에 민족의식, 배움의 중요성 강조, 사회주의 사상, 애국심, 중화사상 등을 표현하는 것이 옳다고 생각하는지 여부에 대해 살펴보았다. 그 결과 '매우 그렇다 + 그렇다'의 긍정적인 응답이 '전혀 그렇지 않다 + 그렇지 않다'보다 모두 높게 나타났다. 이는 학생들이 교가를 통해 제한적인 표현보다는 정치적인 표현에서부터 정치적이 배제된 순수한 의미의 단어까지 모두 받아들인다는 것으로 해석할 수 있다. 이러한 특징은 아직 성숙하지 않은 학생들이 지니는 무한의 흡수력이라고 설명할 수 있겠다.

둘째, 교가 속 민족의식, 배움의 중요성 강조, 사회주의 사상, 애국심, 중화사상 등을 표현하는 데 어떤 단어가 가장 적당한지에 대해 살펴보았다. 이를 통해 교가 속 민족의식 고취 단어들이 한족과의 차별성을 나타내는 단어로 집중 사용되었다는 점이다. 또한 이것은 조선족의 우월성을 강조하는 방향으로 교가에서 표출되었다. 애국심을 고취하는 데 가장 적당한 단어는 '공산당' 또는 '애국'이라고 하였다. 이러한 결과는 사회주의 국가인 중국에서 공산당에게 충성하는 것이 곧 애국이라는 의식이 학생들 사이에 깊게 자리 잡고 있다는 사실을 시사한다. 학생들은 애국과 관련하여 공산당이란 국가와 같은 존재이며 무조건적으로 사랑해야 하는 대상으로 인식하고 있는 것이다. 학년에 따라서는 소학교 학생이 중고등학교 학생보다 '공산당'이 가장 적당하다고 응답한 것으로 보아 소학교의 교가 교육이 가장 큰 효과가 있다는 사실을 간접적으로 시사해주는 것이라고 할 수 있겠다. 이와 동시에 '공산당'은 사회주의 사상을 강조하기 위한 가장 적당한 단어로 나타났는데 이러한 이유는 교가 속에서 공산당은 인민을 위해 일한다는 긍정적 이미지를 구축했기 때문이다. 다시 말해, 조선족학교 교가에 나타난 사회주의 찬양은 대부분이 공산당의 따뜻한 품속에서 어린 학생들이 행복하게 잘 자라나고 있다는 '공산당 햇살론'을 펴고 있었다.

셋째, 교가에서 강조한 민족의식 고취, 배움의 중요성 강조, 사회주의 사상, 애국심, 중화사상 고취 등을 통해 자신이 어느 정도 영향을 받았는지 살펴보았다. 그 결과 '매우 그렇다 + 그렇다'의 긍정적인 응답이 '전혀 그렇지 않다 + 그렇지 않다'보다 모두 높게 나타났다. 모든 학생들이 교가를 통하여 자신의 민족의식이 고취되었고 애국심이 고취 되는 등의 영향을 받았다고 응답하였다.

다시 종합하면, 조선족학교 학생들은 자신의 학교 교가에서 민족의식 고취, 배움의 중요성 강조, 애교심 고취, 사회주의 강조, 애국심 강조, 중화사상 고취 등을 표현하는 것에는 대체로 긍정적인 입장을 보이고 있었다. 또한 이러한 사상적 고취를 위한 단어로 적당한 단어에는 각 항목마다 많은 것들이 사용되었다. 마지막으로 교가를 통하여 자신에 대한 영향을 묻는 질문에는 모두 영향을 받았다는 긍정적인 대답을 하였다.

이 연구는 중국 조선족학교 학생들을 대상으로 모교 교가에 대해 어떻게 생각하고 있으며 또한 교가의 영향 정도가 어느 정도인지에 대해 고찰한 것이다. 현재 조선족학교 대부분이 교가 교육을 제대로 실시하지 않고 있는 상황에서 본 연구는 현재 진행되고 있는 교가 교육의 문제점 해결과 향후 교가의 활성화를 위한 기본 자료로 활용될 수 있을 것이다.

III

중국 조선족학교
교가에 나타난
조선족의 현실 인식

1. 머리말

타향살이 몇 해런가 손꼽아 헤여 보니 고향 떠나 십여 년에 청춘만 늙고
부평 같은 내 신세가 혼자도 기막혀서 창문 열고 바라보니 하늘은 저쪽
고향 앞에 버드나무 올봄도 푸르련만 호들기를 꺾어 불던 그때는 옛날
타향이라 정이 들면 내 고향 되는 것을 가도 그만 와도 그만 언제나 타향

위 글은 민족의 역사를 되돌아볼 수 있는 김릉인(金陵人, 1911-1937)이
작사하고 손목인(孫牧人, 1913-1999)이 작곡한 유행가 가사로, 1933년 가수
고복수(高福壽, 1911-1972)가 불러 히트한 타향살이 가사이다.[1] 이 곡은 조
국을 떠나 중국에서 생활하던 한민족들이 그곳의 문화적응 과정에서
느끼는 세월의 암담함과 자신의 신세에 대한 한탄을 상징적으로 빗대
어 표현했던 노래로, 중국에 사는 동포들에게는 고향을 그리는 마음의
노래, 즉 망향가처럼 불렸다.[2]

그들은 다른 사회 체제 속에서 원만한 정착을 위해 문화적 이질감
을 해소해야만 했고 동시에 사회경제적 생존을 위한 자립을 해야만
했다. 고향을 떠나 새로운 환경에서 사회적 · 경제적 기반 없이 정착해

---

1   당시 레코드에 있는 가사집을 참조하였다.
2   고복수가 동포들이 많이 사는 중국 하얼빈(哈爾賓)이나 룡정(龍井)에서 공연할 때 가수와 청
     중이 함께 이 노래를 부르다 모두가 울면서 노래를 불러 눈물바다가 되었다고 한다. 그러면서
     도 고복수는 동포들의 요청에 이 노래를 몇 번이나 불렀다고 한다.

야 했던 이들은 현지인의 편견과 차별을 극복하면서 팍팍하게 살아가야만 하였다. 그와 동시에 조국을 그리워하며 조국에 대한 끈을 놓치지 않으려는 것이 타향살이 하는 사람들이 갖는 다중성이라고 할 수 있겠다.

유행가 '타향살이'를 눈물로 불렀던, 현재 중국에서 자리 잡고 살고 있는 한민족이 있다. 바로 우리가 '조선족'이라고 부르는 그들이다. 그들은 구한말 조국의 경제적 어려움과 관리들의 폭정을 피해 중국으로 떠났고, 일제강점기에 일제의 핍박을 피해 혹은 독립 운동을 위해 중국에서 터전을 잡고 타향살이를 시작하였다.

그들의 삶은 전쟁같았다. 경제적 생존을 위해 버려진 척박한 땅을 옥토로 일궈야 했고, 정치적 생존을 위해서는 민족 정체성을 간직하면서도 중국 정부에게 협조하고 중국 사회 속에서 적응하며 살아가야만 했다.

고향을 떠나 낯선 곳에서 새롭게 시작한다는 것은 심리적 스트레스는 물론 육체적으로도 고통을 수반하는 과정이다. 따라서 그들이 새로운 사회에 재적응하면서 문화적 가치체계와 사회적 조건의 급격한 변화, 자본주의 체제에서 사회주의 체제로의 변화는 그들에게 엄청난 정신적·심리적 압박으로 다가왔을 것이다. 그 결과 생존을 위한 삶의 동기는 현실 인식으로 곧바로 발산되었을 것이다.

보통 이민자들은 새로운 사회 환경의 요청에 대해 적응과 소외라는 두 개의 선택에 직면하게 된다. 하지만 자발적 이민자의 보편적인 속성은 새로운 사회 환경의 요청에 따르면서 조화로운 관계 설정을 추구하는 경향이 있음을 고려할 때, 소외의 경향을 보이는 것은 선택의 문제가 아닌 부적응의 결과라 할 수 있다. 또 우리는 이민자들이 주류 사회의 사회 환경에 순조롭게 적응하는 과정을 문화적응이라 하는

데, 이민자들에게 있어서 문화적응은 선택의 문제가 아닌 생존의 문제라 할 수 있다. 그리고 기존의 전통문화를 유지하면서 생존을 위해 새로운 문화를 받아들이고 조화시키는 과정에서 시간적 소유가 전제되는데 급격한 변화나 기존 문화의 무조건적인 포기를 방지하는 적응전략을 선택하는 경향이 있다.[3]

이런 이론적 가정들을 중국 조선족들에게 적용하여 중국 내 조선족들이 대부분 구한말 자발적인 이민자의 성격을 지니고 있다고 한다면, 그들이 새로운 환경에 조화롭게 적응하려는 경향을 보이는 것은 당연한 것일 수도 있다. 또 이런 조선족들의 문화적응 노력들은 중국 내 소수 민족으로 살아가는 데 도움이 되고자 하는 생존의 문제였을 것이다. 더불어 중국 조선족들에게도 중국의 새로운 문화적응 과정에서 많은 스트레스가 있었다는 것은 피할 수 없는 사실일 것이다. 이민자들에 대한 연구를 포괄적 체계적으로 개괄한 연구자 Berry는 새로운 문화로 들어갈 때 경험하는 스트레스를 '문화적응 스트레스(Acculturative Stress)'로 정의하였고, 문화적응 스트레스가 높아지면 부정적 정신건강상태(혼란, 우울, 불안), 소외감, 정신생리적 증상, 정체감 혼란 등이 나타날 수 있다고 하였다.[4]

이러한 삶의 동기가 현실 인식으로 발산되는 구조 속에서 나타난 이민족의 문화적응 과정은 중국 조선족학교 교가에도 여실히 나타나 있다. 즉 교가의 가사에는 민족 정체성을 지키기 위해 동일시 현상

---

3   손신 외, 「뉴욕시 거주 한인 노년층 이민자들의 심리적 안녕감에 영향을 미치는 문화적응과정 상의 요인들에 관한 연구」, 『노인복지연구』 제38권, 2007년, 83쪽 참조.

4   오성희 외, 「이민자들의 심리적 건강에 영향을 미치는 요인: 한국계 호주이민자들을 중심으로」, 『한국심리학회지: 사회 및 성격』 제21권 4호, 2007년, 56쪽.

이 나타났고,[5] 동시에 중국 정부와 중국 사회에 잘 적응하기 위해 현실을 직시한 인식 또한 나타나 있다. 다시 말해, 중국 조선족학교 교가는 1949년 중화인민공화국 성립을 기준으로 많은 변화를 가져오는데, 그중 가장 뚜렷한 변화는 교가 속에 나타난 민족적 지향이 단일화에서 다양화되었다는 사실이다. 일제가 패망하기 이전 교가에서는 오직 조국의 독립과 민족의 단결 및 발전을 노래하였다면, 일제가 패망하고 중화인민공화국이 성립한 이후에는 조선족의 민족의식을 강조하면서 동시에 중국 정부의 정책에는 협조하고 현지 한족과의 우호적 관계 속에 경제적 번영을 누리고자 하는 내용을 노래하였다. 즉, 한편으로는 학교의 이념, 배움의 중요성, 그리고 민족 정체성을 강조하면서도 중국 공산당의 이념이나 정책적 방향에도 동조하는 가사를 창작하였다. 또한 이러한 현실 인식은 교가 속에서 일관된 방향을 제시하지 못하면서 다소 돌출적인 모양새를 띠고 있었다.

이렇듯 중국 조선족의 현실 인식은 타국으로 이민 온 사람들이 현지에서 살면서 현지에 살고 있는 원주민과 그곳의 정부 및 그 정책과는 밀접한 관계를 맺고 살았다는 사실을 잘 보여준다고 할 수 있다. 그 결과 조선족은 정치적으로는 명확하게 중국 정부의 입장을 견지하였고, 민족적으로는 소수 민족으로서의 조선족을 내세웠고, 사회적으로

5 　안병삼, 「중국 조선족학교 교가에 나타난 한민족공동체의식」, 『민족문화논총』 제57집, 2014년. 이 논문에서는 중국 조선족학교 교가가 조선족 정체성 유지를 위해 민족의 동질성, 즉 모국과의 동일시를 추구하여 한민족공동체의식을 고취시켰다는 사실을 고찰하였다. 여기서 말하는 한민족공동체의식이란, 조선족이 타국에 살면서도 한민족으로서의 의식을 가지고 혹은 가지기 위해 모국과의 동일시를 추구하는 모습을 말한다. 이러한 동일시에는 종족적 동일시, 문화적 동일시, 언어적 동일시, 역사적 동일시가 있었다. 조선족학교 교가에 나타난 조선족의 모국과의 동일시 현상은 비록 민족은 한반도와 분리되어 있지만 조선족도 같은 한민족의 뿌리를 두고 있으며 같은 역사, 같은 민족, 같은 문화를 공유한다는 사실을 학생들에게 가르친 것이다. 이러한 민족적 동일시를 통해 형성된 한민족공동체의식은 조선족의 민족 정체성을 유지하는 기초가 되었다는 것이다.

는 중국 사회의 불안을 야기하는 반항보다는 안정을 선택하였고, 문화적으로는 중화문명 속의 조선족 문화를 지켜가고자 노력하였다.

본 연구는 중국 조선족이 고국을 떠나 중국의 새로운 문화적응 과정에서 느꼈을 현실 인식에 대해 중국 조선족학교 교가를 연구 대상으로 진행하였다. 교가는 미래 세대인 학생들에게 시대가 요구하는 학교의 교육방침을 가르치는 동시에 학교 설립 이념을 잘 표현하고 있다. 특히 조선족학교의 경우, 시대에 맞는 교가 교육을 통하여 국가 및 사회가 요구하는 많은 인재를 배출하였다. 이에 중국 조선족이 현지적응을 위해 이민족 특유의 현실 인식, 즉 타국의 정치적 노선 및 정책을 충실히 따르려 했다는 사실을 고찰하였다. 이러한 작업은 중국에 거주하는 많은 조선족들이 어떻게 현지 적응을 하였고, 현지에서 어떠한 삶을 살았는지 파악할 수 있는 하나의 단초가 될 수 있을 것이다. 하지만 지금까지 중국 조선족에 대한 중국 문화적응 과정에 관한 연구나 특히 이러한 문화적응 과정 속에서 조선족학교 교가를 연구 대상으로 현실 인식을 진행한 선행 연구는 거의 찾아볼 수가 없었다.

이에 본 연구에서는 중국 조선족이 중국 문화적응 과정에서 보인 현실 인식을 조선족학교 교가를 연구 대상으로 고찰하였고, 이때 연구 대상은 현지에서 수집한 현존하는 조선족학교 교가와 이미 폐교된 조선족학교 교가를 모두 포함하였다.[6]

---

6   연구 대상 조선족학교 교가는 모두 214개이다. 길림성 조선족학교 교가 130개, 흑룡강성 조선족학교 교가 47개, 요녕성 조선족학교 교가 37개이다. 이 교가에는 유치원 원가, 초등학교 교가, 중학교 교가, 고등학교 교가, 대학교 교가 등이 포함되어 있다.

2. 조선족학교 교가에 나타난
조선족의 현실 인식

　　중국 조선족은 중국으로의 이주 이후 피땀으로 황폐한 땅을 비옥
한 농토로 만들었고 타국에서 서로 의지하고 기댈 수 있도록 집성촌
을 이루어 살면서 비록 자신들은 못입고 제대로 먹지 못하는 한이 있
더라도 자식들의 교육만큼은 시켜야 한다는 신념 아래 마을마다 조선
족학교를 개교하였다. 이렇게 개교된 학교에서는 시대가 필요로 하는
인물을 길러내고 덕목을 가르치기 위해 노력하였으며, 이러한 노력은
교과목은 물론 교가를 통해서도 이루어졌다.[7]

　　1949년 중화인민공화국이 성립할 수 있도록 많은 도움을 준 동북
3성의 조선족은 공산당 정부가 세워진 후, 정부는 소수민족에 대해 우
호적인 정책을 실시하였지만, 피지배자의 입장에서는 매우 조심스러
울 수밖에 없었다. 특히 공산주의 사상적 측면의 정치적 분위기에서
는 완전히 자유로울 수 없었던 조선족학교에서 당시의 사회적 분위기
에 맞는 인재상과 사상들을 선전하려고 하였다. 이러한 문화적응 과정
에서 바로 중국 조선족들의 현실 인식이 표출되었고, 중국 조선족학교

---

[7]　주지하다시피 일본이 한반도 및 중국 동북지역을 강점하였을 때에는 조선족학교의 교가를 통
　　해 학생들에게 독립의 신념을 심어주고자 반일 및 독립 정신 그리고 민족해방 교육을 노래하
　　였고, 중화인민공화국이 성립한 이후에는 타국에서 사는 소수 민족으로서 중국 공산당을 찬
　　양함과 동시에 한민족의 문화선양과 자부심을 노래하였다. 안병삼, 「중국 조선족학교 교가의
　　가사 연구」, 『한국학연구』 제39집, 2011년, 303쪽 참조.

교가에 나타난 현실 인식은 타국에서 살아가는 이민족들의 생존을 위한 처절한 몸부림이라고 할 수 있겠다. 특히 1949년 중화인민공화국이 성립된 이후에는 공산주의 국가라는 특수성으로 인해 이민족이 겪어야 하는 정치적·경제적·문화적인 적응들이 여타 다른 민주주의 국가보다 더욱 심했다. 이러한 공산주의라는 경직된 분위기는 중국 조선족들로 하여금 더욱 정치적인 색깔을 띠게 하였고, 이는 생존에 대한 집착과 연계되어 더욱 더 현실에 대한 인식을 갖게 하였다.

일반적으로 중국 조선족학교 교가 가사의 구성은 세 부분으로 구분된다. 도입부는 학교의 위치가 좋고 유구한 역사를 표현하기 위하여 학교 주변 지명이나 산, 강 등의 이름을 사용하여 교가를 시작한다. 중간 부분은 교가의 핵심 부분으로 학교에서 학생들에게 전달하고자 하는 학교의 교육이념, 학생들에 대한 당부, 시대적 요구 등이 주요한 내용이다. 끝부분은 후렴을 통하여 학교의 이름을 강조하기 위해 학교 이름을 반복적으로 사용한다.[8] 그러나 이러한 일반적인 교가 구성의 모습은 조선족들의 현실 인식을 표현할 때에는 전혀 다른 양상들이 자주 보였다. 어떤 교가에서는 적극적으로 처음 부분부터 일반적 교가 구성의 원칙을 무시하고 단도직입적으로 현실 인식을 표현하였고, 어떤 교가에서는 소극적으로 1절에서는 일반적인 구성 내용을 따르다가 2절이나 3절에서 갑자기 현실 인식을 표현하였다.

대체적으로 중국 조선족학교 교가에 나타난 현실 인식은 크게 정치적 현실 인식으로서의 공산당 찬양과 사회·문화적 현실 인식으로써의 중화사상 강조로 크게 나눌 수 있다.

---

8   안병삼, 「중국 흑룡강성 조선족학교 교가 연구」, 『인문과학연구』 제35집, 2012년, 549쪽 참조.

1) 정치적 현실 인식: 공산당 찬양

중국에서 소수민족은 대대로 특수한 시대를 제외하고 대부분 계속적으로 중국의 피지배계급의 위치에서 살아왔다는 것은 주지의 사실이다. 그러나 20세기 소수민족이 중국 공산당과 함께 사회주의 혁명에 적극적으로 동참하여 중화인민공화국 건설에 힘을 더하였다. 이에 중화인민공화국을 이끌고 있는 공산당은 소수민족에 대해 우대정책을 많이 실시하고 있다. 하지만 이러한 소수민족에 대한 우대정책은 표면적인 정책이 많아 그 한계가 많이 있다고 할 수 있다.

중국은 기본적으로 당이 정치를 지도한다는 '이당제정(以黨制政)'의 원칙을 고수하고 있어 당정일원화(黨政一元化)를 추구하고 있기 때문에 소수민족의 정치참여는 허용하고 있으나 이것은 실질적인 명령권이나 결정권이 부여되지 않은 명분상의 정치참여라고 볼 수 있다. 이것은 시간이 갈수록 정치참여로 인한 소수민족의 자긍심 유발보다는 상대적 박탈감으로 인해 민족문제를 야기시킬 수 있는 요인이다. 또한 정치에 참여하는 소수민족의 간부도 당 중앙에서 협상에 의해 이루어지기 때문에 자기 민족의 이익을 충분히 반영할 수 있는 여건이 아니라는 것이다.[9] 이러한 표면적인 것과는 다른 실제적인 분위기에 누구보다도 민감했던 중국 내 소수민족인 200만 조선족은 자신의 민족정체성을 유지하며 살고는 있지만 공산당을 비판하고는 중국에서 살기 힘들며, 잘 살기 위해서는 공산당을 찬양해야 한다는 현실을 직시하고 있었다. 이러한 사실은 조선족학교 교가를 통해서도 알 수 있었다.

---

9   박광득, 「중국공산당의 소수민족정책 연구」, 『대한정치학회보』 제12권 1호, 2004년, 283쪽 참조.

다음은 신빈만족자치현 조선족중학교 교가이다.[10]

(1절)   언제나 즐거운 남산 언덕 날마다 반겨주는 배움의 요람
        선생님의 기대 어린 손길 아래서 진리의 새 학문 넓혀간다네
(2절)   당의 해살 받아안은 우리의 락원 겨레넋을 지켜서는 우리 새일대
        선배들의 우량 전통 이어받아서 희망찬 중학 시절 꽃피워가네

1절 첫 구절은 일반적인 교가 구성의 모습이다. 학교가 위치한 특징을 설명하는 애향심을 표현하고 있다. 학교 주변에 있으면서 학생들에게 놀이터가 되어주는 남산이 나오고 순수한 의미의 배움의 요람이 나오고 있다. 그러나 2절은 교가의 내용으로는 맞지 않는 듯한 "당의 해살 받아안은 우리의 낙원"이라는 전형적인 공산주의 찬양 표현이 등장하고 있다. 조선족학교는 공산당의 햇살을 받아 설립되었다는 것을 상기시키고 있다. 다시 말해, 공산당의 은혜로 배움터가 생겼고 공산당의 따뜻한 품속에서 어린 학생들이 행복하게 잘 자라나고 있다는 '공산당 햇살론'을 펴고 있는 것이다. 이것은 중국 조선족학교가 자연스럽게 표현할 수 있는 공산당 찬양인 것이다. 공산당이 지배하는 중국이라는 곳에 살고 있다는 현실 인식의 결과로 나온 정치적 수식어이며, 교육을 하는 학교에서 교장을 비롯한 교사들이 교육당국에 보여줄 수 있는 찬양의 표현인 것이다. 조선족이 잘사는 것도 공산당 덕분이고, 우리 학생들이 학교에서 공부할 수 있는 것도 공산당 덕분이라는 다분히 정치적인 색깔을 띠고 있는 아부성 발언으로 중국 조선족의 현실 인식이 반영된 것이라고 할 수 있겠다.

---

10   출처: 신민족자치현조선족학교 60주년 책자.

여기서 주목할 만한 사실 한 가지는 이러한 정치적인 현실 인식을 표현한 내용이 교가의 1절에 등장하지 않고 2절에서 등장하고 있다는 것이다. 이것은 중국 조선족학교가 교육당국에 내놓고 충성심을 보이기보다는 어쩔 수 없이 타향에서 살아가는 문화적응 과정에서 생존을 위해 취할 수밖에 없는 현실 인식의 결과이다. 이것을 본 연구에서는 '소극적 현실인식 태도'라고 부르겠다. 이러한 소극적 현실인식 태도는 이민족이 문화적응 과정에서 최대한 현지의 정치적인 영향을 받지 않고 살아가고자 하는 심리를 나타낸 것이라고 할 수 있겠다.

다시 말해, 교가는 대부분 1절을 많이 부른다. 따라서 2절에 들어 있는 이러한 정치적 발언은 학생들에게 최대한 부르지 않게 할 수 있다는 것을 생각한 결과라는 사실이다. 생존이라는 측면에서 어쩔 수 없이 표현을 해야 하는 상황에서 적극적인 표현은 달갑지 않고 교가 2절에 표현함으로써 중국 정부에 대한 충성심을 표시하는 동시에, 많이 부르지 않는 교가 가사 2절에 정치적인 내용을 삽입함으로써 학생들의 기억에는 잘 남지 않게 하려는 의도로 파악할 수 있다.

다음은 서광 조선족소학교 교가이다.[11]

(2절)　공산당의 민족정책 하도 좋아서 우리들은 행복하게 자라납니다
　　　　선생님들 반갑게 기다려주는 배움의 요람으로 찾아갑니다
　　　　아- 우리 학교 자애로운 어머니마냥
　　　　우리에게 과학지식 넓혀주고요 혁명의 리상도 키워줍니다

11　이 교가는 원래 음악교원이었던 이 학교의 교장 김일 선생님이 작사·작곡한 것이다. 2012년 7월 28일 김일 선생님이 직접 종이에 적어서 주면서 1988년 학교의 새 건물을 준공하면서 준공식에서 부른 교가라고 설명해 주었다.

이 학교의 교가 역시 1절은 순수한 학교 교가의 내용을 담고 있다. 하지만 2절에서는 강한 어조로 조선족 학생의 행복이 공산당의 민족 정책 때문이라고 공산당의 소수민족정책을 찬양하고 있다.[12] 이러한 정부정책의 찬양은 이것을 배우는 어린 학생들의 뇌리에 중국 공산당의 소수민족정책이 우수하다는 것을 자연스럽게 심어줄 수 있을 것이다. 이 교가에서는 특히 공산당을 2절의 매 단락과 연결시키면서 공산당의 혁명사상까지 표출하고 있다. 공산당의 좋은 정책은 학생들을 행복하게 자라나게 하고, 공산당이 세운 학교는 자애로운 어머니 같고, 공산당의 학교는 혁명의 이상도 키워준다고 하면서 재차 공산당을 찬양하고 있다.

이러한 교가 가사 역시 중국 조선족의 정치적인 현실 인식을 반영한 것으로, 모든 조선족 교육은 공산당의 정책에 따라 이루어지고 있으며 이러한 교육을 통해 공산주의 혁명가로 만들어가고 있음을 여실히 보여주는 표현이자 교육당국에 대한 충성심의 표현이다. 이 모든 것은 학교를 잘 운영하고 있다는 근거로 작용하였을 것이고, 중국 당국의 경제적 지원을 받는 데 일조했을 것은 당연한 사실이다.

이러한 교육 방면에서의 적응하는 과정에서 생겨난 행태는 중국 조선족 교육의 생존 문제라고 할 수 있겠다. 이민족의 타국 생활에서 생존을 위한 여러 분야의 문화적응 과정이 있다고 할 때, 중국 동북3성에 자리 잡은 수많은 조선족학교의 지속적인 발전 및 유지를 위해서는 이러한 교육적 생존을 위한 공산당 찬양은 어쩔 수 없는 일이라

---

12 소수민족교육에 관한 법규와 정책은 표면적으로는 잘 구비되어 있다. 각 소수민족의 문화, 종교, 습관을 존중해야 한다. 한어를 학습하도록 그들을 강박하지 말아야 할뿐아니라 각 민족 자신의 언어문자를 쓰는 문화교육을 발전시키도록 그들을 찬조해주어야 한다. 각 소수민족은 모두 자기 언어문자를 발전시키고 풍속습관 및 종교신앙을 유지 또흔 개혁할 자유가 있다. 최상록 외, 『중국조선족교육의 현황과 전망』, 연변대학출판사, 1995년, 248-249쪽 참조.

고 할 수 있겠다. 이러한 생존을 위한 행위가 얼마나 이루어졌는지에 따라 조선족학교의 유지와 폐교가 결정될 수도 있었기 때문이다.[13] 이러한 이유로 인해 일반 학교에서는 당연히 학생들의 미래와 학생 자신의 꿈을 키우는 것이 이 교가에서는 이외에도 국가가 원하는, 국가를 위한 공산주의자로 자라나야 한다는 공산주의 교육관을 그대로 반영하고 있는 것이다.

다음은 밀산시조선족중학교 교가이다.[14]

봉밀산 우뚝 솟은 조국 변강에 근로의 교풍 이은 신형의 로동자
공산주의 설계도를 한가슴에 안고 찬란한 당의 기치 높이 들고 나간다
아, 영광스런 밀산조선중학 교육방침 빛발 아래 길이 번영하리

밀산시 조선족중학교 교가는 정치적인 분위기가 농후한 시기에 창작된 교가라는 점을 생각할 때,[15] 중국 조선족들이 생존을 위한 문화적응 과정에서 정치적 영향이 교육 방면에 얼마나 많은 영향을 끼칠 수 있는지 잘 보여주는 교가라고 할 수 있겠다. 이러한 경향은 다른 교가와는 달리 1절과 2절이 없는 상황에서 직접적으로 공산당을 강하게 찬양하는 모습으로 나타나고 있다.

먼저 교가는 공산당이 추구하는 실용주의적 노선을 잘 설명하고 있으며, 그 구체적인 모습까지도 가사에 잘 담고 있다. 공산당의 교육

---

13 실제로 필자가 동북3성의 조선족학교를 방문하여 느끼는 것은 교장선생님이 학교의 운영비 문제를 해결하기위해 사방팔방으로 뛰어다닌다는 사실이다. 이러한 환경에서 교육당국과의 원활한 관계 유지는 필수적인 요소인 것이다.

14 밀산시조선족중학교 교가 1절이다. 출처: 밀산시조선족중학교 1층 현관 게시판.

15 학교 교장선생님도 그 창작연대를 정확히는 알지 못한다고 하면서 80년대 이전일 것이라고 추측하였다.

방침에 따라 학교에서는 현대화를 이룰 수 있는 공산주의에 투철한 일 잘하는 노동자를 양성하는 역할을 충실히 하고 있음을 보여주려고 하였으며, 동시에 이러한 공산주의 교육 방침을 통해 영원한 사회주의 번영을 기원하고 있다. 이러한 중국 조선족학교의 생존을 위한 표출은 공산당의 번영과 사회주의 발전이 중국 조선족 교육이 원하는 바람이라는 것을 보여주는 방식으로 표출되었다. 오직 하나의 사상으로 통일을 강조하던 시기에 조선족학교는 당국의 방침에 따라 모든 학생들은 조국 현대화에 필요한 공산주의 설계도를 가슴에 안아야만 하였고, 동시에 공산당이 내세우는 절대적인 당의 기치를 따라야만 한다고 교육시키고 있다는 사실을 상부 교육당국에 보여주려는 의도가 다분히 보인다. 조선족학교 교가에서 자주 볼 수 있는 공산주의 설계도라는 표현은 공산당 정부가 추진하는 과학기술을 바탕으로 하는 현대화 사업을 강조한 것이라고 할 수 있다. 등소평은 사회주의 현대화 건설을 위한 전략에서 경제발전을 하자면 반드시 과학기술과 교육에 의지해야 한다고 주장하였다. 그는 교육이 과학기술을 진보시키고 경제를 발전시키는 중요한 작업을 한다는 것에 대해서 조금도 의심하지 않았다.[16]

다음은 계동현 조선족중학교 교가이다.[17]

(2절)   따사로운 당의 해살 앞길 비추니 행복한 학습생활 주렁지는 곳
         자애론 원예사의 보살핌 속에 새일대 자라나는 행복의 요람
         나아가자 동무야 교풍을 빛내며 배움의 만리길에 나래 펼치자

16   구자억, 「개혁개방 이후 중국의 사회주의 교육관 고찰」, 『한국교육』 제24집, 1997년, 9쪽.
17   계동현조선족중학교 교가 2절이다. 출처: 계동현조선족중학교 1층 현관 게시판.

계동현 조선족중학교 교가는 일반적인 도입부의 자연환경 등장을 무시하고 직접적으로 공산당을 찬양하는 적극적인 현실 인식을 보여주고 있다. 이렇게 모든 교육의 원천을 따뜻한 당의 햇살로 비유한 표현은 중국 조선족학교 교가에서 공산당을 찬양하는 방법 중 가장 많이 나타나는 표현이다. 여기서 강조한 공산당 찬양은 인민을 위하는 따뜻한 마음의 표현으로, 학교 교육과정에서 학생들로 하여금 공산당은 인민을 위해 일한다는 긍정적 이미지를 구축하고 있다. 다시 말해, 조선족학교 교가에 나타난 공산당 찬양은 대부분이 공산당의 따뜻한 품속에서 어린 학생들이 행복하게 잘 자라나고 있다는 '공산당 햇살론'을 펴고 있기 때문이다. 이에 따라 배움의 요람인 학교에서는 국가가 주는 사랑에 보답하고자 국가가 원하는 학생, 국가를 위한 학생들의 양성이 무엇보다도 중요한 임무라고 표현하였다.[18]

다음은 통화시 조선족중학교 교가이다.[19]

장백산 뻗어내린 혁명의 요람 혼강수 굽이도는 강철의 기지
공산당 령도 아래 배움터 섰나니 아 사랑스런 나의 학교여
우리는 공산주의 건설의 후계자 교육방침 가리키는 빛나는 길 따라
스승의 품에서 배우고 또 배워 각오와 문화 있는 근로자 되리

통화시 조선족중학교 교가의 내용은 "교육은 반드시 무산계급정치를 위해 복무해야 하고 생산노동과 결합해야 한다."는 공산당 교육 방

---

18 안병삼, 「중국 요녕성 조선족학교 교가 연구」, 『한민족문화연구』 제43집, 2013년, 101쪽 참조.

19 이 교가는 필자가 2011년 1월 9일 통화시조선족중학교를 방문하여 문국철 교장선생님으로부터 받은 것이다.

침을 잘 보여주고 있다. 이러한 정치적 영향을 받아 교가 매 구절마다 공산당과 관련된 단어인 '혁명의 요람', '공산당 령도', '공산주의 건설' 등과 생산노동과 관련된 용어인 '강철의 기지', '근로자' 등을 사용하였다. 이것은 조선족들이 조선족학교를 유지·발전시키기 위한 생존의 몸부림으로, 조선족학교가 학교 교육을 통해 공산당을 찬양하고 사회주의 건설에 앞장서는 인재를 배양하고 있다는 것을 드러내고자 한 결과라고 하겠다. 첫 구절에는 배움의 학교가 이미 혁명의 요람이라는 것을 말하고 있으며, 다음 구절에서는 이 혁명의 요람인 학교는 공산당의 지도에 따라 설립되었다는 것을 설명하였다. 나머지 부분은 조선족학교가 학생들을 공산주의 건설의 후계자로 착실히 육성하고 있다는 것을 강조하는 내용이다.

결론적으로, 정치적 현실 인식에서 가장 많이 나타나는 특징은 공산당을 찬양하는 내용이 많다는 것이다. 이러한 공산당 찬양은 1949년 중화인민공화국 성립 이후의 교가에 주로 등장하는 내용이다. 이것은 중국이 사회주의 국가라는 것을 생각하면 당연한 결과일 수 있다. 또한 중국의 교육정책이 정치와 밀접한 관계를 맺고 있다는 반증이기도 하겠다. 여기서 중요한 사실 한 가지는 이러한 공산당 찬양은 중국 조선족학교의 생존을 위한 행위라는 것이며, 학교의 유지와 지원 확대를 목적으로 한다는 사실이다. 일반적으로 조선족학교 자체의 필요성보다는 상급 교육당국에 잘 보이기 위한 이민자들의 문화적응 과정에서 나타나는 하나의 과정이라고 하겠다. 조선족학교 교가 가사에서 나타난 공산당 찬양은 학생들에게 공산당의 무한한 좋은 이미지 제고는 물론 공산주의 이데올로기를 선전하는 동시에 조국이 필요로 하는 공산주의자로 양성하겠다는 메시지를 담고 있었다.

2) 사회 · 문화적 현실 인식: 중화사상의 강조

중국의 개혁 · 개방이 점차 속도를 내고 중국 경제가 좋아지면서 중국 당국은 중국의 여러 민족들을 하나로 묶을 수 있는 구심점을 찾기 시작하였다. 그것이 바로 중화사상이다. 중화사상의 고취는 문화민족주의로 발전할 수 있으며, 한족을 포함한 중국 내 민족 56개를 중화민족이라는 관념으로 바라보려는 중화민족론을 대두시켰다. 그 결과 소수민족인 조선족 학생들에게는 민족의 정체성을 약화시켜 한족동화를 더욱 가속화시키는 결과를 가져왔다.[20]

이러한 사회적 분위기에 중국 조선족들은 적극적으로 동참해야 한다는 당위성을 잘 알고 있었고, 중국 조선족학교도 예외는 아니었다. 이에 중국 조선족학교는 교가 속에 중화사상을 진흥시키자 등을 강조하는 내용을 넣음으로써 현실적 분위기에 동조하였고 이러한 동조는 교가 속에서 잘 보여주고 있다.

다음은 연남소학교 교가이다.[21]

(1절) 민족의 슬기를 키워가는 요람 새 연변 진흥 위해 배워가는 우리들
       붉은 피 가슴에서 끓어넘친다
(2절) 앞날의 기둥감 키워가는 요람 중화의 진 흥위해 힘과 지식 키워서
       조국의 어데서나 기둥감 되리

이 교가는 1절과 2절을 서로 대칭시키면서 일반적인 교가 구성의

---

20   안병삼, 「중국 조선족학교 교가의 가사 연구」, 『한국학연구』 제39집, 2011년, 315쪽 참조.
21   『중국조선족교육』, 중국조선족교육잡지사, 1995년 1월호.

모습도 탈피하고 있는 것이 특징이다. 또한 다른 많은 교가와 마찬가지로 이민자의 타국 생활에서 생존을 위한 현실 인식은 1절보다는 2절에서 찾아볼 수 있다. 1절에서는 민족 스스로의 슬기를 바탕으로 현재 살고 있는 연변의 진흥을 위해 배워간다는 표현을 썼지만, 2절에서는 중국 당국이 중시하는 중화사상을 강조하고 있다. 즉, 앞날의 기둥감을 키워가는 조선족학교에서는 중국 당국이 강조하는 중화의 진흥을 학생들에게 가르치고 있으며 동시에 중국의 기둥감이 되라고 가르치고 있다는 것이다.

한족을 포함한 56개 민족이 국가를 이루고 있는 중국은 중화사상을 중심으로 대단결을 이룰 필요가 있다고 판단하고 중화사상을 모든 학생들에게 심어주려고 노력하였다. 이에 조선족학교에서는 교육 방침과 결합되어 중화주의가 교가에 표현되었다.[22] 중화사상은 문화민족주의로 발전할 수 있으며, 한족을 포함한 중국 내 56개의 소수 민족에게 중화민족이라는 중화민족론을 대두시켰다. 그 결과 소수 민족인 조선족 학생들에게는 민족의 정체성을 약화시켜 한족동화를 더욱 가속화시키는 결과를 가져왔다.[23]

여기서 우리는 중화민족론과 관련하여 중국의 소수 민족 교육이 중화민족 다원일체론(中華民族 多元一體論)[24]에 입각하여 실시되고 있다는

---

22 안병삼, 「중국 흑룡강성 조선족학교 교가 가사 연구」, 『인문연구』 제69호, 2013년, 306-308쪽 참조.

23 조선족 청소년들이 한국에 대한 관심이나 지식이 그리 높지 않은 것은 조선족들이 중국에서 오랜 동안 뿌리를 내리고 살다보니 그 후손들인 청소년들이 선조들에 대해서도 잘 모르고 있고 또한 관심을 가질 기회도 별로 없었기 때문이 아닌가 여겨진다. 김익기 외, 『중국의 한민족 청소년 현황 및 생활실태 연구』, 한국청소년정책연구원, 2007년, 84쪽 참조.

24 중화민족 다원일체론은 중국의 저명한 사회학자이며 민족학자인 費孝通이 1988년 홍콩 중문대학에서 개최된 심포지엄에서 '중화민족 다원일체격국(中華民族 多元一體格局)'을 통해 중화민족의 개념을 원론적인 수준에서 언급한 이후 중국의 민족학자들이 이를 구체화하는 작

사실을 인지하고 있어야 한다. 중국의 소수 민족 교육은 중화민족 다원일체론(中華民族 多元一體論)에 입각하여 이를 충실히 수행하기 위한 소수민족 정책의 일환으로 실시되고 있다. 다원일체론에 따르면 한족과 55개 소수 민족을 모두 포함하는 중국 민족은 한족을 중심으로 하는 하나의 중화민족으로 응집해야 한다. 따라서 중국 소수 민족 교육은 중화민족의 다원일체화를 목적으로 소수 민족 문화의 다원성을 인정하는 교육과 중화민족으로의 일체화를 위한 민족단결교육을 중점으로 이루어지고 있다. 중국의 소수 민족 교육은 겉으로는 민족문화에 대한 정부의 배려를 받고 있지만 실제로는 중국이라는 국가를 하나로 하는 일체에 통합되어야 하는 존재를 만들기 위한 교육이다. 따라서 현재 다문화교육이라는 이름으로 진행되고 있는 소수 민족 교육은 다원(多元)보다는 오히려 일체(一體)를 강조하는 동화주의적인 성격이 강한 다문화교육이다.[25]

그러나 과거에 외부에서 어떤 다른 것이 들어와도 삼켜버리는 블랙홀과도 비유될 수 있었던 중화주의는 이제 자본주의와 결합하여 형태를 달리한 민족주의의 개념으로 나타나고 있다. 현재 중국에서는 사회주의 이데올로기가 통합의 원리로 더 이상 먹혀들지 않게 되면서 역사적 기억을 내장시킨 새로운 형태의 중화민족론이 출현하고 있는

업을 거쳐 현재 새로운 중국 민족의 개념으로 쓰이는 용어이다. 費孝通이 다원일체론을 통해 새롭게 제기한 중화민족론은 이후 중국의 민족구조를 설명하는 대표적인 이론으로 자리 잡게 되었다. 중화민족은 중국 영토 내에 존재했던 고금의 모든 민족을 가리키는 용어로 의미가 확대되었다. 이를 구체적으로 분석하면 중화민족은 현재의 중국 땅에 뿌리를 두고 있는 역대의 모든 민족들을 총칭하는 민족의 호칭으로 중화민족은 한족과 소수 민족 등 민족의 기원이 다른 모두 영내의 민족을 포괄하는 개념이다. 費孝通은 또한 "50여 개의 민족은 다원(多元)이고 중화민족은 일체(一體)이다."라고 언급하였는데 일체(一體)는 하나의 중화민족으로 단결함을 의미하는 것이다. 김정호, 「중국의 소수민족교육과 다문화교육」, 『사회과 교육』 제47권 1호, 2008년, 105-106쪽 참조.

25 김정호, 「중국의 소수민족교육과 다문화교육」, 『사회과 교육』 제47권 1호, 2008년, 103쪽.

데, 이는 인민의 응집력을 높이기 위해 변형된 국민론에 불과하다. 중국 정부로서는 이것이 다시 사회 통합의 원리로 역할을 해줄 것을 기대하고 있다.[26]

다음은 하얼빈시조선족제1중학교 교가의 일부분이다.[27]

(1절) 따사로운 그 품에서 마음껏 배우며 희망의 나래를 펼쳐간다네
(2절) 슬기론 민족의 얼 대 이어가며 중화를 빛내려 힘써 배우네

이 교가 역시 1절에서는 일반적인 학교의 이념을 표현했지만 2절에서는 중화사상을 강조하고 있다. 교가에서는 한편으로는 중국 조선족의 슬기로운 민족의 얼을 이어가면서 한편으로는 중화사상을 진흥시키도록 노력해야 한다는 것이다. 이것은 중국에서 조선족의 문화와 민족의 얼을 인정하면서도 그 인정의 범위가 중국의 대단결 내에서라는 중국 정부의 정책과 매우 닮아 있다. 다시 말해 이러한 교가 속 중화사상의 등장은 중국의 개혁·개방 이후 경제적 발전이 조금씩 이루어짐에 따라 중화사상을 통하여 중국 문화에 대한 자부심을 조선족 학생들에게 심어주고 동시에 여러 민족들을 통합하여 사회적으로 안정된 국가를 만들려는 중국 정부의 속내를 알고 조선족학교 교가에 그 내용을 삽입한 것이라고 할 수 있겠다. 즉 조선족학교에서 학생들에게 중국 중심적인 사고를 심어주고 있다고 교육 당국에게 보여주기 위한 목적을 지녔다고 할 수 있다.

---

26 조경란, 「현대 중국의 소수민족에 대한 국민화 이데올로기」, 『시대와 철학』 제17권 3호, 2006년, 83-84쪽 참조.
27 학교 현관 1층 게시물의 교가 촬영.

다음은 계동현 계림조선족중학교 교가이다.[28]

(2절) 수천만 겨레들의 뒤에 뒤를 이어서 교정을 떠나갈 때
흰 구름 손젓네 하나의 목표를 향하여 가자
중화의 기둥으로 성장하여 간다네 라라라라라라라라
라라라라라라 계림중학2 영예를 길이길이 빛내자

위 교가 역시 1절은 다른 평범한 교가와 같은 학교의 배움터를 강조하는 학교이념의 내용을 지니고 있지만, 2절에서 학생들을 중화의 기둥으로 성장시키겠다는 충성심을 보여주는 내용을 삽입하여 조선족학교의 생존을 위한 조선족의 현실 인식을 보여주고 있다. 이 교가에서는 특히 '중화기둥론'을 내세우고 있다. 즉, 중화사상을 바탕으로 조국 '중국'을 위해 일하는 일꾼이 되라는 것이다.

개혁·개방 이후에는 경제적 발전이 조금씩 이루어짐에 따라 정치적 색깔보다는 중화사상을 통하여 중국 문화에 대한 자부심을 학생들에게 심어주고 동시에 여러 민족들을 통합하여 사회적으로 안정된 국가를 만들려는 움직임이 많이 보였다. 다민족 다문화를 가진 중국은 모든 민족이 중화사상을 중심으로 대단결을 이룰 필요가 있었던 것이다. 이러한 사회적 분위기는 많은 학교에서 중화사상을 학생들에게 심어주고 있다고 강조해야 할 필요성을 느끼게 되었고 그 결과 중화사상이 강조된 교가가 창작되었다. 중화사상의 고취는 문화민족주의로 발전할 수 있으며 한족을 포함한 중국 내 민족 56개를 중화민족이라는 관념으로 바라보려는 중화민족론을 대두시켰다. 그 결과 소수 민족

28   교가 작곡가 김춘일 제공.

인 조선족 학생들에게는 민족의 정체성을 약화시켜 한족동화를 더욱 가속화시키는 결과를 가져왔다.[29] 이러한 결과는 중국 정부가 원하는 것이기도 하였다. 각 소수 민족들의 강렬한 민족성 유지보다는 중화사상을 바탕으로 중화민족으로 다시 태어나 조국 '중국'을 위해 일하는 일꾼을 키워야 했기 때문이다.

다음은 건공소학교 교가이다.[30]

원대한 리상을 품은 우리 동창들아
중화의 진흥을 위해 몸과 맘 다지자
모교의 영예 떨친 선배들 전통을 이어가며
부지런히 배우자 조국은 부른다

중화사상을 전파하기 시작한 중국 당국의 지도 아래 있는 조선족 학교는 학교 교육에서 민족대단결이라는 명분 아래 중화사상에 대한 교육이 실시되었고 교가에도 나타나기 시작하였다. 건공소학교 교가에 나타난 중화사상 강조는 '중화의 진흥'과 같은 표현처럼 중화라는 단어를 직접적으로 사용하여 전체적인 교가 내용을 '중화'가 아우르게 하고 있다. 결국, 중국 조선족이 당시의 분위기에 맞춰 교육 당국이 원하는 바를 그대로 교가에 표현한 것으로, 모든 조선족 학생들이 열심히 공부하여 중화의 진흥을 위해 몸과 마음을 다해야 한다는 것이다. 이것이 조국을 위해 할 수 있는 학생의 본분이라는 것이다. 이러한 교

---

29 조선족 청소년들이 한국에 대한 관심이나 지식이 그리 높지 않은 것은 조선족들이 중국에서 오랜 동안 뿌리를 내리고 살다보니 그 후손들인 청소년들이 선조들에 대해서도 잘 모르고 있고 또한 관심을 가질 기회도 별로 없었기 때문이 아닌가 여겨진다. 김익기 외, 『중국의 한민족 청소년 현황 및 생활실태 연구』, 한국청소년정책연구원, 2007년, 84쪽 참조.

30 『중국조선족교육』, 중국조선족교육잡지사, 1994년 9월호.

가 가사에서 중국 사회주의에서 강조하고 있는 전체주의적 사고를 엿볼 수 있다. 개인적인 이상의 실현보다는 중화의 진흥을 위해 개인의 희생은 무방하다는 억양을 보여줌으로써 학생들에게 국수주의적인 사고를 심어주고 있는 것이다.[31]

이 외에도 심양시 조선족 유치원 원가[32]는 후렴구를 이용하여 중화사상을 강조하여 어린 유치원생들에게 교육을 시켰다.

결과적으로 중화사상의 강조는 중국 정부가 실시하고 있는 민족단결교육의 일환인 것이고, 이러한 정부의 방침을 잘 알고 있는 중국 조선족학교는 학교의 생존 및 지속적인 발전과 유지를 위해 앞장서 교가 가사에 이러한 내용을 넣어 학생들에게 교육하였다. 민족단결교육은 1994년 전국의 초·중·고에서 일제히 시작된 교육으로, 이것의 핵심 목표는 한족은 소수 민족으로부터 분리될 수 없고, 소수 민족은 한족에서 분리될 수 없으며, 소수 민족 간에는 서로 분리될 수 없다는 '三個離不開'이다. 이처럼 중국 정부는 애국주의 교육의 연장선상에서 각 급 학교의 학생들에게 중국 내 여러 민족에 대한 기본적인 지식을 습득하고 이를 통해 각 민족을 이해하는 동시에 더 나아가 중국의 모든 민족은 중화민족이라는 하나의 민족으로 통합되어야 함을 강조하고 있다.[33]

중국 조선족학교 교가에 나타난 중화사상 강조는 조선족들이 민족의 얼을 이어가면서 중화사상 또한 지니자는 현실 인식을 보여주고

---

31 안병삼, 「중국 조선족학교 교가의 가사 연구」, 『한국학연구』 제39집, 2011년, 314-317쪽 참조.

32 『서영화작곡집』, 료녕민족출판사, 2009년. 262쪽. 후렴구는 다음과 같다. 조선족 유치원 자랑많은 행복의 요람 그 품에서 중화의 그 품에서 민족의 애솔들이 자라납니다.

33 김정호, 「중국의 소수민족교육과 다문화교육」, 『사회과 교육』 제47권 1호, 2008년, 123쪽 참조.

있는 것이다. 정치적으로는 공산주의 정권의 정책에 무조건 협조하겠지만 민족사상에 있어서는 조선족 정신을 포기하지 않겠다는 의지의 표현이면서 현실을 인정하는 조선족 사회의 분위기를 보여준다고 하겠다.

3. 교가 속 현실 인식의 원인 분석

　지금까지 중국 조선족학교 교가에 나타난 조선족들의 현지 생존을 위한 공산주의 찬양과 중화사상 강조 등의 두 가지 현실 인식을 살펴보았다. 중국 조선족들은 타국에서 살아가면서 자신들을 지켜 줄 뭔가를 찾기 위해 항상 노심초사 하였다. 경제적인 능력이든지 사회적인 지위든지 뭔가를 획득하고 그것을 유지하기 위해서는 소수 민족으로서의 한계를 최대한 극복해야 했다. 이것은 그들이 느끼는 삶의 생존과도 직결되는 문제로 여겼다.

　이러한 경향은 중국 조선족학교에서도 예외는 아니었다. 학교의 생존과 운영을 위해 교육 당국의 눈치를 보아야 했고 그들이 원하는 방향으로 학교를 잘 끌고 가고 있다는 사실을 항상 그들에게 각인시켜 줄 필요가 있었다. 그래야만 상부로부터 좋은 평가와 더불어 겨울철 석탄이 더 지원되고, 학교 경비가 더 나오고, 선생님의 수급이 수월하고, 심지어는 학생수 감소로 인한 폐교도 막을 수 있거나 좀 더 늦출 수 있었다. 이것은 이민족들이 생존을 위해 선택한 어쩔 수 없는 현실에 대한 처세술이라고 할 수 있을 것이다. 따라서 중국 조선족학교 교가에 이러한 이민족의 현실 인식이 반영된 원인을 생존을 위한 독특한 몇 가지 원인으로 나누어 생각해볼 수 있다.

　첫째, 큰 틀에서는 중국 내 소수 민족으로 학교를 꾸려나가기 위한 전반적인 사회적 분위기를 따르려는 조선족 교육자들의 현실 인식의 반영이라 할 수 있다. 사회주의라는 경직된 사회에서 문화대혁명, 천안문 사건 등의 여러 가지 역사적인 사건들을 거치면서 조선족들은 항상 사회적인 분위기에 민감하게 되었고 생존을 위한 처세술이 필요하였다. 이에 조선족학교에서도 당국의 어떠한 교육 지침의 영향은 물론 정치적인 영향, 사회 분위기의 영향 등을 받지 않을 수 없었다. 그 결과 조선족학교 교가에도 일방적인 민족의식 고취나 자부심을 일깨우는 내용만을 담을 수는 없는 현실적인 한계가 있었다. 이러한 모든 것은 이민자들의 문화적응 과정이라고 볼 수 있다. 특이한 사실은 중국 조선족들이 문화적응 과정에서 현실인식의 발로가 심리적으로는 안정감을 꾀할 수 있었다는 것이다. 나름대로 당국이 원하는 것을 따라서 했다는 위안의 안정감이라고 볼 수 있다.

둘째, 학교 운영 및 교육 내용을 보고하면서 교육 당국의 정책을 잘 지키고 있다는 것을 보여주어 학교 발전의 제약을 만들지 않기 위한 현실 인식의 반영이라 할 수 있다. 즉 개인적인 이익보다는 학교 발전을 위한 어쩔 수 없는 행위인 것이다. 현재 중국 조선족학교는 그 생존의 기로에 서 있다. 학생수 감소로 인하여 모든 문제가 불거져 복잡한 양상으로 나타나고 있다. 학교의 폐교 여부와 더불어 한족 학교와의 합병, 조선족학교 사이의 합병, 학교 이전 문제, 학교 경비 문제 등 많은 문제가 발생하고 있다. 이러한 상황에서 누가 교육 당국과 원활한 소통을 하고 있으며 누가 그동안 교육 당국에 협조를 잘 했는지는 학교의 운명을 결정짓는 중요한 요소가 되었다. 따라서 그동안 조선족학교에서는 교육 당국에 정기적인 보고를 할 때마다 자연스럽게 좀 더 교육 당국의 입장을 대변하였다. 이러한 행위는 학교가 문제없이 어떤 일이 잘 진행되고, 학교에 대한 경제적인 지원을 많이 획득하기 위한 행위이기도 하다. 모든 교육적 내용은 당안(當案)을 만들어 보고하고 있는데, 교가 역시 예외는 아니다. 이럴 때 교가 속 내용 중 당국의 정책에 앞장서는 내용을 넣어 보고하는 것은 매우 신경 써야 할 대목인 것이다.

셋째, 상급 기관에게 잘 보이기 위한 개인적인 이익을 위한 현실 인식의 반영이라 할 수 있다. 조선족학교에서 교장은 학교의 모든 일을 총괄하며, 당서기와 겸직할 경우는 그 역할이 더하다. 위에서 언급했던 학교를 위한 상급기관에게 잘 보이는 행위도 있지만 여기서 논하는 것은 그와는 조금 다른 성격이다. 즉 조선족학교의 교장이 자신의 승진이나 경제적 이익, 혹은 자신의 입지 강화를 위한 행위를 말한다. 보통 조선족학교 교가의 작사는 교장이 담당하므로 자신의 신분 안정과 한족과의 관계를 고려하여 당국의 정책을 그대로 표현할 수 있다. 이러한 경향은 젊은 선생님보다는 좀 더 보수적인 태도를 지닌 교장선생님이 취할 수 있는 태도이다. 그 결과 교장은 다소 친정부적인 성향을 보이게 되는 것이다. 또한 자신의 능력을 과시하려는 '완장 효과'를 노린 것이기도 하다. 학교가 어려울 때 상부로부터 지원을 많이 받아오는 것은 교장의 능력으로 비춰지기 때문이다.

넷째, 소수 민족으로 타국에서 살면서 지금까지 당한 많은 피해 의식, 소외감 등을 무의식적으로 기억하고 있어 스스로 알아서 사회적인 분위기에 따라가는 피해 의식적인 현실 인식의 반영이라 할 수 있다. 중국 조선족학교에서도 교육 당국의 미움을 사는 경우 여러 불리한 조치를 당하는 것을 보아 왔기에 매사에 모든 일을 극도로 조심하는 것이다.

4. 맺음말

타국으로 이주한 이민족은 시간이 흐름에 따라 보통 크게 두 방향으로 진행된다. 하나는 타국의 정치 · 문화 · 경제 · 사회 등 여러 방면에서 서서히 동화되어가는 것이고, 또 다른 하나는 원주민과의 갈등 속에 문화적 충돌이 일어나고 여러 투쟁을 진행하면서 현재 거주하는 국가와 사회의 갈등을 야기한 것이다. 그러나 중국의 조선족은 이 두 방향의 중간적 발전 추세를 견지하기 위해 노력해왔다. 다시 말해, 조선족의 민족 정체성을 유지하면서 동시에 중국 정부의 정책에는 협조하고 현지 한족과의 우호적 관계 속에 사회경제적 번영을 누리고자 하였다. 이러한 경향은 중국 조선족학교 교가에도 분명하게 나타나 있었다.

한편으로는 학교의 이념, 배움의 중요성, 그리고 민족정체성을 강조에 집중하면서도 중국 공산당의 이념이나 중화사상을 강조하는 가사를 넣었다. 이것이 본 연구에서 논하고자 하는 중국 조선족학교에 나타난 조선족들의 현실 인식이었다. 대체적으로 중국 조선족학교 교가에 나타난 현실 인식은 크게 정치적 현실 인식으로서의 공산당 찬양과 사회 · 문화적 현실 인식으로써의 중화사상 강조로 나눌 수 있었다.

정치적 현실 인식에서 가장 많이 나타나는 특징은 공산당을 찬양하는 내용이 많다는 것이었다. 이것은 중국이 사회주의 국가라는 것을 생각한다면 당연한 결과일 수 있다. 또한 중국의 교육 정책이 정치와 밀접한 관계를 맺고 있다는 반증이기도 하겠다. 여기서 중요한 사실 한 가지는 이러한 공산당 찬양은 중국 조선족학교의 생존을 위한 행위라는 것이며, 학교의 유지와 지원 확대를 목적으로 한다는 사실이다. 일반적으로 조선족학교 자체의 필요성보다는 상급 교육 당국에 잘 보이기 위한 이민자들의 문화적응 과정에서 나타나는 하나의 과정이라고 하겠다. 조선족학교 교가 가사에서 나타난 공산당 찬양은 학생들에게 공산당 이미지 제고는 물론 공산주의 이데올로기를 선전하는 동시에 조국이 필요로 하는 공산주의자로 양성하겠다는 메시지를 담고 있었다. 또 중국 조선족학교 교가에 나타난 중화사상 강조는 조선족들은 민족의 얼을 계승하면서도, 중화사상 또한 갖자는 현실 인식을 보여주고 있는 것이다. 정치적으로는 공산주의 정권의 정책에 무조건 협조하겠지만 민족사상에 있어서는 조선족 정신을 포기하지 않겠다는 의지의 표현이면서 현실을 인정하는 조선족 사회의 분위기를 보여준다고 하겠다.

그럼, 왜 중국 조선족학교 교가에 이러한 조선족들의 현실 인식이 소극적이든 적극적이든 나타나고 있는 것일까? 가장 정확하고 근본적인 대답은 타국에서 살아가는 이민족들의 생존을 위한 어쩔 수 없는 현실에 대한 처세술이라고 할 수 있을 것이다. 하지만 중국 조선족학교 교가에 이러한 이민족의 현실 인식이 반영된 원인은 생존을 위한 독특한 몇 가지 원인으로 나누어 생각해볼 수 있다.

첫째, 큰 틀에서는 중국 내 소수민족으로 학교를 꾸려나가기 위한 전반적인 사회적 분위기를 따르려는 조선족 교육자들의 현실 인식 반영이다. 둘째, 학교 운영 및 교육 내용을 보고하면서 교육당국의 정책을 잘 지키고 있다는 것을 보여주어 학교 발전의 제약을 만들지 않기 위한 현실 인식의 반영이다. 즉 개인적인 이익보다는 학교 발전을 위한 어쩔 수 없는 행위인 것이다. 셋째, 상급 기관에게 잘 보이기 위한 개인적인 이익을 위한 현실 인식의 반영이다. 넷째, 소수 민족으로 타국에서 살면서 지금까지 당한 많은 피해 의식, 소외감 등을 무의식적으로 기억하고 있어 스스로 알아서 사회적인 분위기에 따라가는 피해 의식적인 현실 인식 반영이다.

결론적으로 중국 조선족학교 교가에 나타난 조선족의 현실 인식에서 가장 강조한 것은 정치적으로는 중국 정부를 대표하는 공산당의 찬양과 문화적 융합을 강조하는 중국 정부의 정책인 중화사상을 강조하는 것이었다. 이것은 반대로 공산당 찬양과 중화사상의 강조야말로 조선족이 느끼는 삶의 생존을 위해 따라야만 하는 타국 이민족의 현실 인식이었던 것이다.

IV

해외 한민족학교의 교가 비교 연구:
중국 조선족학교와 일본 조선학교를 중심으로

1. 머리말

한민족들이 전 세계 곳곳에서 터전을 잡고 살아간 지도 어느덧 100여년이라는 세월이 흘렀다. 한민족의 이민은 1903년 미국 하와이 이민으로부터 시작되었다. 그들은 한반도 인천 앞바다에서 갤릭호를 타고 1903년 1월 13일 새벽 하와이 호놀룰루항에 입항하였고, 이때부터 사탕수수 농장 이민노동자로서의 고된 이민생활을 시작하게 되었다. 1903년부터 1905년까지 총 64회에 걸쳐 약 7,400명이 태평양을 건너 지금의 미국 하와이로 삶의 터전을 옮겼다.[1] 이들의 이민을 시작으로 해외로 이주한 한민족 디아스포라는 2018년 현재 740여 만 명에 이르고 있다.

한민족 디아스포라는 서로 다른 국가에서 한민족의 정체성을 유지하고자 한민족 고유의 민족 문화를 지키려 노력해왔다. 이를 위해 한민족들이 해외 어디를 가든지 가장 먼저 시작한 일은 이민공동체를 중심으로 민족학교를 세우는 것이었다. 해외 한민족 중에서 가장 많은 수를 차지하고 있는 200여만 명의 중국 한민족인 조선족이 그렇고 우리와 가장 가까운 일본의 한민족역시 마찬가지였다. 중국 한민족인 조선족은 1906년 서전서숙(瑞甸書塾)을 시작으로 근대적 교육기관을 설립하여 자신들의 자녀들에게 민족정신을 가르쳤고, 일본 한민족은 1945

---

[1]   한국이민사박물관 전시내용 참조.

년 해방을 계기로 우리말과 글을 가르치는 '국어강습소'를 통해 민족교육을 실시하였다.

본 연구는 해외 한민족 중에서도 중국 조선족학교와 일본 조선학교를 대상으로 교가를 비교·분석하는 데 중점을 두고 있다. 교가란 학교를 상징하는 노래로서, 한민족의 사회적·시대적 배경을 바탕으로 민족학교의 교육정신이나 목표, 그리고 특성 등이 담겨 있는 것이다. 흔히 교가는 학생들로 하여금 애교심을 길러주고, 동시에 학교에 대한 소속감과 협동심을 기르기 위해 학교가 특별히 제작하여 학생들에게 부르게 하는 노래로 정의된다.[2] 이에 중국 조선족학교와 일본 조선학교들이 시대적 배경과 정치적 상황에 따라 서로 다른 교가를 만들어 학생들에게 부르게 해왔다.

본 연구에서 주목하고자 한 연구대상은 지금까지 그 누구도 중시하지 않았던 해외 한민족학교 교가이다. 그 동안 해외 한민족학교 교가는 재외동포 학자뿐만 아니라 한국의 연구자들조차도 이에 대한 관심이 그다지 많지 않았다. 이러한 배경에는 현지 연구를 위해서는 재정적 지원이 필요한데 그 문제 해결이 쉽지 않았기 때문으로 생각된다. 때문에 그동안 해외 한민족학교 교가에 대한 체계적인 관리 및 연구가 이루어지지 못하였고, 이러는 사이 민족학교는 학생 수 감소 등의 이유로 급속도로 폐교되는 학교가 증가하였고 수많은 교가도 함께 사라져갔다. 이러한 시대적 조류는 본 연구가 대상으로 삼은 중국 조선족학교와 일본 조선학교도 역시 예외가 아니었다. 한때 1,500여 개에 달했던 중국 조선족학교는 2018년 현재 200여 개밖에 남지 않았

---

2   안병삼, 『중국 길림성 조선족학교 교가와 그 연구』, 북코리아, 2015년, 95-96쪽 참조.

고,[3] 이에 따라 교가 역시 사라져 흔적을 찾아보기 어렵게 되었다. 일본 조선학교 역시 해방 이후 한때 500여 개로 일본 전역에 존재했지만 2018년 현재 60여 개 정도밖에 남아 있지 않다.

한민족들이 한반도를 떠나 타향에서 살면서 추구하였던 민족교육 이념과 민족정체성을 분명히 보여주고 있는 교가에 대한 연구는 아직까지 미개척분야이고 향후 다양한 지역으로까지 확대되어야 할 연구분야이다. 더불어 본 연구는 한국과 해외 한민족과의 연계라는 측면에서 문화영토와 학문영역의 확장이라는 의미가 매우 크다.

본 연구의 연구대상은 필자들이 중국 조선족학교에서 직접 수집한 교가 214개와 일본 조선학교에서 수집한 교가 50개이다.[4] 본 연구의 의의는 해방 이후 국가적 이념과 체제가 다른 중일 양국에 정착한 해외 한민족학교의 교가 내용에 나타난 동이점(同異點)을 발견하는 것으로, 두 나라에 정착한 한민족의 학교문화를 이해하는 데 도움이 될 것으로 생각된다.

---

3 리성일, 「중국 동북삼성 조선족학교 교육의 현황과 발전방향에 대한 사고」, 『동북아 한민족의 민족교육: 현황과 과제』, 2018 동북아 평화교육포럼, 2018년.

4 중국에서는 한국이 세운 국제학교를 제외한 중국 정부가 인정한 조선족학교를 대상으로 하였으며, 일본에서는 조총련계열의 민족학교를 제외한 민단계열의 학교는 제외하였다. 이렇게 결정한 주요 원인은 해외에서 세운 한국 국제학교 교가는 한국의 일반 학교 교가와 비슷하기 때문이다.

2. 중국과 일본의 한민족학교

1) 중국 조선족학교 개관

19세기 이후 수많은 사람들이 한반도를 벗어나 중국의 동북3성을 중심으로 이주하여 자리 잡기 시작하였다. 그들은 이주한 곳에서 자녀들의 좀 더 밝은 미래를 보장하기 위해 마을마다 교육기관을 설립하였다. 한반도에서 가장 가까운 현재의 길림성에 터를 잡은 사람들도 예외는 아니었다. 그늘 역시 마을에 교육기관을 실립하여 학교를 운영하기 시작했다. 초기에는 조선의 전통적인 서당식 교육방식을 채택하였고, 나중에 이러한 방식을 벗어났는데, 서전서숙이 시초라 할 수 있다. 이후 민족교육기관의 설립이 계속 이어졌다. 1910년경 이주민들이 설립한 길림성 간척민 학교는 모두 40개소였고, 1928년 중국 길림성 조선족학교는 모두 628개소에 학생 31,878명과 교원 1,203명이 재직하고 있었다.[5] 1935년 길림성 조선족학교는 총 353개소에 46,121명의 학생들이 재적하고 있었다.[6] 1944년 기록인 간도성 『文教要覽』에는 연길시와 주변지역 5개 현에 중국 조선족소학교 474개소, 학생 84,887명이 재적했고, 길림성 조선족중학교는 21개소 7,057명이 재적

---

5   吉林省地方誌編纂委員會, 『吉林省誌 · 敎育誌』卷37, 吉林人民出版社, 1992년, 369쪽 참조.
6   吉林省地方誌編纂委員會, 『吉林省誌 · 敎育誌』卷37, 吉林人民出版社, 1992년, 370쪽.

하고 있었다.[7]

1949년 3월 동북민정국의 통계에 의하면, 길림성에는 소학교 662개소, 중학교 40개소가 존재하여 모두 702개의 민족학교가 있었다.[8] 1965년 길림성에는 소학교 1,071개소, 중학교 221개소가 존재하여 모두 1,292개소의 학교가 있었다.[9] 1985년 길림성에는 소학교 555개소, 보통중학교 100개소, 고등교육기관 3개소,[10] 중등전문학교 6개소[11]가 존재했다.[12] 1993년에는 소학교 589개소, 중학교 83개소가 존재하여 모두 672개소가 길림성에 존재하였다.[13] 그러나 2002년경에는 조선족 학교의 수가 급격히 감소하여 소학교 180개소, 중학교 83개소가 존재하였다.[14] 2010년에는 소학교 47개소, 중학교 42개소가 존재하여 모두 89개소가 존재하였다.[15]

흑룡강성에 자리 잡은 사람들은 1908년 목단강지구의 녕안현에 흑룡강성 최초의 조선족 근대학교인 고안촌초등소학당을 설립하였다. 이후 흑룡강성에는 근대적인 민족학교들이 나타나기 시작했는데, 독립운동가들이 세운 한민(韓民)학교와 하얼빈시 조선족 주민들이 주

---

7 吉林省地方誌編纂委員會, 『吉林省誌·敎育誌』 卷37, 吉林人民出版社, 1992년, 371쪽.

8 차철구 외, 『중국조선족혁명투쟁사』, 연변인민출판사, 2009년, 736쪽.

9 吉林省地方誌編纂委員會, 『吉林省誌·敎育誌』 卷37, 吉林人民出版社, 1992년, 373쪽.

10 延邊大學, 延邊農學院, 延邊醫學院 등을 가리킨다.

11 延邊第一師範學院, 延邊第二師範學院, 延邊衛生學校, 延邊財務學校, 延邊人民警察學校, 延邊體育學校, 延邊藝術學校 등을 가리킨다.

12 吉林省地方誌編纂委員會, 『吉林省誌·敎育誌』 卷37, 吉林人民出版社, 1992년, 374쪽.

13 崔相錄 외, 『中國朝鮮族敎育的現狀與未來』, 延邊大學出版社, 1995년, 274쪽.

14 이 기록은 재외동포재단과 교육부에서 공동으로 조사한 2002년 내부 자료인 중국 조선족학교 현황을 참조하였다.

15 2010년의 기록은 필자가 2010년 12월 길림성 각지의 조선족학교를 방문하여 조사한 결과를 적은 것이다.

도적으로 세운 동흥(東興)학교가 대표적이다.[16] 1945년 만주국 시기 흑룡강성 조선족중학교는 14개교였고 학생 수는 2,800명이었다. 소학교는 263개교에 학생 수는 24,667명이었다. 1949년 중화인민공화국이 성립될 당시 조선족소학교는 274개교로 학생 수가 각각 37,562명이었다. 또한 조선족중학교는 13개교였으며 학생 수는 3,300명에 달했다.[17] 1957년 흑룡강성에 319개교의 조선족소학교는 1958년에 347개교로 증가하였고, 중학교 역시 6개교의 완전중학교와 10개교의 초급중학교, 1958년에는 완전중학교가 10개교로 발전하였고 초급중학교는 5개교가 더 증가했다.[18] 1977년 흑룡강성 조선족중학교는 182개교로 급격히 증가하였고 재학생은 27,703명이었다. 조선족소학교는 327개교로 다소 감소하였지만 재학생은 42,732명이었다.[19] 1988년 흑룡강성 조선족소학교는 모두 405개교이었으며, 재학생은 35,422명이었다. 조선족중학교의 경우 모두 85개교이었으며 재학생은 20,748명이었다.[20] 1993년의 기록에 의하면, 흑룡강성 조선족소학교는 380개교였고, 재학생은 34,975명이었다. 조선족중학교는 68개교였고 재학생은 16,925명이었다.[21] 2006년 조선족학교는 통폐합으로 흑룡강성에 존재하는 조선족학교는 모두 58개교였다.[22]

요녕성 조선족학교는 1920년 이전까지는 전통적 교육방식의 서당

---

16 최범수 외 편,『흑룡강성조선족교육사』, 동북조선민족교육출판사, 1993년, 13-15쪽 참조.

17 최범수 외 편,『흑룡강성조선족교육사』, 동북조선민족교육출판사, 1993년, 135-137쪽 참조.

18 최범수 외 편,『흑룡강성조선족교육사』, 동북조선민족교육출판사, 1993년, 170-171쪽 참조.

19 최범수 외 편,『흑룡강성조선족교육사』, 동북조선민족교육출판사, 1993년, 295-296쪽 참조.

20 최범수 외 편,『흑룡강성조선족교육사』, 동북조선민족교육출판사, 1993년, 344-346쪽 참조.

21 崔相錄 외,『中國朝鮮族敎育的現狀与未来』, 延邊大學出版社, 1995년, 26쪽 참조.

22 羅正日,「关于黑龙江省朝鲜族教育情况的调查」,『黑龙江民族丛刊』95(6), 2006년, 99-105쪽 참조.

이 몇 군데 존재하였다. 1928년 9월 심양현(沈陽縣) 오가황(嗚家荒) 삼십리보(三十里堡)에 있는 신흥학교(信興學校)가 심양 지역 최초의 현대식 교육을 실시하였다.[23] 1936년 요녕지구에는 보통학교 67곳, 기타 학교 63곳, 서당 33곳, 유치원 6곳, 특수학교 16곳이 있었다. 1941년 조선족 중학교는 4곳이 있었다. 1965년 소학교는 175곳에서 26,969명의 학생이 재학하였고, 중학교는 14곳에 6,686명이 재학하였다. 1977년 소학교는 112곳에서 17,146명의 학생이 재학하였고 중학교는 60곳에서 11,677명이 재학하였다. 1980년대는 조선족학교가 가장 번창한 시기로, 1985년 소학교는 224곳에 19,484명의 학생들이 재학하였고 중학교는 34곳에 11,458명이 재학하였다.[24] 1993년 요녕성에 존재했던 조선족소학교는 단독학교가 152곳이었고, 한족반의 조선민족반이 52곳이 있었으며 재학생은 18,468명이었다. 조선족중학교는 30곳이었고 재학생은 9,231명이었다. 이 외에 중등사범학교 1곳에 재학생 505명이 있었다.[25] 2002년은 조선족 소학교의 경우 58곳, 조선족 중학교는 29곳이 존재했다.[26] 2013년 2월 현지조사에 의하면, 조선족소학교는 11곳, 조선족중학교는 10곳, 조선족유치원, 조선족소학교, 조선족중학교 등을 통합하여 운영하는 12곳의 통합조선족학교가 존재하였다.[27]

---

23 안병삼, 「중국 요녕성 조선족학교 교가 연구」, 『한민족문화연구』 제43집, 2013년, 75-76쪽 참조.

24 위에서 설명한 요녕성 교육에 대한 자료는 대체로 다음을 참조하였다. 辽宁省地方志編纂委員會办公室 主編, 『辽宁省志·教育志』, 辽宁大学出版社, 2001년, 455-464쪽 참조.

25 崔相錄 외, 『中國朝鮮族教育的現狀与未来』, 延邊大學出版社, 1995년, 35쪽 참조.

26 이 기록은 재외동포재단과 교육부에서 공동으로 조사한 2002년 내부 자료인 중국 조선족학교 현황을 참조하였다.

27 안병삼, 「중국 요녕성 조선족학교 교가 연구」, 『한민족문화연구』 제43집, 2013년, 77쪽 참조.

2) 일본 조선학교 개관

일본에 존재하는 최초의 조선학교는 1945년 해방을 계기로 재일동포 자녀들에게 조선어를 가르치기 위한 공간으로서 '국어강습소'라는 형태로 일본 각지에서 개교하였다.[28] 해방 이전에는 일본 각지에 조선어를 가르치는 자주적인 민족교육기관이 존재했는데 야간학교의 형태로 체계적인 교육시스템이 전혀 갖추어지지 않은 자율학습형 민족학교였다.[29] 민족학교가 출발하게 된 계기는 언젠가는 모국으로 돌아가야 할 재일동포들이 모국어인 조선어를 잊어버리지 않고 언어소통의 능력을 키워주고자 잠시 체류하는 형태의 국어강습소를 개설하는 형태가 되었는데 이것이 민족학교의 시초라 할 수 있다.[30] 일본 내 민족학교는 민족교육이라는 차원에서 민단과 총련이 분리되기 이전까지는 양쪽을 포괄하는 용어로 사용되기도 하였다.[31]

그러나 조선학교는 미군정의 조련 해체와 더불어 재일동포사회가 민단과 총련으로 분단되면서 민단계 한국학교와 총련계 조선학교로 분리되어 발전하기 시작했다. 당시 민단계 학교는 총 4개 정도가 존재하였고, 이와는 달리 총련계 조선학교는 북한의 대대적인 민족교육투자를 통해 일본 전국 각지에 약 500여 개의 민족학교를 설립하기에 이르렀다. 민족학교에 대한 민단과 총련의 관심과 성장이 엇갈린 계기가 된 것은 일본정부와 미군정(GHQ)의 동아시아정책과도 깊은 관련이 있

---

28 朴三石, 『教育を受ける権利と朝鮮学校』, 日本評論社, 2011년, 1-4쪽 참조.

29 小沢有作, 『在日朝鮮人教育論』, 亜紀書房, 1973년, 302-305쪽 참조.

30 일본 내 민족학교는 총련계 조선학교와 민단계 한국학교로 구분할 수 있는데 본 논문에서는 성격상 총련계 조선학교만을 분석대상으로 하였다.

31 金德龍, 『朝鮮学校の戦後史』, 社会評論社, 2004년, 35-52쪽 참조.

다. 왜냐하면 총련계 조선학교가 본격적인 탄압의 대상이 된 이유로서
미군정의 조선 군사기지화전략, 일본의 반공기지화 역할이라는 측면
에서 재일조선인 중에서도 총련을 지지하는 조련의 활동을 미군정이
방해자로 간주했기 때문이다.

해방 이후 당시 학교체제의 구분이 모호했던 조선학교는 1947년
10월 학교체제로 전환되면서 소학교 541개교에 학생 56,961명, 교사
가 10,250명, 중학교 7개교에 학생이 2,761명, 교사가 95명, 청년학교
22개교에 학생이 1,765명, 교사가 101명, 고등학교 8개교에 학생이
358명, 교사가 59명이 재적하고 있었다.[32] 그러나 이후 일본 정부와 미
군정은 조선학교가 공산주의자를 양성한다는 미명하에 1948년 4월에
발생한 '한신교육투쟁'을 계기로 같은 해 10월에는 조선학교 92개교
에 대하여 폐쇄통고를 했고 나머지 260개교에 대해서는 사립학교 신
청절차를 밟도록 권고했다. 그리고 1949년 11월에는 조선학교 총 349
개교를 강제적으로 폐쇄하는 조치를 단행하였다. 1949년 10월과 11
월에 단행된 두 번의 조선학교 폐쇄조치로 결국 조선학교 전체에 대
한 폐쇄조치가 단행되어 1952년에 체결된 샌프란시스코 강화조약과
1955년 총련의 결성으로 조선학교가 각종 학교로 인가될 때까지 조선
학교는 민족학급 형태로 유지되었다.[33]

조선학교는 1959년 시작된 '북송운동'을 계기로 급격히 증가하기
시작했다. 그 이유는 재일동포들이 귀국준비를 위해 조선학교에서 조
선어교육이 필요하다고 생각했기 때문이다. 그리고 조선학교의 증가

---

[32] 藤島宇内·小沢有作, 『民族教育: 日韓条約と在日朝鮮人の教育問題』, 青木新書, 1966년, 46-47쪽.

[33] 임영언 외, 「재일조선학교에서 북송운동의 전파과정 고찰: '불꽃' 잡지의 내용을 중심으로」, 『국제문화연구』 제11권 1호, 2018년, 1-24쪽 참조.

추이는 북송운동이 끝난 시점인 1970년대 이후 서서히 감소하기 시작하여 2016년 5월을 기준으로 전국 지역별로 66개교로, 학교별로는 97개교 정도로 감소하였고 학생 수도 약 6천 명 정도로 감소한 것으로 나타났다.[34]

조선학교가 일본사회에 급격히 감소하게 된 이유는 다양한 분석들을 제시하고 있다. 가장 큰 이유로는 일본사회의 저출산고령화에 따른 자연감소 현상이라는 주장이 설득력을 얻고 있으나 재일동포 귀화자 증가와 일본인과의 결혼에 의한 일본국적 취득자 증가, 재일동포사회의 민족정체성의 약화에 따른 결속약화문제 등을 지적하기도 한다.[35] 그러나 무엇보다도 직접적인 조선학교의 감소원인은 북한으로부터의 교육원조비 지원의 중단과 감소, 재일동포들의 교육비 가중으로 자녀들의 일본학교 선택이 큰 원인으로 지목되고 있다.[36]

---

34 임영언, 「재일코리안 조선학교 민족교육운동과 고교무상화제도 고찰」, 『로컬리티 인문학』 제19호, 2018년, 39-64쪽 참조.

35 中島智子, 「朝鮮人学校保護者の学校選択理由―『安心できる場所』『当たり前』を求めて」, 『プール学院大学研究紀要』, 第51号, 2011년.

36 도쿄 연합뉴스, 2017년 12월 29일자 보도자료.

3. 중국 조선족학교와 일본 조선학교 교가 비교

중국 조선족학교와 일본 조선학교의 교가 비교에 있어서 가장 중요하고 비중 있는 것은 역시 가사 내용의 비교일 것이다. 중국 조선족학교 교가 가사 내용과 일본 조선학교 교가 가사 내용의 비교를 통해 중국과 일본에서 살고 있는 한민족의 정신세계와 현실세계를 관찰할 수 있을 것이다. 이러한 교가 내용의 비교는 그들의 동이점(同異點)을 발견할 수 있고, 또한 그들의 학교문화를 이해하는 데 많은 도움이 될 것이다.

중국 조선족학교와 일본 조선학교 교가 내용을 살펴본 결과를 보면, 첫째, 중국 조선족학교 교가와 일본 조선학교 교가에는 정치색이 짙게 나타났다. 구체적으로는 각각 공산당 찬양과 주체사상 찬양이 강하게 나타나 있었다. 중국 조선족학교 교가와 일본 조선학교 교가에는 모두 공산당 찬양을 표현하는 가사 내용이 많이 등장한다. 중국 조선족학교는 사회주의 국가인 중국에서 살고 있는 현실의 반영이며, 일본 조선학교는 비록 일본이라는 나라에서 조선학교가 세워졌지만 북한이라는 사회주의의 지원 하에 설립되어 학교 형태와 교육내용에서 북한의 영향을 많이 반영하였다고 할 수 있을 것이다.

다음은 공산당을 찬양하는 일본 조선학교의 교가 가사 내용이다.[37]

---

[37] 가나가와 조선중고급학교 교가 1절.

가사 내용은 일본에 있는 재일동포들에 의해 세워진 조선학교가 북한의 아들딸들이 학업을 하는 배움의 보금자리이며 인민들의 힘으로 세워진 진리의 학교임을 찬양하고 있다.

> 이국땅 요꼬하마 북녘에 우뚝 솟아
> 공화국 아들딸들 배움의 보금자리
> 인민이 세운 학교 진리가 욱어져
> 양양한 태평양도 우러러 찬양하네
> 용진용진 우리는 영광의 기수
> 아- 가나가와 조선중고급학교

다음은 중국 공산당을 찬양하는 중국 흑룡강성 밀산시조선족중학교 교가이다.[38]

> 봉밀산 우뚝 솟은 조국 변강에 근로의 교풍 이은 신형의 로동자
> 공산주의 설계도를 한가슴에 안고 찬란한 당의 기치 높이 들고 나간다
> 아, 영광스런 밀산조선중학 교육방침 빛발 아래 길이 번영하리

밀산시 조선족중학교 교가에는 당의 기치를 높이 들고 나간다는 공산당 찬양의 문구가 두드러진다. 동시에 공산주의 사회를 건설하려는 의지와 공산당을 따르는 당의 사람으로 자라고자 하는 내용도 포함되어 있다. 이 교가를 통해 공산당의 이념만을 신봉하고 그것을 믿고 따라야만 민족의 번영도 이룰 수 있다는 믿음을 학생들에게 심어

---

38 밀산시조선족중학교 교가 1절이다.

주려고 노력한다는 인상을 주고 있다. 또 다른 공산당을 찬양하고 있는 중국 흑룡강성 계동현조선족중학교 교가를 살펴보자.[39]

따사로운 당의 햇살 앞길 비추니 행복한 학습생활 주렁지는 곳
자애론 원예사의 보살핌 속에 새일대 자라나는 행복의 요람
나아가자 동무야 교풍을 빛내며 배움의 만리길에 나래 펼치자

위에 제시한 계동현조선족중학교 교가의 중심내용은 공산당의 따스한 빛살로 학교가 행복한 곳으로 만들어졌고, 이러한 학교에서 행복하게 학생들이 무럭무럭 자라나고 있다는 내용을 담고·있다. 이 교가에서 나타난 특징은 공산당의 온화론 주장을 펼쳐 그 속에 자리 잡은 학교와 학생들은 행복의 요람에 있다는 사실을 강조한다는 것이다.

이러한 조선족학교 교가의 사회주의 찬양은 중국 현지에서 살고 있는 조선족 학교의 생존을 위한 현실 인식이 드러난 것이라고 말할 수 있고, 동시에 타협적인 측면과 절대 부정할 수 없는 사회주의 체제에 살고 있는 조선족들의 한계이자 넘을 수 없는 정치적 장벽이라 할 수 있을 것이다. 하지만 일본 조선학교는 사회주의가 아닌 자본주의 현실에서 살고 있지만 북한의 지원을 받은 상황에서 조국에 대한 고마움의 자발적 표현이 강하다고 할 수 있을 것이다.

일본 조선학교 교가에 나타난 사회주의적 특징을 좀 더 살펴보면, 북한의 주체사상이 직접적으로 표현되는 경우도 있다. 또한 가사 내용에는 개인숭배사상 표현된 경우도 가끔 엿보인다. 가령, 어버이수령을 노래한다거나 조선사람 키우라고 수령님이 세우셨다거나 수령님 세

---

39 계동현조선족중학교 교가 2절이다.

위주신 배움터 등 배움의 소망과 조선 사람의 육성, 그리고 통일조선을 위한 말과 글 등 북한의 지원에 대한 고마움을 직접적으로 표현한 것들이 많이 등장하고 있다.

(1절)　배움의 기쁨이 노래로 넘쳐나고
　　　　행복한 웃음이 저절로 피여나니
　　　　이 땅에 길이길이 전해지는 노래 많아도
　　　　어버이수령님을 우리는 노래하네
(2절)　배움의 소망은 피맺히게 간절해도
　　　　그 누가 알았으랴 우리 학교가 서리라고
　　　　하나부터 열까지 걸음마를 배워주며
　　　　조선사람 키우라고 수령님이 세우셨네
(3절)　이 세상에 배움터는 많기도 하지만
　　　　수령님 세워주신 배움터가 좋아라
　　　　말과 글 배우고 배워 민족의 자래우며
　　　　통일조선 내다보며 우리는 자라나네
(후렴)　아 이 세상 행복과 영광 다 안으며
　　　　야마구찌조고여 영원히 빛나라[40]

둘째, 중국 조선족학교 교가와 일본 조선학교 교가에는 민족의식 고취가 잘 표현되었다. 이러한 민족학교의 민족의식 고취는 학생들이 비록 타국에서 살지만 쉽게 잃어버릴 수 있는 민족정체성을 유지하는 데 목적이 있다고 하겠다. 다만 중국과 일본 민족학교 가사 내용의 차

40　야마구찌조선고급학교 교가

이점은 일본조선학교 교가에는 '수령', '조선사람', '통일조선'과 같이 조선학교의 존재 이유와 함께 북한을 찬양하는 것이 특징이라 할 수 있다. 다음의 도꾜조선 제2초급학교 교가 내용에서 보는 바와 같이 민족문화, 대대손손 동포들의 높은 뜻 등은 민족의식의 대표성을 보여주고 있는 용어들이라 할 수 있을 것이다.

(1절) 백두의 슬기로운 정기를 이어
        찬란한 민족문화 기상을 담아
        에 다가와에 우뚝 섰네 배움의 전당
        그 이름 도꾜조선 제2초급학교
(2절) 대대손손 동포들의 높은 뜻이어
        아버지 어머니의 정성을 모아
        아담하게 꾸려진 우리의 배움터
        그 이름 도꾜조선 제2초급학교
(후렴) 애족애국 학교자랑 가득 가지고
        지덕체 닦고 닦아 기둥이 되자
        부강한 통일조선 주인이 되자[41]

구한말 일제가 한반도를 불법 강점하는 시기에도 그랬듯이 1949년 중화인민공화국이 성립된 이후에도 중국 조선족들은 자신만의 고유한 민족정체성을 지키기 위해 대단히 노력하였다. 다음에 제시한 것은 민족의식이 가장 잘 나타난 장백조선족자치현제2중학교 교가의 교

---

41   도꾜조선 제2초급학교 교가

가 내용이다.[42]

장백산을 굽이돌아 흐르는 압록강반에

광복의 나날 일떠 세운 희망찬 배움터

은혜로운 햇빛 아래 백의 후손 키워내여

억센 나래 펼쳐가며 민족 위훈 떨치네

아 자랑찬 우리의 장백2중

민족 넋을 키워가는 배움의 요람일세

장백조선족자치현 제2중학교 교가의 특징은 '백의 후손', '민족 위훈', '민족 넋' 등 한민족의 민족의식을 고취시키는 단어가 많이 나타나고 있는 점이다. 이러한 모습은 장백조선족자치현이 다른 지역과 달리 조선족자치현이라는 특성이 반영된 것이라고도 할 수 있으며, 또한 한반도와 가깝게 자리 잡은 지리적 특성도 반영된 것이라고 생각된다.

여기에서 주목해야 할 것은 중국 조선족학교와 일본 조선학교에서 공통적으로 민족정신을 가장 잘 나타내고 있는 대표적인 용어로 '백두산'을 많이 사용하고 있다는 점이다.[43] 이러한 '백두산' 용어의 사용은 중국과 일본 한민족이 공통적으로 민족의 영산 백두산을 민족 정기의 원천으로 받아들이고 있다는 증거라고 할 수 있을 것이다. 이러한 민족학교 교가에서 같은 용어 사용의 증거를 통해 비록 다른 국가에서 살고 있지만 그들은 여전히 한민족의 정신을 가지고 있음을 엿볼 수

---

42 저자가 학교를 방문하여 얻은 학교 소개 책자에 있는 교가이다. 이 교가는 현재 장백조선족중학교 교가로 사용되고 있다.

43 백두산을 민족의 정기로 나타낸 표현은 많이 등장한다. 대표적인 예로, 도꾜조선제1초중급학교 교가에도 백두산은 등장한다. '백두산 푸른 천지 영용한 정기~~'. 도꾜조선 중학교 교가에도 등장한다. '백두산 줄기찬 힘 제주도 남쪽까지 오천만 하나되여~~'.

있을 것이다. 다만 중국 조선족학교에서는 백두산을 장백산으로 부르고 있고, 일본 조선학교에서는 백두산을 우리와 똑같이 백두산으로 부르고 있다는 점은 서로 다른 국가에서 살고 있는 민족의 위치와 환경을 대변해주고 있다고 할 수 있다.

셋째, 중국 조선족학교 교가와 일본 조선학교 교가에는 배움의 전당이라는 순수한 학교의 역할을 표현하고 있다. 학교 본연의 임무는 학생들을 가르치는 것이며 학교는 이러한 배움터라 할 수 있다. 따라서 어떠한 특정 사상보다는 아이들을 가르친다는 본연의 임무에 충실한다는 것이 무엇보다도 중요하다. 중국 조선족학교 교가와 일본 조선학교 교가 역시 정치적 색채와 다양한 사상적 배경을 가지고 있지만 학교가 아이들의 배움의 전당이라는 사실은 부인하지 않고 교가에 그대로 표현하였다.

여기서 주의할 점은 두 민족학교의 배움의 목적이 확연히 다르다는 사실이다. 이것은 각 한민족들이 처한 사회적 환경을 벗어나지 못했다는 사실이다. 학교라는 배움(터)의 강조가 모든 시대를 아우를 수 있는 학교 본연의 의무라고 순수하게 생각할 수 있지만 중국 조선족학교의 경우 사회주의 건설의 이바지에 공헌한다든가 중국의 발전에 이바지한다든가 중화사상고취, 조선민족의 번영을 위해 노력한다는 점 등을 배움의 목적으로 표현하고 있다.

이와는 다르게 일본 조선학교의 경우 조선의 발전과 김일성 수령의 아들딸이 되고, 나라의 기둥이 되고, 통일의 주역이 되자는 등을 배움의 목적으로 명확히 제시하고 있다. 가령 다음에 제시한 일본사이다마 조선초중급학교 교가 내용을 살펴보자. 가사 내용에서 '애국향기, 내 나라 말과 글, 애국지성 배움터, 민족의 넋' 등에서 조선학교의 배움에 대한 목적이 명확하게 표현되고 있다.

(1절)　이국산천 오오미야에 붉게 핀 진달래

　　　　교문 안에 들어서니 애국향기 품겨주네

　　　　아 그 향기를 이 가슴에 받아안고

　　　　내 나라 말과 글을 여기서 배워가네

(2절)　동포들의 애국지성에 꽃피는 배움터

　　　　희망의 꽃 피워주는 종소리도 드높아라

　　　　아 찬란한 해와 별빛 비쳐주는 곳

　　　　앞날의 주인으로 몸과 마음 다져가네

(후렴)　아 사이다마 우리 조선초중급학교

　　　　떨치자 민족의 넋 지켜가자 우리 학교[44]

　다음에 제시하고 있는 중국조선족 하얼빈시조선족제2중학교 교가[45] 역시 배움(터)의 중요성을 강조하고 있다.

　아, 아 빛발친다 우리 조2중 창조의 요람이다 우리 조2중

　탐구의 불길이 이글거린다 지식의 불꽃이 번쩍거린다

　아, 가슴 뜨겁게 청사에 빛내가자 우리 조2중

　하얼빈시조선족제2중학교 교가 내용을 살펴보면, 학교는 창조의 요람이자 탐구의 불길이 이글거리는 곳이라고 말하고 있다. 또한 지식의 불꽃이 번쩍 거리는 곳이라고도 표현하고 있다.

　넷째, 일본 조선학교 교가 내용에는 개인숭배사상이 강하게 나타

44　사이다마 조선초중급학교 교가

45　하얼빈시조선족제2중학교 교가 2절이다. 출처: 이 교가를 작곡한 백설봉 선생님이 제공.

나 있다. 이러한 특징은 중국 조선족학교 교가에서는 찾아보기 힘든 점이라 할 수 있다. 비록 중국의 문화대혁명 시기에 모택동에 대한 개인숭배사상이 강한 적이 있었지만 그것은 일시적인 사회 전반에서 불었던 광풍에 불과했다. 하지만 일본 조선학교 교가에는 북한 김일성 부자에 대한 개인숭배가 강하게 나타난 경우가 더러 있다. 가령 다음에 제시한 야마구찌조선고급학교의 가사 내용을 살펴보면 수령님께 충직한 아들 딸, 어버이수령님, 조선사람 키우라고 수령님이, 수령님이 세워주신 배움터 등을 보면 중국 조선족학교와는 다른 일본 조선학교의 개인숭배사상에 대한 특징이 잘 나타나있다.

(1절) 조국 멀리 이역에서 자라나는 우리들을
         사회주의 조국의 어엿한 일군 되라
         조국을 사랑하는 부모들과 동포들이
         이곳에서 제일 좋은 학교를 세웠다네
(후렴) 아, 자랑찬 학원에서 마음껏 배워
         수령님께 충직한 아들딸이 되렵니다[46]

(1절) 배움의 기쁨이 노래로 넘쳐나고
         행복한 웃음이 저절로 피여나니
         이 땅에 길이길이 전해지는 노래 많아도
         어버이수령님을 우리는 노래하네
(2절) 배움의 소망은 피맺히게 간절해도
         그 누가 알았으랴 우리 학교가 서리라고

---

46 오사카조선고급학교 교가 1절. 이 학교의 교가 제목은 〈수령님께 충직한 아들딸이 되렵니다〉이다.

하나부터 열까지 걸음마를 배워주며

조선사람 키우라고 수령님이 세우셨네[47]

다섯째, 일본 조선학교 교가 내용에는 한반도 내의 한민족 역할에 대해 구체적으로 묘사하고 있다. 중국 조선족학교에서는 한반도 내에서의 조선족 역할을 말하는 가사 내용은 없지만 일본 조선학교에서는 조국통일의 역할을 노래하고 있는 경우가 표현되고 있다. 조국통일에 대한 열망에서 가장 두드러진 특징은 북한이 계속 주장하고 있는 '미군철수'라는 정치적 구호가 교가에도 등장하고 있다. 조선학교 교가 내용에 나타나고 있는 조선학교의 역할을 구체적으로 짚어보면 '혁명전통 등대, 조국통일, 지상락원 임무, 조국사랑, 민족의 원쑤, 남조선 침략자, 통일' 등에 잘 나타나고 있다.

사회주의 내 나라의 자랑 높은 민족문화

배워가는 우리에게 혁명전통 등대로다

원쑤 미제 몰아내고 조국통일 이룩하여

지상락원 꾸려나갈 그 임무도 크고 높네

(후렴) 젊은 가슴 희망 품고 교정 안을 들어서니

조국사랑 넘쳐풍겨 따사로이 안아주네

무쇠팔뚝 두 다리에 불을 뿜듯 용기 솟고

우리 심장 붉은 심장 불덩이로 타오르네[48]

47　야마구찌조선고급학교 교가. 이 학교의 교가 제목은 〈위대한 수령님의 사랑을 영원히 전하리라〉이다.

48　조선대학 교가 2절.

원폭으로 많은 동포 희생된 원한의 땅
민족의 원쑤들을 우리 어찌 잊을소냐
남조선을 강점한 침략자를 몰아내고
조국을 통일하자 히로시마 조선중고급학교[49]

여섯 번째, 중국 조선족학교 교가와 일본 조선학교 교가에는 교가
들이 제목을 가지고 있다. 중국 조선족학교 교가와 일본 조선학교 교
가는 대부분 '조선(족)학교 교가'라는 명칭으로 널리 사용하고 있지만
몇몇 학교에서는 특별히 교가의 제목을 제시하는 경우가 있었다. 이
러한 민족학교의 교가에 제목이 제시되어 있는 일본 조선학교와 중국
조선족학교의 교가를 살펴보면 다음과 같다.

〈표 4.1〉 일본 조선학교 교가의 제목

학교	교가 제목
혹가이도초중고	언제나 우리 함께
오사카조선고급학교	수령님께 충직한 아들딸이 되렵니다
야마구찌조선고급학교	위대한 수령님의 사랑을 영원히 전하리라
도슈조선조급학교	빛나라 우리의 배움터
가나가와조선중고급학교	한없이 부럽다고 모두 다 말합니다
미나미오사까조선초급학교	하나되여 지켜가리

〈표 4.2〉 중국 조선족학교 교가의 제목

학교	교가 제목
녕안시발해진조선족소학교	빛나라 발해조선족소학교
하얼빈시동력구조선족소학교	동력소학의 노래
밀산시조선족소학교	행복의 요람

---

49   히로시마조선중고급학교 교가 2절.

목릉현향양툰원동소학교	독립군의 노래
철력시조선족소학교	우리학교
오상시조선족중학교	배움의 꿈나무
목단강시조선족중학교	빛나라 목조중
라북현조선족중학교	용맹을 떨치자 라북조중
소가툰구조선족중심소학교	배움의 요람
영구시조선족고급중학교	사랑스런 우리학교 배움의 요람이어
장춘시관성구조선족소학교	푸른꿈의 요람
매하구시제2중학교	자랑찬 매화2중
통화현조선족중학교	희망찬 우리학교
왕청제5중학교	지식의 샘터
하얼빈시조선족제2중학교	청사에 빛내가자
상지시조선족중학교	배움의 무궁화
해림시조선족중학교	빛나라 해림조중이여
계동현계조선족중학교림	빛나라 계림중학
계서시조선족중학교	빛나라 계조중
동녕현조선족중학교	우리학교
밀산시조선족중학교	길이 빛나라 밀산조선중학이여
밀산시초급중학교	길이 길이 빛나라 밀산중학교
무순시리석채조선족소학교	세월속에 빛나라 길이 빛나라
단동시조선족중학교	배움의 요람
매하구시제11중학교	번영하는 발자취
장춘시제2조선족중학교	신나는 배움터
도문철도실험소학교	배움의 요람

그 밖에도 중국과 일본의 민족학교에는 교가가 한 개가 아니라 한 학교에 여러 개의 교가를 가진 경우도 있었다. 이것은 민족학교가 교장이 바뀌면서 시대에 맞게 교장이 주도하여 기존의 교가를 새 교가로 대체하였기 때문에 발생한 것으로 생각된다.

4. 맺음말

　본 연구는 중국 조선족학교 교가와 일본 민족학교 교가 내용을 비교·분석하여 그 특징을 파악하고자 하였다. 해방 이후 대부분의 중국 조선족학교와 많은 일본 조선학교들이 시대적 배경과 정치적 상황에 따라 다양한 교가를 만들어 학생들에게 보급하여 부르게 하였다. 이들 교가들은 마이너리티 집단으로서 당시의 정치적 상황과 그들이 처한 사회적 상황을 그대로 반영하고 있다고 볼 수 있다. 본 연구의 분석 결과, 중국 조선족학교 교가와 일본 조선학교 교가 내용에 나타난 가장 두드러진 특징은 다음과 같이 제시할 수 있다.

　첫째, 중국과 일본의 민족학교의 교가 내용은 정치색이 짙은 것으로 파악되었다. 이들 가운데는 비교적 정치색이 얕은 교가도 더러 존재했지만 대부분은 정치색이 매우 짙은 것으로 나타났다. 이러한 사실은 중국 조선족학교의 경우 한국의 영향을 받는 것보다는 중국 정부의 영향을 많이 받았기 때문인 것으로 풀이된다. 중국이 사회주의 국가이고, 중국 조선족들이 이러한 정치적 환경을 교가를 만드는 데 반영했기 때문일 것이다. 그러나 일본 조선학교는 북한과 수령, 태양 등의 개인숭배사상이 짙게 나타나는 특징을 보이고 있다. 이러한 배경에는 일본 조선학교가 일본의 정치적인 영향보다는 북한의 직접적인 영향을 더욱 많이 받았기 때문인 것으로 풀이된다.

　둘째, 중국과 일본의 민족학교 교가 내용에는 민족의식 고취정신이 잘 표현되어 있는 것으로 나타났다. 이러한 현상은 외국에 존재하는 한민족학교의 공통점이기도 하지만, 특히 일본 조선학교에서는 민족에 대한 자부심을 배양하기 위한 목적이 강하게 반영되어 있는 것으로 나타났다. 그 이유는 일본이라는 식민주의로부터의 해방과 경험을 바탕으로 말과 글의 중요성을 새삼 깨달았기 때문인 것으로 생각된다.

셋째, 중국 조선족학교 교가와 일본 조선학교 교가에는 배움의 전당이라는 순수한 학교의 역할을 잘 표현하고 있었다. 그러나 중국과 일본의 민족학교에서 말하는 배움의 목적은 매우 다른 것으로 나타났다. 중국 조선족학교의 배움의 목적은 사회주의 건설에 공헌, 중국 경제발전에 공헌, 중화사상 고취, 조선민족의 번영을 위해 노력한다는 등이 강했다. 그러나 일본 조선학교의 배움의 목적은 북한의 발전과 김일성 수령의 아들딸이 되고, 나라의 기둥이 되고, 조선 사람으로 자라는 것, 통일의 주역이 되는 것 등을 강하게 표현하고 있었다.

넷째, 중국과는 달리 일본 조선학교는 개인숭배사상이 나타나 있다. 이러한 특징은 중국 조선족학교 교가에서는 찾아보기 힘든 점이었지만 일본 조선학교 교가에서는 자주 나타났다. 개인숭배사상이 직접적인 표현보다는 다른 용어로 대체되어 나타나는 경우가 있었는데, 대표적으로는 수령, 태양, 백두산 등 다양한 표현들이 사용되고 있었다.

다섯째, 민족학교 교가의 내용 속에서 한반도 내의 한민족 역할에 대해 잘 전달하고 있다. 중국 조선족학교 교가에서는 한반도에 대한 어떠한 언급도 찾아보기 힘들지만 일본 조선학교 교가에서는 한반도의 통일과 민족통일을 위한 방법까지 자주 등장하였다. 이것은 일본 조선학교가 아무래도 북한의 영향을 많이 받았기 때문인 것으로 생각할 수 있다.

여섯째, 중국과 일본 민족학교 교가에 제목이 붙여진 경우가 있었다. 중국 조선족학교 교가와 일본 조선학교 교가 중에는 교가의 제목을 따로 사용하는 경우가 존재했다.

이상에서 살펴본 바와 같이 본 연구는 해외 한민족 중에서 중국 조선족학교와 일본 조선학교 교가 내용을 비교·분석하였다. 중국 조선족학교와 일본 조선학교에서는 사회적 배경과 정치적 상황에 따라 다양한 교가를 만들어 학생들에게 보급하여 부르게 하였다. 중국과 일본에 존재하는 민족학교 교가 내용의 분석을 통해 해외 한민족학교 교가의 동이점(同異點)을 발견하는 것은 두 나라의 사회적 상황을 이해하고 더 나아가 그 나라의 한민족을 이해하는 데 많은 도움이 될 것으로 확신한다. 향후 연구에서는 중국과 일본뿐만 아니라 중앙아시아와 미국 등 다른 지역에 설립된 세계 한인학교의 교가들에 대한 다양한 분석들이 논의되어야 할 것이다.

V

중국 조선족학교 교가의
음악적 분석과 그 특징

1. 머리말

중국 조선족학교는 조선족 집거지가 많은 동북3성에 집중적으로 자리 잡은 한민족학교이다. 구한말에는 수많은 조선 사람들이 먹고살기 위해 자신의 조국을 등지고 국경을 넘었고, 일제 강점기에는 조국 독립을 위해 국경을 넘었다. 이들 조선 사람들은 타국에서 굶주림과 온갖 서러움을 겪으면서도 자식들의 교육을 위해서라면 자신들의 희생은 당연한 것으로 여기고 묵묵히 감수하였다. 그들은 교육만이 현실을 극복하고 후손들에게 밝은 미래를 물려줄 수 있다고 믿었다. 이에 조선에서 온 사람들이 집거로 생긴 촌마다 사람들의 뜻을 모아 학교를 짓고 어린 자식들에게 교육의 기회를 제공하였다.

처음에는 서당 형식의 교육기관이었지만 점차 근대적 교육기관으로 발전하였는데 그 시작은 1906년 8월에 길림성 용정에 세워진 서전서숙(瑞甸書塾)이다. 중국 최초의 조선인을 위한 근대적 사립학교인 서전서숙은 조선인 자녀들에게 신식 교육을 처음으로 실시하였다. 독립운동가 이상설(李相卨)이 '교육이 곧 국력'이라며 설립한 서전서숙은 우리 민족이 해외에 세운 최초의 신학문 민족교육기관으로, 후에 명동학교로 그 정신과 인맥이 계승 발전되어 해외 민족교육의 모체가 되었다. 서전서숙은 일제의 침입으로 나라가 기울어가는 풍전등화와 같은 시대적 상황 속에서 사회적 사명을 다하기 위해 국가와 민족에 대한 자긍심 고취, 민족 정체성 확립, 반일 인재 양성 및 독립의식 배양 등을

교육하였다.[1]

1906년 서전서숙 설립을 시작으로 20세기 중반에는 1,700여 개가 넘는 조선족학교가 있었다. 조선족학교는 학생들에게 민족의 정체성 확립을 위한 교육은 물론이고 조국의 말과 글을 가르치는 역할을 충실히 해왔다.[2] 또한 교사들의 교육적 열정과 독립 정신을 바탕으로 학생들이 가진 무한한 가능성을 일깨워주고 조국의 독립이란 희망을 심어주었다. 그 당시의 건학정신은 학교 장정(章程)에 넣어 학생들을 가르치는 목표로 삼았다.

학교의 이념과 학습 목표를 가장 잘 보여주는 것 중에 하나가 바로 교가(校歌)이다. 교가란 학교를 상징하는 노래로서, 민족의 사회적 · 시대적 배경을 바탕으로 학교의 교육정신이나 목표, 그리고 특성 등이 담겨져 있는 것이다. 교가는 학생들의 애교심을 고양할 뿐만 아니라 학교에 대한 소속감과 협동심을 기르기 위해 학교가 특별히 제작하여 학생들에게 부르게 하는 노래로 정의된다.[3]

중국 조선족학교는 교가를 통해 학생들에게 학교의 학습 목표와 시대정신을 가르치고, 시대가 바라는 인재가 될 것을 교육하였다.[4] 따

---

1   리문철 · 안병삼, 「중국 길림성 조선족학교 교훈의 문화적 특징 연구」, 『한민족문화연구』 제 70집, 2020년, 275쪽 참조.

2   아래 표는 중국 조선족 중 · 소학교 숫자의 변화를 나타낸 것이다. 東北朝鮮民族教育科學研究 所 編, 『中國朝鮮族學校志』, 東北朝鮮民族教育科學出版社, 1998, 1008쪽 참조.

학교	1949	1950	1988	1993	1997
	학교 수	학교 수	학교 수	학교 수	학교 수
소학교	1,500	1,763	1,126	1,146	984
중학교 (고등학교 제외)	70	–	213	185	211
합계	1,570	1,763	1,339	1,331	1,195

3   안병삼, 「중국 조선족학교 교가의 망실과 그 특징」, 『한국민족문화』 제39집, 2011년, 370쪽.

4   교가를 통해 알 수 있는 서전서숙의 설립목적은 신문화 교육과 민족교육을 통한 구국인재의

라서 조선족학교는 시대적 배경에 따라 서로 다른 교가를 만들어 학생들에게 부르게 하였다. 일제강점기에 중국 조선족학교는 항일투쟁 및 독립정신 고취, 민족수난의 극복 등을 내용으로 교가를 만들어 학생들에게 부르게 하였고, 1949년 중화인민공화국 성립 이후에는 사회주의 사상의 선전 및 민족의식 고취, 배움터 강조 등을 내용으로 교가를 만들어 학생들에게 학교 교육의 본질을 알려주고자 하였다.[5]

모든 학교에서는 일주일이 시작되는 월요일 조회시간에 전교생에게 교가를 부르게 하였고, 국가의 중요 행사나 학교의 특별한 활동인 입학식과 졸업식 때에도 교가를 불러 학생들로 하여금 학교의 이념과 교육 목표를 잊지 말도록 하였다. 그 결과 중국에서 살아가는 조선족들은 다른 소수민족과는 다르게 민족정체성을 유지하면서 고유한 한 민족의 문화를 계승 발전시킬 수 있었고, 시대에 맞는 교가를 통해 시대가 요구하는 인재를 배출할 수 있었다.

그러나 현재 중국 조선족 집거지의 인구가 급격하게 감소하면서 많은 조선족학교가 폐교되었고 이들 학교의 교가들은 급속히 소실되어가고 있다. 또한 현존하는 조선족학교에서는 과거와 달리 교가 교육을 활발하게 진행하지 않고 있다.[6] 이러한 폐단은 민족정체성의 약화로 이어졌고 자신의 모국어로 간단한 한글을 읽거나 인사조차도 하지

양성이다. 이러한 교육을 통하여 당시 민족이 겪고 있던 고난을 극복하고 백성이 편안하게 살기를 바라는 시대적 열망을 반영한 것이라고 할 수 있다. 안병삼, 「중국 조선족학교 교가의 가사 연구」, 『한국학연구』 제39집, 2011년, 310쪽.

5   안병삼, 「중국 조선족학교 교가분석」, 『인문연구』 제62호, 2011년, 412쪽 참조.

6   교가가 없어서 부르지 못하는 학교도 있지만, 교가는 있으나 부르지 않는 학교가 더욱 많다. 그 결과 예전에는 교가를 통하여 학생들에게 자연스럽게 교육되었던 조선족학교의 교육이념, 민족의식, 애교심, 애향심 등의 교육이 사라져 수많은 학생들이 자신의 학교 뿌리는 물론 민족의식, 조선어의 중요성 등 많은 부분을 인지하지 못하게 되었다. 안병삼, 「중국 조선족학교의 교가 교육에 관한 고찰」, 『한국동북아논총』 제18집 1호, 2013년, 180쪽 참조.

못하는 젊은이들이 늘어났으며 이는 한족으로의 동화를 빠르게 진행시켰다.

지금까지 중국 조선족에 관한 연구는 각 영역에서 꾸준히 진행되어왔지만 본 연구의 연구대상인 조선족학교 교가에 대해서는 아직까지 연구 성과가 미약한 수준이다. 현재, 학교 교가에 관한 연구는 국내의 학교 교가를 대상으로 진행한 것이 몇 편 있지만[7] 중국 조선족학교 교가에 대한 연구는 극소수이다.

가장 먼저 진행된 중국 조선족학교 교가에 관한 연구는 2008년 길태숙의 「재만조선인 항일투쟁노래의 과거와 현재적 의미: 신흥무관학교 교가를 중심으로」이다.[8] 이 논문은 항일투쟁노래를 다루면서 신흥무관학교 교가의 항일투쟁노래에 대한 특징을 다루었다. 이것을 제외하고 중국 조선족학교 교가에 대한 연구는 대부분 필자가 진행하고 있다.[9] 필자는 2011년부터 지금까지 중국 동북3성에 존재하였던 조선족학교 교가를 대상으로 다양한 연구를 진행해오고 있으며, 중국 동북3성의 통·폐합된 조선족학교 교가는 물론 현존하는 학교 교가까지

---

7   승윤희, 「서울시중학교의 교가 분석 연구」, 『예술교육연구』 제12권 1호, 2014년, 691-708 쪽; 권혜인·한용진, 「중학교 교가 가사의 교육적 가치 탐구」, 『교육문제연구』 제26권 1호, 2013년, 129-148쪽; 전영권, 「교가(校歌)에 나타난 대구의 지형관: 대구 초·중등학교를 사례로」, 『한국지형학회지』 제19권 4호, 2012년, 83-96쪽.

8   『동방학지』 제144집, 2008년.

9   「중국 조선족학교 교가의 망실과 그 특징」, 『한국민족문화』 제39집, 2011년; 「中國 朝鮮族學校 校歌 分析: 길림성을 중심으로」, 『인문연구』 제62호, 2011년; 「중국 조선족학교 교가 歌詞 연구: 길림성 조선족학교를 중심으로」, 『한국학연구』 제39집, 2011년; 「中國 黑龍江省 朝鮮族學校 校歌 硏究」, 『인문과학연구』 제35집, 2012년; 「중국 요녕성 조선족학교 교가 연구」, 『한민족문화연구』 제43집, 2013년; 「중국 흑룡강성 조선족학교 교가 가사 연구」, 『인문연구』 제69호, 2013년; 「중국 조선족학교 교가에 대한 학생들의 의식 고찰」, 『디아스포라연구』 제7권 2호, 2013년; 「중국 조선족학교의 교가교육에 관한 고찰」, 『한국동북아논총』 제18집 1호, 2013년; 「中國 朝鮮族學校 校歌에 나타난 한민족공동체의식」, 『민족문화논총』 제57집, 2014년; 「해외한민족학교의 교가비교연구」, 『순천향인문과학논총』 제37권 4호, 2018년 등이 있다.

모두 연구대상으로 하여 각각 길림성·흑룡강성·요녕성의 교가 가사 내용을 분석하는 작업을 하였다. 또한 최근에는 일본 조선학교 교가와의 비교도 진행하고 있다. 하지만 필자의 중국 조선족학교 교가에 대한 일련의 연구들이 거의 모두 교가 가사 내용을 분석한 것일 뿐이고 교가의 음악적 요소에 관한 연구가 없었다. 이로 인해 중국 조선족학교 교가의 음악적 구성요소와 그 특징에 관해서는 알 수가 없었다.

이러는 사이 21세기 중국 조선족학교는 급격하게 폐교되어 사라져 갔고 조선족 집거지 역시 점차 한족 마을로 바뀌어 갔다. 한때 중국 전역에 1,700여 개의 조선족학교가 존재했지만 현재는 180여 개의 학교만이 어렵게 그 명맥을 유지하고 있을 뿐이다.[10]

본 연구는 중국 조선족학교 교가를 대상으로 음악의 3대 요소와 음악의 구성요소를 각각 분석하고 그 속에 담겨있는 다양한 음악적 특징을 알아보고자 한다. 본 연구의 연구대상은 필자가 직접 지난 10여 년간 중국 동북3성에서 수집한 성회(省會: 省의 수도) 소재 조선족학교 교가 37개로, 길림성의 장춘지구 학교 교가 8개, 흑룡강성의 하얼빈지구 학교 교가 15개, 요녕성의 심양지구 학교 교가 14개이다.[11]

---

10 중국 흑룡강성 하얼빈시 교육국에서 근무하는 리성철이 2018년 12월에 전남대학교 세계한상문화연구단에서 주관한 '동북아 한민족의 민족교육: 현황 및 과제' 학술회의에서 주장하였다. 그는 발표문 「중국 동북3성 조선족학교 교육의 현황과 발전 방향에 대한 사고」에서 현재 동북3성 조선족학교가 187개(길림성 101개, 흑룡강성 54개, 요령성 32개)라고 주장하였다.

11 연구대상을 하나의 성(省)이 아닌 동북 3성으로 확장한 것은 조선족이 살고 있는 특정 지역을 대상으로 하는 것이 아닌 중국 동북3성 전체를 통해 중국 조선족학교 교가의 음악적 특성을 살펴보고자 함이다. 동시에 성회(省會) 지구에 소재한 조선족학교 교가로 제한한 것은 수집된 300여 개의 교가 모두를 분석하는 것은 연구논문에서 다루기에는 적당하지 않다고 판단하였고 또한 각 성에서 가장 중심이 되는 성회의 조선족학교 교가가 성의 중심 도시로써 그 지역의 성격을 잘 보여주고 있다고 판단하였다. 왜냐하면 중앙의 교육정책이 가장 먼저 도달하는 동시에 가장 잘 반영하는 것이 성회 소재 학교이고, 이러한 교육 관련 정책을 각 중소도시의 학교들에게 전달하여 실행하게 하는 것도 성회 교육기관이기 때문이다.

2. 중국 조선족학교 교가의 개황

　구한말 조선에서 중국으로 이주한 조선 사람들은 마을마다 서당을 설립하여 마을의 어린 아이들에게 한학을 가르쳤다. 이러한 상황에서 1903년(광서 29년, 계묘년) 청나라가 일본학제를 모방한 '계묘학제(癸卯學制)'를 시행하여 근대 교육제도를 구축하자,[12] 중국의 각 지방에서는 신학의 열풍이 불기 시작하였다. 이것은 새로운 학제를 도입해서 신식 교육을 실시하려는 것으로 중국 근대 교육체제의 전환을 의미한다. 이때 일본을 경유해서 도입된 많은 근대적인 사상과 제도가 중국 내에서 유행하게 되었다. 이에 영향을 받은 조선인이 많이 모여 살고 있던 연변에도 근대적인 사립학교가 설립되기 시작하였다.

　교가가 처음 등장한 것은 근대 교육제도가 실시된 이후이다. 이러한 사실은 한국, 중국, 일본 학교의 경우도 모두 마찬가지이다. 중국 조선족도 예외는 아니었다. 중국 조선족학교 최초의 교가는 조선족사회에서 가장 먼저 근대적 교육체계를 갖추고 교육을 시작한 서전서숙(瑞甸書塾)의 교가이다. 서전서숙은 건학이념을 담은 다음과 같은 교가를 학생들에게 가르쳤다.

　不咸山이 높이 있고 豆滿江이 둘렀는데

12　이경자, 「중국의 근대 학제 개혁」, 『한국교육사학』 제42권 1호, 2020년, 89-110쪽.

瑞甸書塾 창립하니 聰俊人才 雲集이라

人一已百 工夫하니 救國安民 하여보세[13]

　여기서 안타까운 바는 서전서숙의 교가 내용은 남아있지만 악보는 소실되어 어떤 음악적 요소를 가지고 있고 어떻게 불렀는지 알 길이 없으며 작사와 작곡도 누가 했는지 모른다. 다만 당시의 한국이나 일본 학교 등의 음악적인 영향을 받았을 것으로 추정된다.

　초기 중국 조선족학교는 근대적 교육 체계에 따라 학교의 정신을 표현하는 교가를 만들면서 서양식 악곡을 이용하였다. 이때 많은 조선족학교 교가는 근대 계몽기 시가인 창가(唱歌)와 선교사들이 직접 전파한 찬송가 등의 영향을 받아 창작되었다. 창가는 근대 계몽기에 일본이 국민교육을 위해서 서양식 악곡에 따라 만들어진 노래로, 찬송가 등 서양식 악곡에 영향을 받아 형성된 새로운 형태의 노래였다.[14] 당시 창가들은 주로 신문명과 신교육을 예찬하거나 젊은이들에게 신사상과 자주독립 의식을 고취하는 내용들이었다. 이후 창가가 교가, 독립군가 등으로 확산되면서 민족의식과 애국심을 고무하는 노래로 기능하였다. 더욱이 학교에서 창가를 공식 교과로 채택하여 가르치게 됨으로써 급속도로 확산되었다.[15] 이러한 상황과 맞물려 여러 학교에서

13　허청선 외 주편, 『중국조선민족교육사료집 1』, 연변교육출판사, 2000년, 98~99쪽 참조.

14　창가의 첫 작품은 고종황제의 탄신을 경축하는 노래인 '황제탄신경축가'(1896. 7. 25.)로 알려져 있다. 곡조는 영국 국가로 불리는 『합동찬송가』 486장이다.
　　https://terms.naver.com/entry.nhn?docId=2273972&cid=50223&categoryId=51052(검색일: 2020. 06. 29.)

15　명동학교 중학부 과목으로는 국어, 수신, 력사, 지지(地志), 법학, 지문(地文), 박물, 생리, 수공,《신한독립사》, 위생, 식물, 사범교육학, 농림학, 광물학, 외교통역, 대한문전(大韓文典), 신약전서, 지나어, 작문, 습자, 산술, 대수, 기하, 창가, 체조(군사체육) 등이었는데 교수의 중점을 배일민족독립의식을 가진 인재양성에 두었다. 정협 길림성 연변조선족자치주위원회 문사

는 창가를 모방한 교가들이 앞다퉈 만들어졌다. 이것은 초기 많은 교가가 창가에서 시작되어 각 학교를 상징하는 노래로 자리 잡아갔음을 알 수 있는 대목이다.

서전서숙(瑞甸書塾) 설립 이후, 1907년 3월에는 이동춘이 용정에 양정학당, 1908년에는 이성유가 연길에 창동서숙(창동학원), 김립이 연길 소영자(小螢子)에 광성서숙(광성학교), 박무림과 김학연이 화룡에 명동서숙(명동학교), 강백규와 유한이 화룡에 정동서숙(正東書塾) 등을 계속해서 설립하였다.[16] 이때의 교가는 대부분이 찬송가에 새로운 가사를 붙이거나 외국의 노래나 국가에 우리 가사를 붙여 부르기 시작하였다.[17] 대부분 애국적인 내용을 바탕으로 한 가사로 학생들에게 학문에 정진할 것을 권하는 것이었다. 하지만 안타깝게도 이 시대의 대부분의 교가들은 어떻게 불렀는지 그 선율을 알지 못한다. 왜냐하면 교가 악보가 현재 남아있지 않기 때문이다. 〈그림 5.1〉은 명동학교 교가이다.[18]

이 교가는 오랫동안 교가 가사만 존재하고 악보는 존재하지 않았다. 2013년 민경찬 교수가 명동학교 교가의 악보를 복원해 공개한 것이다. 교가 복원 작업은 명동촌에서 살았던 고 문익환 목사의 모친 김신묵씨가 생전에 남긴 증언과 메모를 바탕으로 이뤄졌다. 민 교수는

자료위원회 편, 『연변문사자료휘집』 2, 연변인민출판사, 2008년, 119쪽.

16 吉林省地方誌編纂委員會, 『吉林省誌‧敎育誌』(卷37) 吉林人民出版社, 1992년, 367-368쪽 참조. 본 논문에서는 대부분 『吉林省誌‧敎育誌』의 기록을 근거로 하였다. 하지만 학교 설립 년도에 대해서는 책마다 서로 약간의 차이가 있음을 밝혀둔다.

17 이러한 형태를 개사곡(改詞曲)이라고 말할 수 있다. 개사곡이란 노래의 가사를 바꿔 부르는 행위이다. 이 경우 잘 알려져 있는 노래에 자신이 말하고자 하는 내용을 가사로 바꾸어 부르는 것이다. 당시 전문적으로 교가를 만들 줄 아는 사람들이 부족하거나 없는 상태에서 비전문가가 학교의 건학이념과 학습 목표를 쉽게 담고 표현하기 위해 선택한 것으로 볼 수 있다.

18 연변대학 조선문학연구소 편, 『20세기중국조선족문학사료전집』 항일가요, 연변인민출판사, 2009년, 354쪽.

<그림 5.1> 명동학교 교가 악보

"찬송가 '피난처 있으니 환난을 당한 자 이리 오자'의 곡조에 가사를 붙여 교가를 불렀다는 김 할머니의 말씀에 따라 조사를 해 본 결과, 당시 북간도 일대에서 널리 불리던 '피난쳐 잇스니'의 곡조에 '6-6-4 6-6-6-4'의 운율(음수율)에 맞춰 애족의 정신과 애교심을 고취시키는 내용의 가사를 '노가바식'[19]으로 붙여 만든 것이었다."고 말했다. '피난쳐 잇스니'는 당시 '애국가', '코리아', '국가', '조선 혼' 등과 같이 애국·애족·애민의 정신을 고취시키던 노래들의 곡조에도 쓰였는데, 그 원곡은 한때 미국 국가로도 불렸던 찬송가 '아메리카'이며, 더 거슬러 오르면 영국 국가인 '갓 세이브 더 퀸'의 곡과 운율이 같은 것으로 밝혀졌다.[20]

1910년 경술국치 이후의 조선족학교는 항일, 민족교육, 군사훈련

---

19 '노래 가사 바꿔 부르기'의 줄인 말이다.

20 https://news.naver.com/main/read.nhn?oid=028&aid=0002185284(검색일: 2020. 06. 30.)

등을 목표로 가르치면서 조국
의 독립을 위한 항일민족운동
인재를 양성하는 데 집중하였
다. 그 대표적인 학교가 신흥
무관학교이다. 1910년에 이
시영 등이 류하현 삼원포에
신흥강습소를 세웠고, 후에
신흥학교와 신흥무관학교로

〈그림 5.2〉 신흥무관학교 설립 100주년 기념우표

발전하였다. 이 시대의 교가들 역시 다른 시기와 마찬가지로 전해지는
교가 자체가 매우 극소수이어서 당시의 교가를 어떻게 불렀는지는 알
수 없다. 그러나 교가의 악보를 통해서 항일적인 내용의 교가였음을
판단할 수 있다. 〈그림 5.2〉는 대한민국 우정사업본부가 신흥무관학교
설립 100주년을 기념하기 위하여 2011년 6월 10일 신흥무관학교 교
가와 신흥무관학교 졸업생으로 구성된 신흥학우단의 모습을 담고 있
는 우표이다.

1920년대에는 종교단체나 민족세력에 의해 많은 학교가 세워졌
다. 1920년 2월 기독교회는 용정에 은진중학교를 세웠고,[21] 5월에는
명신여학교(후에 명신여자중학)를 세웠다. 1921년에는 그 유명한 동흥중학
교와 대성중학교[22]가 용정에 세워져 민족의 교육을 책임졌다. 이때의

---

21 恩眞은 '하느님의 은혜로 진리를 배운다'라는 뜻이다. 개교 당시에 학생은 30세 전후의 장년
    층이 많았는데 총 27명이었고 학제는 5년이었다. 은진중학교는 항일민족정신을 고취시키려
    는 교육을 실시하여 많은 독립운동가를 양성하였다. 김택 주필, 『연변문사자료』(제6집), 내부
    발행, 1988년, 45쪽.

22 이 시기 전해지는 악보가 있는 교가는 대성중학교 교가가 거의 유일하다. 1921년 7월 11일
    설립을 선포한 대성중학교는 민족주의자 강훈이 각 지역에서 모은 기부금으로 용정촌 제4구
    에 2층 건물을 신축하고 세운 학교로 초기엔 교원 5명, 학생 50명이었는데, 1928년에 이르러
    학생이 425명에 달하였다.

교가는 학생들 스스로가 자체적으로 창작하는 경우는 많지 않았고 당시 중등부의 음악교원들이 참여했을 것으로 생각된다. 그것은 당시 음악교원들이 일본에서 유학하고 돌아온 경우와 국내 음악학교를 졸업하고 고향인 만주로 돌아와 음악교원이 되는 경우가 많았기 때문이다.[23] 하지만 이들에 의한 교가 창작이 얼마나 어떻게 이루어졌는지는 알 길이 없다. 다만 기존의 악보를 빌려 가사만 넣어 사용한 개사곡(改詞曲) 형태를 조금이나마 벗어났을 것으로 생각된다. 이 시기의 교가 역시 앞에서와 마찬가지로 남아 있는 교가도 많지 않고 악보와 함께 전해 내려오는 교가도 거의 없다. 또한 가사만 전해지는 대부분의 교가는 작사와 작곡이 미상이다.

1930년대와 1940년대는 동북지역의 일본 침략과 중국 정부의 사립학교 공립화정책과 외국인의 학교 설립 제약 등으로 인하여 학교가 설립되지 못하였다.

지금까지 1906년 조선족 최초의 근대적 교육기관인 서전서숙부터 1945년 조국의 광복 이전까지 조선족학교 교가에 대해서 알아보았다. 여기서 특별히 주목해야 할 중요한 사실 한 가지는 초기 교가의 개념이다. 초기 중국 조선족학교에서 가리키는 교가는 학교의 교가뿐만 아니라 응원가, 행진곡, 졸업가 등을 포함하는 광범위한 의미로 사용된 것으로 보인다. 당시의 교가는 입학식 등 의식에서 사용되는 교가(校歌)

---

[23] 20세기 20년대로부터 음악전문교육을 받은 우수한 조선인 음악가들이 나타나 점차 중국 조선족 음악이 형성되기 시작하였다. 조선 현대음악 창시자 중 한 사람인 윤극영은 일본 도쿄음악학교를 졸업하고 1923년 조선으로 돌아왔고 1926년 길림성 용정에 와서 동흥중학교, 광명중학교, 광명여자고등학교에서 음악교원으로 있었다. 이와 같이 당시 중학교에는 일본의 음악학교나 조선의 전문학교 음악과에서 공부한 재능있는 사람들이 음악교원으로 있으면서 음악사업을 활발히 벌였다. 정협 길림성 연변조선족자치주위원회 문사자료위원회 편, 『연변문사자료휘집』 2, 연변인민출판사, 2008년, 451-455쪽 참조.

이외에도 학생들이 모임에서 자주 부르는 학생가, 운동경기의 응원가, 활동할 때 부르던 노래 등도 해당되었다. 그 예로, 교가라는 이름으로 응원가, 졸업가 등이 학교 관련 서적에 수록되어 있다.[24] 중국과 한국의 근대적 교육기관 구성에 관하여 막대한 영향을 끼친 일본의 경우를 보더라도 초기의 교가는 오늘날 일반적으로 생각하는 학교의 노래(교가)로 쓰이지 않았다. 당시에는 '교가'란 특정 학교의 노래라기보다 학교에서 의식을 행할 때 부르는 창가를 일컫는 표현이었다고 할 수 있다.[25]

　1949년 이후에 새로 개교한 조선족학교는 대부분 교가를 가지고 있었다. 특히 1980년대 이후 중국 교육부에서는 학교마다 독특한 학교문화 창조를 위하여 교훈 및 교가 등을 만드는 운동을 펼쳐 수많은 학교가 이에 동참하여 새로운 교가를 창작하여 사용하였다. 1990년대 이후에는 새로운 중국 사회 분위기에 맞춰 학교장들이 시대의 변화를 반영한 새롭고 자유로운 형식의 교가를 만들기도 하였다. 이로 인해 한 학교에 교가가 여러 개 존재하는 학교도 생기게 되었다. 그럼에도 불구하고 지금 당시의 수 백 개 조선족학교에서 사용하였던 교가를 찾는 일은 그리 쉽지 않다. 이것은 이미 많은 조선족학교가 폐교했기 때문이다. 지금 중국 조선족학교에서 교가에 대한 기록을 찾기란 매우

24　다음은 흑룡강성 상지지구에서 1929년 개교한 신창(新彰)학교 학생들이 항상 불렀던 '소년가'이다. 가사만 전해지며 악보는 소실되었다. 한득수 주필, 『상지시조선민족사』, 민족출판사, 2009년, 233쪽.

　　목에다 맨 것은 붉은 붉은 넥타이
　　손에다 총을 들고서 교련을 나간다
　　누군가 민주가 좋다고
　　펄펄뛰는 그 이름은 소년군! 소년군! 소년군!

25　심수경, 「일본의 校歌에 관한 연구: 근대기의 교가를 중심으로」, 『일어일문학연구』 제90권 2호, 2014년, 271쪽 참조.

어려운 일이다. 이는 학교마다 교가에 대한 체계적인 관리가 이루어지지 않고 있으며 교가의 유무 및 자세한 정보를 기록으로도 남겨 두지 않았다. 따라서 대부분 조선족학교에서는 교가를 만든 시기나 작사와 작곡자를 알 수가 없다.

3. 중국 조선족학교 교가의
음악적 3대 요소 분석과 그 특징

    초기 중국 조선족학교는 학교의 정신을 표현하는 교가를 만들면서 서양식 악곡을 이용하기 시작하였다. 이때 많은 조선족학교 교가는 근대 계몽기 시가인 창가(唱歌)와 선교사들이 직접 전파한 찬송가 등의 영향을 받아 창작되었다. 창가는 가창되는 서양식 노래라는 점에서 전통 악기의 반주에 맞추어 부르던 잡가와는 달랐고, 찬송가 등 서양식 악곡에 영향을 받아 형성된 새로운 형태의 노래였다. 당시 선교사들이 교회를 많이 세우고 동시에 그 교회에서 운영하는 학교가 많아지면서 찬송가가 널리 보급됨에 따라 이런 곡조에 새 가사를 담아 학교의 정신을 반영한 교가들이 나오기 시작하였고, 이 교가들은 모두 서양조식, 서양가요의 형식을 가졌다.[26] 이에 중국 조선족학교 교가를 서양 음악의 기본이 되는 3요소로 분석하는 것은 음악적으로 조선족학교 교가를 이해하는 첫 걸음이라고 할 수 있다.

    '음악의 3요소'라 함은 서양 음악의 기본인 리듬, 선율, 화성을 지칭하는 말로 음악을 구성하는 가장 기본이 되는 요소들이다. 음악을 만들기 위해서는 이 세 가지 요소가 필수적인데 이러한 음악적 요소를 어떻게 조합하느냐에 따라 각기 틀린 악곡으로 완성되게 된다. 중

---

26   김남호, 『중국조선족 전통음악 대중음악론』, 민속원, 2010년, 432쪽 참조.

국 조선족학교 교가 역시 음악의 3요소를 다양한 방법으로 조합하여 학교마다 서로 다른 조선족학교 교가의 풍격을 창조하였다.

본 연구에서는 중국 조선족학교 교가를 음악의 3요소인 리듬, 선율, 화성으로 구분하여 분석하고 그 특징을 알아보고자 한다. 리듬은 박자 · 리듬꼴 · 갖춘마디와 못갖춘마디의 여부 · 시작 리듬 등 4가지로 나누어 살펴보고, 선율은 음계 · 음역 · 전주사용 여부 등으로 나눠 살펴볼 것이다. 화성은 조성 · 성부조직 · 종지 등으로 살펴볼 것이다.

1) 리듬 분석

'리듬'은 일정한 규칙을 가지고 움직이는 박자 안에서 생성되는 셈여림(강약)과 음의 길이(장단)가 시간적인 결합을 하면서 연속적인 소리를 내는 것을 말한다. 다양한 길이의 음표 사용은 똑같은 길이의 음표 사용에서 오는 단조로움을 없애주는 동시에 곡의 성격을 결정짓는 역할을 한다.[27]

리듬의 사용에 있어서 부점리듬을 많이 사용하면 곡의 느낌이 씩씩하고 활기찬 응원가의 성격을 갖게 되고, 민음표를 많이 사용하면 차분하게 흘러가는 서정적인 느낌이 된다. 또한 싱코페이션(당김음)의 사용은 곡의 느낌을 경쾌하고 밝게 해 준다. 지금부터 리듬에 속하는 '박자', '리듬꼴', '갖춘마디 · 못갖춘마디', '시작 리듬' 등을 통하여 중

---

27 한 예로 다음과 같은 음표로 형성된 리듬을 '보사노바(브라질의 민속음악인 '삼바'에 재즈 요소를 가미한 것)' 리듬이라고 한다.

국 조선족학교 교가의 음악적 모습과 그 특징에 대해 살펴보겠다.

(1) 박자

'박자'를 알아보기 전에 우선 리듬을 나타내는 최소 단위인 '박'에 대해 알아보는 것이 필요하다. '박'은 음악의 '맥박'이라고도 할 수 있으며, 리듬을 질서 있게 정리해주는 역할을 한다. '박'은 일정한 간격으로 흐르지만 빠르게, 혹은 느리게 흐를 수도 있다. 즉, ♪(8분음표)가 일정하게 흐를 수도 있고, ♩(2분음표)가 일정하게 흐를 수도 있는데 기본 박의 단위에 따라 청자의 느낌이 달라서 빠르거나 느리게 들린다.

박자(meter, metre)는 '일정하게 흐르는 박'을 묶음으로 모아서 음악적 시간을 구성한 것으로 셈여림이 규칙적으로 반복되게 된다. 여기서 강점에 해당하는 박을 센박, 나머지 박을 여린박이라고 한다.[28]

본문의 연구대상인 중국 조선족학교 교가 37개를 박자에 기준하여 살펴보면, 짝수 박자인 4/4박자를 사용한 교가가 28개로 가장 많았다.[29] 이는 학교의 교육철학과 상징성 등을 반영하고 힘찬 기상을 표현하려는 학교의 의도라고 할 수 있다. 왜냐하면 4/4박자가 교가에서 활발하고 힘찬 기상을 표현하기에 가장 적합한 박자인 동시에 응원을 하거나 행진을 하면서도 부르기에 용이하기 때문이다.[30] 그 다음으로 많이 사용된 박자는 또 다른 짝수 박자인 2/4박자의 교가로 모두 4개

---

28 예를 들어 ♩(4분음표)가 일정하게 흐르는 박을 2개 단위로 묶게 되면 강·약의 2/4박자가 되고, ♩(4분음표)가 일정하게 흐르는 박을 3개 단위로 묶게 되면 강·약·약의 3/4박자가 되며, 같은 방법으로 ♩(4분음표)를 4개 단위로 묶게 되면 강·약·중강·약의 4/4박자가 되고, ♪(8분음표)가 일정하게 흐르는 박을 6개 단위로 묶게 되면 강·약·약·중강·약·약의 6/8박자가 된다.

29 하얼빈시조선족제1중학교 교가의 경우 박자표를 표기하지 않았지만 한 마디 안에 들어있는 박의 수가 ♩(4분음표) 4개이기 때문에 4/4박자로 구분하였다.

30 4/4박자는 이러한 이유로 한국은 물론 일본의 조선학교 교가에서도 가장 많았다.

학교에서 사용하였다. 2/4박자는 셈여림의 반복이 강약/강약/으로 강세가 자주 오고 4/4박자의 리듬에 비해 ♪(8분음표)의 사용이 많아서 경쾌한 느낌을 준다. 이 외에도 3/4박자와 6/8박자를 사용한 교가도 각각 1개씩 있었는데, 구태시조선족학교 교가에서는 3/4박자를, 심양시황고구화신조선족소학교 교가에서는 6/8박자를 사용하였다.[31] 3/4박자에는 느린 것과 빠른 것이 있는데, 구태시조선족학교 교가에서는 느린 3/4박자를 사용하였다. 느린 3/4박자는 조용하고 우아한 느낌을 주는 반면에 빠른 3/4박자는 경쾌하고 익살스러운 느낌을 준다. 심양시황고구화신조선족소학교에서 사용한 6/8박자는 3/4박자에 비해 다소 웅장한 느낌을 준다. 이밖에도 중간에 박자가 변하는 변박을 사용한 학교의 교가도 3개 있었는데 모두가 4/4 → 2/4 → 4/4박자의 변박이었다.[32] 여기서 발견한 특이한 점은 중국 조선족학교 교가 37개 중 2개의 교가[33]에서 박자표 표기가 누락되어 있다는 사실이다. 악보를 기보할 때에는 기본적으로 오선 위에 음자리표, 조표, 박자표의 순서대로 그려서 음의 자리가 높은음 자리인지, 낮은음 자리인지, 조성이 무엇인지, 기본박자가 어떻게 되는지를 나타내야 한다. 하지만 이 두 학교에서는 이러한 기본적인 사항들이 지켜지지 않고 있었다. 사실, 중국 조선족학교 교가에서는 기본적으로 지켜야 할 음악적 규칙들이 많이 지켜지지 않은 것을 발견할 수 있었다. 이러한 것들이 당시 유행에서 비롯된 것인지 아니면 중요하게 생각하지 않아 생략한 것인지는

---

31 3/4박자와 6/8박자의 차이를 홑박자와 겹박자의 개념으로 살펴보면, 3/4박자는 홑박자로 ♩ /♩/♩/의 3비트이고, 6/8박자는 겹박자로 ♪♪♪/♪♪♪ 묶음의 2비트이다. 이것은 3박자의 연속이 아니라 2박자의 각 박이 3등분된 형태라고 보면 된다.

32 장춘시관성구조선족소학교 교가의 경우 박자표를 표기하지 않았지만 마디 안에 들어있는 박의 수를 계산했을 때 4/4 → 2/4 → 4/4박자의 변박으로 보인다.

33 장춘시관성구조선족소학교, 하얼빈시조선족제1중학교.

분명하게 알 수는 없다. 다만 중국 조선족학교 교가 대부분이 전문적인 작곡가가 작곡한 것이 아니라는 점에 주목할 필요가 있다. 실제로 대부분의 학교에서 교가를 만들 때에 작사는 교장선생님 혹은 조선어문교사가 하였고 작곡은 음악교사가 담당한 경우가 많았다.[34]

〈표 5.1〉 박자 분석

박자수	교가수	학교명
4/4	28	장춘시이도구조선족소학교, 유수시연화소학교, 구태시신선소학교, 장춘시조선족중학교, 하얼빈시도리구조선족중심소학교, 하얼빈시동력구조선족소학교, 상지진조선족소학교, 오상현산하진숭의소학교, 오상시조선족실험소학교, 아성시조선족중학교, 하얼빈시조선족제1중학교(박자표미표기), 하얼빈시조선족제2중학교, 하얼빈시만방조선족중학교, 상지시조선족중학교, 송강성제1조선족중학교, 연수현조선족중학교, 심양시화평구서탑조선족소학교, 심양시소가툰조선족중심소학교, 심양시화평구만융조선족소학교, 심양시효선조선족소학교, 심양시명렴조선족소학교, 심양시망화구조선족제2소학교, 심양시신성자구윤가향서광조선족소학교, 심양시조선족제1중학교, 심양시조선족제2중학교, 심양시조선족제5중학교, 심양시조선족제6중학교, 심양시혼남신구조선족학교
2/4	4	장춘시록원구조선족소학교, 장춘시제2조선족중학교, 오상현민락완전소학교, 심양시오가황조선족중심소학교
3/4	1	구태시조선족학교
6/8	1	심양시황고구화신조선족소학교
변박 (4/4 → 2/4 → 4/4)	3	장춘시관성구조선족소학교(박자표미표기), 오상시산하진홍덕조선족소학교, 오상시조선족중학교

(2) 리듬꼴

'리듬꼴'은 길고 짧은 음표의 배열을 어떻게 하느냐에 따라 다양하게 형성되고 그 성격이 달라진다.[35] 리듬꼴의 주요 골격을 이루는 음표가

---

34 안병삼, 「중국 조선족학교의 교가 교육에 관한 고찰」, 『한국동북아논총』 제18집 1호, 2013년, 167쪽.

35 예를 들면, ♩(4분음표)를 분할하여 리듬을 만들면 배열에 따라 아래와 같은 다양한 결과를 얻

민음표(♩♩♪)라면 안정적이고 편안한 느낌을 주고, 점음표(♩.♩♩.♪) 특히 부점리듬(♩.♪.♪♩.♪♩)을 많이 사용한다면 씩씩한 느낌을 준다. 또한 당김음의 사용으로 센박과 여린박의 위치를 바꾸면서 규칙적인 강·약 패턴에 돌발적인 역행을 일으켜 악곡에 활력을 불어넣을 수도 있고, 음표를 홀수박으로 나눈 잇단음표, 특히 세 개로 나눈 셋잇단음표의 사용으로 정형적 리듬의 흐름에 비정형 리듬이 들어와 특정 부분을 강조하는 효과를 줄 수도 있다. ♪(16분음표)의 연속사용 또한 긴박감과 긴장감을 더해주어 곡을 강조할 수 있다.

위와 같은 다섯 가지 기준으로 중국 조선족학교 교가 37개의 리듬꼴을 살펴보고자 한다. 첫째, 점음표와 민음표의 사용이다. 둘째, 당김음의 사용이다. 셋째, 셋잇단음표의 사용이다. 넷째, 16분음표의 연속 사용이다. 다섯째, 쉼표의 사용으로 리듬을 강조한 경우이다.

첫째, 점음표와 민음표의 사용이다. 점음표와 민음표 사용을 분석한 결과, 점음표를 중심으로 사용한 교가는 20개였고, 민음표를 중심으로 사용한 교가는 17개였다.[36] 점음표 중심의 곡이든 민음표 중심의 곡이든 부점리듬의 사용이 많았고, ♩.♪ 형태나 ♩.♪ 형태의 리듬이 주

게 된다. 아래 그림에서 1번처럼 민음표로 분할했을 때와 4번과 같이 당김음으로 분할했을 때, 그리고 6번같이 부점리듬으로 분할했을 때에는 각기 리듬의 울림과 성격이 다르게 나타난다.

36 부점리듬이 한 곡에 10회 미만으로 사용된 경우 민음표 중심으로 보았고 11회 이상 사용된 경우 점음표 중심으로 간주하였는데, 예외적으로 오상현산하진숭의소학교의 경우에는 부점리듬이 10회 사용되었지만 전체 마디의 수가 16마디로 짧은 구성의 곡이기 때문에 점음표 중심으로 구분하였다. 또한 교가의 노래 부분에서 사용한 부점리듬만 인정하고 전주에서 사용한 부점리듬은 제외하였다.

를 이루었다. 세부적으로 살펴보면 먼저, 점음표 중심의 교가 20개 중에서 15개 교가는 ♩. ♪ 형태의 짧은 부점리듬을 주로 사용하였다.[37] 이러한 부점리듬을 사용하면 음악의 흐름에 악센트처럼 강조되고 경쾌하면서 씩씩한 느낌을 주게 된다. 반대로 점음표 중심의 교가 20개 중에서 5개 교가는 ♩. ♪ 형태의 긴 부점리듬을 사용하였는데, 이 5개 교가는 모두 4/4박자의 서정적인 느낌을 주는 동시에 차분하면서도 결

〈표 5.2〉리듬꼴 중 점음표와 민음표 분석

중심음표	리듬형태	교가수	학교명
점음표	♩.♪보다 ♩.♪가 많은 경우	15	장춘시관성구조선족소학교, 장춘시이도구조선족소학교, 구태시신선소학교, 상지진조선족소학교, 오상현민락완전소학교, 오상시조선족실험소학교, 아성시조선족중학교, 하얼빈시조선족제2중학교, 상지시조선족중학교, 송강성제1조선족중학교, 심양시화평구서탑조선족소학교, 심양시명렴조선족소학교, 심양시조선족제2중학교, 심양시조선족제5중학교, 심양시조선족제6중학교
	♩.♪보다 ♩.♪가 많은 경우	5	오상현산하진숭의소학교, 하얼빈시만방조선족중학교, 심양시소가툰조선족숭심소학교, 심양시조선족제1중학교, 심양시혼남신구조선족학교
민음표	♩.♪보다 ♩.♪가 많은 경우	6	장춘시록원구조선족소학교, 장춘시조선족중학교, 장춘시제2조선족중학교, 오상시산하진흥덕조선족소학교, 오상시조선족중학교, 심양시망화구조선족제2소학교
	♩.♪보다 ♩.♪가 많은 경우	8	유수시연화소학교, 구태시조선족학교, 하얼빈시동력구조선족소학교, 연수현조선족중학교, 심양시화평구만융조선족소학교, 심양시효선소학교, 심양시오가황조선족중심소학교, 심양시신성자구윤가향서광조선족소학교
	부점 미사용	2	하얼빈시도리구조선족중심소학교, 하얼빈시조선족제1중학교
	민요풍 리듬 사용	1	심양시황고구화신조선족소학교

---

37 부점리듬의 사용은 교가에서 당당한 위풍이나 힘찬 기상을 표현하거나 행진곡 풍의 씩씩한 느낌을 줄 수 있기때문에 많이 사용되었다.

연한 의지를 표현하기에 적당하다.[38] 다음으로, 민음표 중심의 교가 17
개를 살펴보면, 점음표 중심의 교가와는 반대로 ♩.♪ 형태의 긴 부점
리듬을 많이 사용한 교가가 총 8개 교가로 더 많았고 ♩.♪ 형태의 짧은
부점리듬을 많이 사용한 교가는 6개, 부점리듬을 전혀 사용하지 않은
교가도 2개 있었다.

둘째, 당김음의 사용이다. 중국 조선족학교 교가 37개 중 당김음을
사용한 교가는 13개인 것으로 나타났다. 당김음은 ♪♩ ♪ 형태의 리듬
이 주를 이루었는데,[39] 예외적으로 ♩♩ ♩ 형태의 당김음이 하얼빈시조
선족제1중학교 교가에서 1회 사용되었고, 심양시조선족제6중학교 교
가에서는 ♩♩ ♩에서 변형된 ♩♩ ♪.♪ 형태의 당김음이 1회 사용되었
다. 장춘시제2조선족중학교 교가는 ♫♩ 형태의 짧은 음가의 당김음
을 3회 사용하였다.[40] 이 외에도 붙임줄을 사용한 당김음은 2개의 교
가에서 나타났는데,[41] 하얼빈시도리구조선족중심소학교 교가에서는
♩ ♫♫♩ 형태의 당김음이 1회 사용되었고, 심양시조선족제6중학교
교가에는 ♩ ♫♫♩ 형태의 당김음이 1회, ♪.♪ ♫ 형태의 당김음이

---

[38] 오상현산하진숭의소학교, 하얼빈시만방조선족중학교, 심양시소가툰조선족중심소학교, 심양
시조선족제1중학교, 심양시혼남신구조선족학교 교가가 이에 해당된다.

[39] 장춘시제2조선족중학교 교가의 경우 전주를 제외하고 노래 7번째 마디 '마음의' 리듬이 ♪♩ ♩
으로 잘못 기보되어 있다. 2/4박자의 곡인 것을 감안했을 때 올바른 리듬의 기보는 ♪♩ ♪라
고 판단되어 당김음으로 간주하였다.

[40] 이는 음가가 짧은 리듬의 조합으로 당김음을 만들었고 그렇게 형성된 리듬꼴을 반복적으로
배열함으로써 가사에 나타난 '새벽같이 빛나라 정다워라'의 염원을 강조한 것이다.

새별같이   빛 나 라   정 다 워   라
영광으로   빛 나 라   정 다 워   라
새별같이   빛 나 라   정 다 워   라

[41] 하얼빈시조선족제1중학교 교가에서는 전주에 붙임줄을 사용한 당김음(♩ ♫♫♩ 형태)을 사
용했는데, 여기서는 오직 교가의 노래 부분에서 사용한 당김음만 인정하고 전주에서 사용한
당김음은 제외하였다.

1회 사용되었다. 후자의 경우 3절에만 해당하는 것으로 해석된다.[42] 1
절과 2절의 가사는 모두 '아담하게', '정열에 찬'으로 4음절이기 때문
에 붙임줄이 없는 ♪. ♪♪♪ 리듬 형태를 사용하는 것이 리듬과 가사의
일치성에 부합하다. 3절의 경우 가사가 '슬기로'의 3음절이기 때문에
붙임줄을 사용하여 ♪. ♪ ♫ 형태의 당김음으로 변형시킨 것이다. 쉼
표를 사용한 당김음도 3개 학교의 교가에서 찾아볼 수 있었는데, 모두
𝄾♩ ♪ 형태의 리듬이라는 공통점을 가지고 있었다. 강박이 와야 할 자
리에 쉼표를 사용하여 결국 뒤에 나오는 약박을 강박으로 바꿔준 것
인데, 쉼표의 공백과 셈여림의 뒤바뀜이 어우러져 곡에 긴장감을 더해

〈표 5.3〉 리듬꼴 중 당김음이 사용된 주요 리듬 형태 분석

리듬 형태	교가수	학교명
♪♪ ♪	12	장춘시관성구조선족소학교(1회), 구태시신선소학교(1회), 장춘시제2조선족중학교(1회), 하얼빈시도리구조선족중심소학교(4회), 하얼빈시동력구조선족소학교(8회), 상지진조선족소학교(2회), 오상시조선족실험소학교(7회), 하얼빈조선족제1중학교(6회), 연수현조선족중학교(6회), 심양시화평구서탑조선족소학교(3회), 심양시화평구만융조선족소학교(4회), 심양시신성자구윤가향서광조선족소학교(2회)
♩♩ ♩. ♩♩ ♪.♪	2	하얼빈시조선족제1중학교, 심양시조선족제6중학교
♪♪♪	1	장춘시제2조선족중학교
붙임줄 사용	2	하얼빈시도리구조선족중심소학교, 심양시조선족제6중학교
쉼표를 사용	3	하얼빈시동력구조선족소학교, 하얼빈시조선족제1중학교, 연수현조선족중학교

---

[42] 1·2절과 3절의 음절수 차이는 아래와 같다.

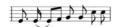

아 담 하 게 자 리 잡 은
정 열에 찬 노 래 소 리
슬 기 로 날 아 넘 을

주고 경쾌한 느낌으로 만들어 주려는 의도를 알 수 있다.

셋째, 셋잇단음표의 사용이다. 셋잇단음표를 사용한 교가는 총 37
개의 교가 중 3개로 하얼빈시조선족제1중학교, 오상시조선족중학교,
송강성제1조선족중학교 교가이다.[43] 셋잇단음표는 어떠한 음표가 한
단계 작은 음표로 나누어질 때 일반적으로 두 개의 음표 또는 쉼표로
분할되는데, 이것이 세 개의 음표 또는 쉼표로 분할되어 한 박을 이루
는 것을 말한다. ♩(4분음표)를 2개 또는 4개의 짝수로 분할하여 ♪♪ 또는
♪♪♪♪로 흐르던 리듬이 ♫♪의 3개로 분할되어 비정형 리듬으로 변화
를 일으키는 것이다. 이것은 이 부분의 가사를 강조하는 효과가 있다.
예를 들어, 송강성제1조선족중학교 교가의 경우 '빛나는 민주의' 부분
가사를 음절에 맞게 셋잇단음표의 사용을 통해 학교가 바라는 이상을
강조하였다.

〈그림 5.3〉 송강성제1조선족중학교 교가 악보

여기서 특이한 사항 한 가지는 오상시조선족중학교 교가의 경우
♫♪♪/♫♪/♫♪ 형태의 다양한 종류 셋잇단음표를 사용하였을 뿐만
아니라 곡 전체에 셋잇단음표를 7회나 사용하여 다른 두 개의 교가가

---

43 하얼빈시조선족제1중학교 교가의 경우, 21마디 '따사론 그품에서' 부분의 리듬이
  ㄱ♫♫♫♫♪로 4/4박자에 맞지 않았다. 이에 리듬의 진행상 '그품'의 ♫♫ 리듬이 셋잇단음
  표로 묶여야 맞지만 표기가 되지 않은 것은 악보의 오류라고 생각한다.

1회, 또는 2회를 사용하여 특정한 음절만 강조한 것과는 큰 대비를 이루고 있다는 사실이다. 이는 가사에 맞는 셋잇단음표를 사용한 것으로 보이며 '하늘'의 넓은 느낌을 주기 위하여 𝅘𝅥𝅘𝅥𝅘𝅥 형태의 넓은 셋잇단음표를 사용하였고, 2절 가사의 '솟아있는'을 표현하기 위하여 𝅘𝅥𝅮𝅘𝅥 형태의 부점 셋잇단음표를 사용한 것이다. 그 외의 𝅘𝅥𝅮𝅘𝅥𝅮 형태의 셋잇단음표는 '떠이고', '한그루', '글소리', '약속하며', '사랑하는' 등 가사를 강조하고자 하는 부분에 사용되었다.

넷째, 16분음표의 연속 사용이다. 𝅘𝅥𝅯(16분음표)의 연속 사용으로 가사의 강조를 표현한 것은 6개였다.[44] 이것은 가사를 전달하는 느낌에 따라 때로는 가볍게, 때로는 무겁게 느끼도록 사용되었다. 하얼빈시도리구조선족중심소학교 교가에서는 가사 '재간둥이 요람아 즐거웁구나'에 𝅘𝅥𝅯𝅘𝅥𝅯𝅘𝅥𝅯𝅘𝅥𝅯𝅘𝅥𝅮𝅘𝅥𝅮𝅘𝅥𝅮/𝅘𝅥𝅯𝅘𝅥𝅯𝅘𝅥𝅯𝅘𝅥𝅯𝅘𝅥𝅮𝅘𝅥𝅮의 리듬을 사용하여 가사에 맞는 귀여움과 즐거움을 표현하였다. 특히 이 리듬은 8분음표를 16분음표 2개로 쪼개어 긴박감을 나타내주고 민첩한 긴장감을 더해준데다 바로 뒤에 𝅘𝅥𝅮𝅘𝅥𝅮 𝅘𝅥𝅮 형태의 당김음 리듬으로 연결시켜 곡의 성격에 흥을 더하

〈그림 5.4〉 하얼빈시도리구조선족중심소학교 교가 악보

---

44 교가의 전주에서 사용한 것은 제외하였고, 노래 부분에서 사용한 𝅘𝅥𝅯(16분음표)의 연속 사용만 인정하였다.

였다. 한 가지 아쉬운 점은 '즐거웁구나'부분의 ♪♪♪♪♪ ♪♪♪ 리듬이 ♪♪♪♪♪ ♪♪ ♩ 리듬으로 표기되어야 4/4박자에 맞는 올바른 것으로 수정을 요하는 부분이 있었다.

오상시산하진홍덕조선족소학교 교가의 경우도 가사 '길이 길이 영광떨치자'의 '길이 길이' 부분에 ♪♪♪ ♪♪ 형태의 16분음표를 연속 사용하였다. 이 가사에서 반복적으로 길게 '영광떨치자'는 염원을 강조하듯이 리듬에서도 이러한 효과를 배가시키고 있다.

길 이 길 이 영 광 떨 치 자

〈그림 5.5〉 오상시산하진홍덕조선족소학교 교가 악보

연수현조선족중학교 교가에서는 가사 '모-여라' 부분에 ♩. ♪♪ ♩ ♩ 형태의 리듬을 사용하였는데, 음절은 3음절이지만 '모'음절에 16분음표로 가볍게 연결시켜 동무들을 기쁜 마음으로 불러모으는 듯한 느낌을 갖게 하였다. 또한 '우리말 우리글로 서로돕고 배우며' 부분에 ♩ ♪♪ ₇ ♪♪ ♪♪ / ₇ ♪♪ ♪♪ ♪♪ ♩ 형태로 16분음표 연속 사용을 두 번 반복

우 리 말 우 리 글 로 서 로 돕 고 배 우 며

〈그림 5.6〉 연수현조선족중학교 교가 악보

함으로 서로 돕고 배우는 분주한 모습을 표현하였다.

심양시조선족제6중학교 교가의 경우는 '자랑많은'의 가사에 ♪♫♪♪ 형태의 리듬을 사용하여 마치 자랑하는 듯한 느낌을 주었고, '우리의 배움터' 부분에도 ♪♪♪♪♪♩ 형태의 리듬을 사용하여 소속감을 강조하였다. 1절과 2절의 '영원히 빛내여가리라'의 '빛내여' 부분에 ♪♪♪ 리듬을 사용하여 빛나는 모습을 표현하고, 3절에서는 '영원히'와 '빛내여'를 같이 ♩. ♪♪♪♪♩ 형태의 리듬을 사용하여 더욱 부각되게 강조하였다.

다섯째, 쉼표의 사용으로 리듬을 강조한 경우이다. 쉼표의 사용으로 리듬을 강조한 경우는 4개의 교가에서 찾아볼 수 있었다. 구태시신선소학교 교가에서는 '맑은물'의 가사에 ♪♪♪♪ 형태의 리듬을 사용했는데, 8분음표 뒤에 8분쉼표로 처리하여 맑은 물이 떨어지는 듯하게 표현하였다. 하얼빈시도리구조선족중심소학교 교가에서도 '얼음도시 송화강에'의 가사와 '배움의 요람에서' 부분에 ♪♪♪♪𝄽 𝄽와 같은 리듬형태를 사용하였다. 8분음표 4번의 반복 뒤에 오는 4분쉼표의 공백이 흐르는 음 사이에 무음의 상태를 느끼게 하여 살아있는 쉼표

〈그림 5.7〉 하얼빈시도리구조선족중심소학교 교가 악보

의 긴장감을 주고 같은 음표의 연속 사용에서 오는 지루함을 없애주었다.

연수현조선족중학교 교가와 심양시조선족제6중학교 교가에서는 마디의 첫박자, 또는 강박에 8분쉼표를 사용하여 𝄾♪♪♪의 리듬 형태를 각각 7회, 1회 사용하였는데, 리듬적으로 강박이 와야 하는 첫 박에 쉼표가 들어오면서 긴장감을 더해주는 효과를 나타내었다.

(3) 갖춘마디·못갖춘마디

'갖춘마디'의 기본 구조는 박자표에 표기되어 있는 박자 수에 맞는 박이 마디 안에 온전히 갖추어진 마디로 시작하고 끝을 맺는 것으로 강박으로 시작하기 때문에 '센내기'라고도 한다. 이에 반해 '못갖춘마디'는 곡의 처음 마디가 박자표에 제시된 박자 수를 채우지 못하여 말 그대로 갖추지 못하였고 이것이 마지막 마디 박자와 합쳤을 때 비로소 박자표에서 제시된 박자가 된다. 못갖춘마디는 약박으로 시작하기 때문에 '여린내기'라고도 한다.

중국 조선족학교 교가 37개 중 갖춘마디로 시작한 교가는 32개였고, 못갖춘마디로 시작한 곡은 5개였다. 많은 중국 조선족학교 교가에서 갖춘마디를 사용한 이유는 강박으로 시작하는 센내기를 사용하여 배움에 대한 강한 의지, 민족의식의 고취, 중화주의 등 학교의 이념과 학습 목표를 강조하기 위함이며, 동시에 센내기의 힘찬 느낌으로 가사의 전달력을 높일 수 있기 때문이다. 갖춘마디로 시작한 교가 32개 중 중간에 못갖춘마디로 변하여 센내기와 못갖춘마디의 혼합된 형태를 보여준 곡도 12개였다. 혼합된 형태의 곡들은 씩씩한 느낌의 갖춘마디로 시작하여 강박의 맥박을 주기적으로 유지하다가 중간에 못갖춘마디로 바꾸는 형식을 많이 사용하였는데, 대부분 학교의 교명이나 위

봄 도 시 에 아 담 한 사 랑 하 는 나 의 학 교
진 달 래 향 기 와 는 천 리 만 리 멀 고 멀 어

〈그림 5.8〉 장춘시관성구조선족소학교 교가 악보

상을 높이는 염원을 나타내는 가사를 사용한 후렴부분에서 못갖춘마
디로 바뀌며 강한 호소를 나타내는 분위기로 전환하는 형태가 많았다.
못갖춘마디로 시작한 5개 교가 중 장춘시관성구조선족소학교 교가와
유수시연화소학교 교가는 전주에서 못갖춘마디로 시작하였지만 노래
부분은 갖춘마디로 변하여 시작하는 공통된 특성을 가지고 있어서 전
주의 느낌과 노래의 느낌이 다르게 표현되는 것을 알 수 있다.

　못갖춘마디의 올바른 기보법은 마지막 마디 박자 수를 첫째 마디
의 박자수를 뺀 만큼의 박자수로 기보해야 하는데, 중국 조선족학교
교가에서 못갖춘마디로 사용된 5개 교가 중 유수시연화소학교 교가 1
개만이 올바르게 사용되었고 나머지 4개의 학교는 첫째 마디와 마지
막 마디를 더했을 때 제시된 박자보다 더 음가가 많은 경우가 3개, 적
은 경우가 1개인 것으로 나타났다. 한 예로 심양시조선족제1중학교
교가의 경우, 첫째 마디에서 ♩의 1박을 사용했기 때문에 마지막 마디
에서는 ♩.의 3박으로 끝나야 옳지만 ○의 4박을 채워놓아 표기법이 올
바르지 않다는 점을 알 수 있다. 이러한 원인으로는 앞서 박자표의 누
락에서 설명했던 내용과 연관성이 있다고 생각된다.

구분	형태	교가수	학교명
갖춘 마디	갖춘마디를 끝까지 유지한 형태	20	장춘시이도구조선족소학교, 장춘시제2조선족중학교, 구태시조선족학교, 하얼빈시동력구조선족소학교, 상지진조선족소학교, 오상현민락완전소학교, 오상현산하진숭의소학교, 오상시산하진홍덕조선족소학교, 오상시조선족실험소학교, 아성시조선족중학교, 하얼빈시조선족제1중학교, 상지시조선족중학교, 송강성제1조선족중학교, 연수현조선족중학교, 심양시화평구서탑조선족소학교, 심양시황고구화신조선족소학교, 심양시소가툰조선족중심소학교, 심양시효선소학교, 심양시오가황조선족중심소학교, 심양시신성자구윤가향서광조선족소학교
	갖춘마디와 못갖춘마디의 혼합 사용	12	장춘시록원구조선족소학교, 구태시신선소학교, 장춘시조선족중학교, 하얼빈시도리구조선족중심소학교, 하얼빈시만방조선족중학교, 심양시화평구만융조선족소학교, 심양시명렴조선족소학교, 심양시망화구조선족제2소학교, 심양시조선족제2중학교, 심양시조선족제5중학교, 심양시조선족제6중학교, 심양시혼남신구조선족학교
못갖춘 마디	올바른 기보	1	유수시연화소학교
	올바르지 않은 기보	4	장춘시관성구조선족소학교, 하얼빈시조선족제2중학교, 오상시조선족중학교, 심양시조선족제1중학교

(4) 시작 리듬

교가의 노래가 시작될 때 첫 마디에 사용한 리듬을 분석한 결과, 시작 리듬으로는 부점리듬이 들어간 형태가 19개의 교가로 가장 많았고, 당김음으로 시작한 형태가 1개, 부점리듬과 당김음이 같이 사용된 형태가 1개, 셋잇단음표를 시작리듬에 사용한 형태가 1개, 16분음표를 시작 리듬에 연속 사용한 형태가 1개, 민음표만으로 시작리듬을 사용한 교가가 14개였다. 시작 리듬으로 부점리듬을 많이 사용한 이유는 씩씩한 기상과 결연한 의지를 나타내는 교가의 특성에 잘 어울리기 때문이다. 부점리듬 중에서도 가장 많이 사용된 리듬의 형태는 ♩. ♪♪♩으로 5개의 교가에서 사용되었고 이 리듬의 변형으로 ♩. ♪♪ ♪♪♪나 ♩. ♪♪ ♪. ♪의 리듬도 각 각 1개씩 사용되었다. 이 리듬꼴은 어렵지 않은데다 부점리듬을 확실하게 느낄 수 있다는 장점이 있어 많이 사용된 것으로 보인다. 당김음이 시작 리듬에 들어간 형태의 하얼빈시동력구조선족소학교 교가에서는 ♪♪ ♪♪♪♪♪♪의 리듬을 가사 '아침에 떠오르는'에 사용하였고, 당김음으로 '아침'을 강조하여 찬란하게 떠오르는 아침의 태양처럼 박진감 넘치는 리듬감을 표현하였다.

〈그림 5.9〉 하얼빈시동력구조선족소학교 교가 악보

부점리듬과 당김음이 같이 사용된 형태는 심양시화평구서탑조선족소학교 교가가 유일하였다. 이 교가에서 ♩. ♪♪♪♪♪ ♪의 형태로 부점리듬 바로 뒤에 당김음으로 연결하여 사용하였는데, '유서깊은 서탑에'의 가사 중 '유서' 부분은 부점을 사용하여 강조하였고 '서탑' 부분은 당김음으로 '탑'을 길게 처리하여 높은 탑을 연상하게 하였다.

〈그림 5.10〉 심양시화평구서탑조선소학교 교가 악보

셋잇단음표를 시작리듬에 사용한 형태는 오상시조선족중학교 교가로, 이 교가에서는 ♪/♪♪ ♪♪♪ 리듬을 '새파란하늘'에서 '하늘'에만 셋잇단음표를 사용하여 3연음부의 미묘한 리듬을 통해 가사를 강조하였다.

〈그림 5.11〉 오상시조선족중학교 교가 악보

16분음표를 시작 리듬에 연속 사용한 형태는 심양시오가황조선족
중심소학교 교가이다. 교가에서 지명인 '심양의' 가사에 ♪♪♪ 리듬을
붙여 짧은 리듬으로 긴박감을 주어 강조하였다.

〈그림 5.12〉 심양시오가황조선족중심소학교 교가 악보

〈표 5.5〉 시작리듬 분석

시작 리듬 사용	교가수	학교명
부점리듬	19	장춘시관성구조선족소학교, 구태시신선소학교, 장춘시조선족중학교, 오상현민락완전소학교, 오상현산하진숭의소학교, 오상시산하진홍덕조선족소학교, 오상시조선족실험소학교, 아성시조선족중학교, 하얼빈시조선족제2중학교, 상지시조선족중학교, 송강성제1조선족중학교, 연수현조선족중학교, 심양시소가툰조선족중심소학교, 심양시효선소학교, 심양시명렴조선족소학교, 심양시조선족제1중학교, 심양시조선족제2중학교, 심양시조선족제6중학교, 심양시혼남신구조선족학교
당김음	1	하얼빈시동력구조선족소학교
부점리듬과 당김음	1	심양시화평구서탑조선족소학교
셋잇단음표	1	오상시조선족중학교

16분음표 연속 사용	1	심양시오가황조선족중심소학교
민음표만 사용	14	장춘시이도구조선족소학교, 장춘시록원구조선족소학교, 유수시연화소학교, 장춘시제2조선족중학교, 구태시조선족학교, 하얼빈시도리구조선족중심소학교, 상지진조선족소학교, 하얼빈시조선족제1중학교, 하얼빈시만방조선족중학교, 심양시황고구화신조선족소학교, 심양시화평구만융조선족소학교, 심양시망화구조선족제2소학교, 심양시신성자구윤가향서광조선족소학교, 심양시조선족제5중학교

2) 선율 분석

'선율'은 음의 높고 낮은 소리들이 조화롭고 질서있게 나열되어 음악적 표현력을 가지고 있어 인간의 감정을 나타낼 수 있다. 또한 방향성을 가지고 있어 순차적, 도약적 진행을 하며 '음계'의 영향을 받는다. 중국 조선족학교 교가 37개의 선율적 특징을 알아보기 위하여 이를 다시 세부적으로 '음계', '음역', '전주사용 여부'로 분류하여 살펴보겠다.

(1) 음계

'음계'란 음악에서 사용하는 음높이 순서로 차례대로 배열한 음의 집합을 말하며 음정관계의 질서를 나타낸 것이다. 악곡에서 주로 사용된 구성음과 그 수에 따라 음계의 종류가 분류된다. 한 옥타브 안에서 정렬된 음의 구성이 5개면 '5음 음계', 7개면 '7음 음계' 12개면 '12음 음계'라고 한다. 서양음악에서 일반적으로 사용하는 음계는 '7음 음계'로 한 옥타브의 구성음이 '도·레·미·파·솔·라·시'이다.

중국 조선족학교 교가 37개는 모두 7음 음계를 사용하였는데, 그중 심양시황고구화신조선족소학교 교가는 '5음 음계'를 주요골격으로 사용한 '7음 음계'라는 특징이 있었다. 이 교가에 사용된 음은 총 71개였는데 그중 64개의 음은 '5음 음계'의 구성음인 '도', '레', '미', '솔', '라'였고, 7개의 음만 '파'와 '시'음을 사용하였다. '5음 음계'를 주요 골격으로 사용하면서 노래의 선율이 순차적으로 진행하는 곳에만 '파'음을 6번 사용하였고, 3절 마지막 소절에 '시'음을 1번 사용하였다. 이 교가가 우리나라의 민요를 비롯한 전통음악에서 사용되는 '5음 음계'여서 민속적인 느낌이 나는 것은 사실이지만 부분적으로 '파'와 '시'음을 사용하여 결론적으로는 '7음 음계'를 사용한 것이 되었다.

(2) 음역

'음역'은 '음넓이'라고도 하며 사람의 목소리나 악기가 낼 수 있는 최고 음과 최저 음 사이의 간격을 말한다. '가온 다'음을 C′로 기준하여 한 옥타브 위는 C″, 한 옥타브 아래는 C로 표기하면 다음과 같은 음 이름표가 형성된다.

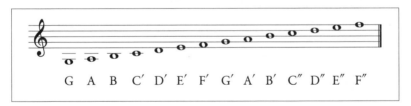

<그림 5.13> 음계의 음이름표

교가를 만드는 데 있어서 중요하게 고려해야 할 부분 중 하나는 음역의 선택이다. 교가를 부르는 대상이 초등학생인지 중학생인지 고등학생인지에 따라 음역 선택을 다르게 해야 할 뿐만 아니라 여학생인지 남학생인지도 고려해야 할 사항이다. 성대의 변화를 겪는 변성기를 거치는 청소년기에 해당하는 학생들이 부를 교가는 더욱 세심한 주의

를 기울여 목에 무리가 가지 않는 음역을 사용해야 한다. 일반적으로 최저음은 C′음이 노래부르기에 가장 편하고 좋으며 Bb음도 적당한 저음에 속한다. 최고음은 D″음이 적당하나 E″ 정도까지는 큰 무리가 없다고 본다.

중국 조선족학교 교가 37개를 분석한 결과 최저음과 최고음의 음역대를 C′-D″와 C′-E″로 사용한 교가가 각 6개씩으로 가장 많았고, Bb-Eb″의 음역대를 사용한 교가는 5개, Bb-D″와 G-C″는 각 3개씩, D′-G″와 A-E″도 각 각 2개씩 있었다. 그 외에 A-D″, A-F″, Bb-C″, Bb-F″, C′-F″, C′-A″, D′-E″, F′-D″, F′-A″, G-D″의 음역도 각 1개씩 사용되었다. 좁은 음역대를 사용한 곡으로 송강성제1조선족중학교 교가를 들 수 있는데, F′-D″의 6도 간격 안에서 음을 사용하여 단조로운 느낌이 들었고, 다른 36개의 교가들이 모두 9도에서 13도 사이의 음정간격을 사용한 것과 비교되는 사항이다. 장춘시록원구조선족소학교 교가의 경우, 가사 '당의 해살 담뿍안고서' 부분에 D′, F′, Bb′, D″, G″의 넓은 도약진행을 사용하여 음역적으로도 너무 높지만 학생들이 정확한 음정을 잡아 노래 부르기에도 어려울 것이라 생각된다.

<그림 5.14> 장춘시록원구조선족소학교 교가 악보

중국 조선족학교 교가 37개에서 최저음으로 가장 많이 사용된 음은 C′음으로 14개의 교가에서 사용되었고, Bb음은 10개의 교가에서 사용되었다. 이는 C′음과 Bb음을 사용한 교가의 수가 24개로 약 65%의 비중을 차지하여 중국 조선족학교 교가의 작곡가들은 이 음역을 학생들이 노래부르기에 가장 편하고 적합한 저음역대라고 생각했다는 것을 알 수 있다. 다소 낮은감이 있는 A음과 G음을 최저음으로 사용한 교가도 각 4개씩 총 8개의 교가에서 나타났는데, 그중 5개는 소학교 교가여서 소학교 학생들이 부르기에는 어울리지 않는 음역이라 생각된다. 이 밖에도 D′음을 최저음으로 사용한 교가는 3개, F′음을 사용한 교가는 2개로 나타났는데, F′음은 최저음으로 사용하기에 다소 높은감이 있다. 이를 근거로 판단하면, 중국 조선족학교 교가는 특별히 학년의 구별에 따라 음역을 선택하거나 혹은 남녀의 구별에 따라 음역을 선택하여 창작한 것은 아닌 것으로 보인다. 이것은 대부분 학교에서는 교가를 만들 때에 오직 교가의 가사 내용에 집중하고, 또한 가사 중 강조할 내용에 맞춰 음역을 선택하는 데 집중하였기 때문이라고 판단된다.

〈표 5.6〉 교가의 최저음 분석

최저음	교가수	학교명
C′	14	유수시연화소학교, 구태시신선소학교, 장춘시제2조선족중학교, 하얼빈시도리구조선족중심소학교, 하얼빈시동력구조선족소학교, 상지진조선족소학교, 오상현민락완전소학교, 오상현산하진숭의소학교, 오상시조선족실험소학교, 아성시조선족중학교, 심양시화평구서탑조선족소학교, 심양시화평구만융조선족소학교, 심양시오가황조선족중심소학교, 심양시조선족제5중학교
Bb	10	장춘시관성구조선족소학교, 장춘시이도구조선족소학교, 장춘시조선족중학교, 오상시산하진홍덕조선족소학교, 하얼빈시조선족제1중학교, 오상시조선족중학교, 상지시조선족중학교, 심양시황고구화신조선족소학교, 심양시소가툰조선족중심소학교, 심양시조선족제2중학교

G	4	구태시조선족학교, 심양시효선소학교, 심양시망화구조선족제2소학교, 심양시조선족제1중학교
A	4	하얼빈시조선족제2중학교, 연수현조선족중학교, 심양시명렴조선족소학교, 심양시혼남신구조선족학교
D'	3	장춘시록원구조선족소학교, 하얼빈시만방조선족중학교, 심양시조선족제6중학교
F'	2	송강성제1조선족중학교, 심양시신성자구윤가향서광조선족소학교

    중국 조선족학교 교가 37개 중 최고음으로 가장 많이 사용된 음은 D″음으로 12개의 교가에서 사용되었고 E″음은 9개의 교가에서, Eb″음은 5개의 교가, C″음은 4개의 교가에서 사용되어 이 네 음을 최고음으로 사용한 교가의 수는 30개였다. 이는 약 80% 정도의 비율을 차지하는 것으로 중국 조선족학교 교가의 작곡가들은 C″음, D″음, Eb″음, E″음을 학생들이 고음으로 부담없이 소리낼 수 있는 음역이라 생각하였다는 것을 알 수 있다. 이 밖에도 F″음을 최고음으로 사용한 교가는 3개, G″음을 사용한 교가가 2개, A″음을 사용한 교가도 2개 있었는데, 이 세 음은 학생들이 부르기에 너무 높고, 특히 G″음과 A″음은 교가에서 잘 사용하지 않는 음역대이다. 이 중 유수시연화소학교 교가의 경우 후렴이 나오기 전까지는 C′-D″의 노래부르기 편한 음역대를 사용하고 있었지만 후렴부분에 계속되는 E″, F″, G″, A″의 높은 음을 사용하였다. 이는 후렴 부분을 강조하고자 하는 작곡자의 의도라 생각되지만, 학생들의 목에 무리를 주는 높은 음역대는 피하는 것이 좋겠다는 생각이다.

〈표 5.7〉 교가의 최고음 분석

최고음	교가수	학교명
D″	12	장춘시조선족중학교, 장춘시제2조선족중학교, 하얼빈시도리구조선족중심소학교, 오상현산하진숭의소학교, 오상시산하진흥덕조선족소학교, 아성시조선족중학교, 상지시조선족중학교, 송강성제1조선족중학교, 심양시화평구서탑조선족소학교, 심양시화평구만융조선족소학교, 심양시망화구조선족제2소학교, 심양시혼남신구조선족학교
E″	9	구태시신선소학교, 하얼빈시동력구조선족소학교, 상지진조선족소학교, 오상현민락완전소학교, 하얼빈시만방조선족중학교, 연수현조선족중학교, 심양시명렴조선족소학교, 심양시오가황조선족중심소학교, 심양시조선족제5중학교
Eb″	5	장춘시관성구조선족소학교, 장춘시이도구조선족소학교, 하얼빈시조선족제1중학교, 심양시황고구화신조선족소학교, 심양시소가툰조선족중심소학교
F″	3	오상시조선족실험소학교, 하얼빈시조선족제2중학교, 오상시조선족중학교
G″	2	장춘시록원구조선족소학교, 심양시조선족제6중학교
A″	2	유수시연화소학교, 심양시신성자구윤가향서광조선족소학교
C″	4	구태시조선족학교,심양시효선소학교,심양시조선족제1중학교,심양시조선족제2중학교

(3) 전주 사용

'전주'는 음악이 시작되는 부분에 노래 없이 반주만 나오는 것으로, 노래를 부르는 사람은 전주를 들으며 마음을 가다듬고 노래 부를 준비를 할 수 있다. 전주에는 앞으로 진행되면서 나올 노래가 어떠한 느낌의 노래인지를 알리는 모티브가 함축되어있어 전주만 들어도 그 노래에 대한 전체적인 느낌과 템포, 리듬 등을 알 수 있다. 결론적으로 전주는 노래 전체의 내용이 포함되어 있는 집약체라고 할 수 있다.

중국 조선족학교 교가 37개 중 전주를 사용한 교가는 8개로 이 중 장춘시관성구조선족소학교 교가와 장춘시제2조선족중학교 교가에서는 노래의 밝고 신나는 느낌을 전주에서 미리 표현하도록 부점리듬과

당김음리듬을 사용하였다.[45] 유수시연화소학교 교가와 하얼빈시조선
족제1중학교 교가에서는 노래에 민음표 중심의 서정적인 느낌이 담겨
있어 전주에서도 멜로디의 아름다운 흐름이 분위기를 만들 수 있도록
작곡되었다. 다만 하얼빈시조선족제1중학교 교가의 경우 전주 부분에
'아--'의 의성어로 전주를 이어받아 노래하도록 한 특징이 있었다.

〈그림 5.15〉 하얼빈시조선족제1중학교 교가 악보

　　오상시조선족실험소학교 교가와 아성시조선족중학교 교가, 그리
고 심양시오가황조선족중심소학교 교가에서는 리듬적 전주를 사용
하여 마치 군악대의 트럼펫 소리처럼 기악적 리듬을 사용한 팡파레의
울림을 연상하게 하였다.

45　장춘시관성구조선족소학교 교가의 전주 악보 3번째 마디는 음표 표기상의 오류가 있었는데,
　　♪♪♪는 1박에 맞지 않음으로 ♪♪♪의 당김음을 표현하려고 했던 것으로 생각되어 당김음
　　으로 간주하였다.

〈그림 5.16〉 오상시조선족실험소학교 교가 악보

또한 심양시오가황조선족중심소학교 교가의 전주는 노래와의 구분이 명확하지 않다는 점이다.

〈그림 5.17〉 심양시오가황조선족중심소학교 교가 악보

심양시황고구화신조선족소학교 교가의 전주에서는 한국 전통의 민요풍 리듬을 사용하여 민속적 색채를 나타내어 신명나는 분위기를 만들어 주고 있었다.

사 랑 이 넘 쳐　나 는　아 담 한 배 움　터　자 랑 찬 우 리
꿈 을 키 워　가 는　아 담 한 배 움　터　길 이 길 이

〈그림 5.18〉 심양시황고구화신조선족소학교 교가 악보

〈표 5.8〉 전주 사용 분석

전주 사용 여부		교가수	학교명
미사용		29	장춘시이도구조선족소학교, 장춘시록원구조선족소학교, 구태시신선소학교,장춘시조선족중학교, 구태시조선족학교, 하얼빈시도리구조선족중심소학교, 하얼빈시동력구조선족소학교, 상지진조선족소학교, 오상현민락완전소학교, 오상현산하진숭의소학교, 오상시산하진흥덕조선족소학교, 하얼빈시조선족제2중학교, 하얼빈시만방조선족중학교, 오상시조선족중학교, 상지시조선족중학교, 송강성제1조선족중학교, 연수현조선족중학교, 심양시화평구서탑조선족소학교, 심양시소가툰조선족중심소학교, 심양시화평구만융조선족소학교, 심양시효선소학교, 심양시명렴조선족소학교, 심양시망화구조선족제2소학교, 심양시신성자구윤가향서광조선족소학교, 심양시조선족제1중학교, 심양시조선족제2중학교, 심양시조선족제5중학교, 심양시조선족제6중학교, 심양시혼남신구조선족소학교
사용	부점, 당김음 형태	2	장춘시관성구조선족소학교, 장춘시제2조선족중학교
	서정적 형태	2	유수시연화소학교, 하얼빈시조선족제1중학교
	기악적 리듬	3	오상시조선족실험소학교, 아성시조선족중학교, 심양시오가황조선족중심소학교
	민요풍 리듬	1	심양시황고구화신조선족소학교

3) 화성 분석

'화성'은 선율과 화음이 수평과 수직으로 만나 아름다운 음악을 만드는 것이다. 화성은 리듬과 멜로디를 풍성하게 해주고 음악적 표현 또한 깊게 만드는 역할을 한다. 화성이 진행되면 각 화음은 고유의 기능을 갖게 되어 장조와 단조의 특성에 따라 조성 음악이 형성된다. 멜로디와 화성은 노래 속에서 다양하게 진행되지만 조성의 중심인 Ⅰ(으뜸화음)을 중심으로 구체적인 성격이 확립되며 이러한 조성을 파악하는 것은 매우 중요한 일이다. 또한 노래의 시작이 중요하듯이 노래의 끝이 어떻게 끝났는지도 눈여겨보아야 할 사항으로 마침꼴에서 사용된 종지에 대해서도 분석해 보고자 한다. 여기에서는 중국 조선족학교 교가 37개를 대상으로 화성 분석을 위해 '조성', '성부조직', '종지' 등으로 나누어 살펴보겠다.

(1) 조성

음악은 하나의 기본음을 가지고 전체적인 화성과 선율을 만들어 내는데, 이때 음악의 기준이 되는 음이 으뜸음이 되고 그 으뜸음을 기준삼아 음정의 배열이 이루어진다. 어떠한 음을 으뜸음으로 삼느냐에 따라 조표가 결정되고, 그 조표에 맞는 음계가 형성되면서 '조성'이 생기게 된다. 조성은 으뜸음과 함께 장음계나 단음계를 같이 붙여서 부르는데, 예를 들어 C음을 으뜸음으로 하는 장음계는 C장조, 혹은 C Major라 부르고, C음을 으뜸음으로 하는 단음계는 c단조, 혹은 c minor라 부른다. 장음계는 으뜸음 '도'를 1번으로 기준하여 차례대로 음정을 나열했을 때 3·4번인 '미·파'와 7·8번인 '시·도' 사이의 간격이 반음이고 나머지 음의 간격은 온음인 형태를 나타내게 되는데,

경쾌하고 밝은 성격을 갖고 있어 활발하고 씩씩한 느낌의 곡에 많이 쓰인다. 단음계는 마찬가지로 으뜸음 '라'를 1번으로 기준하여 음정을 나열했을 때 2·3번인 '시·도'와 5·6번인 '미·파' 사이의 간격이 반음인 형태를 갖고, 어둡고 조용한 느낌을 주어 서정적인 노래에 많이 쓰인다.

중국 조선족학교 교가 37개를 조성에 따라 분석한 결과, 모두가 장조의 조성을 사용하고 있었는데, 이는 학교의 기풍과 건학정신을 담아 씩씩하고 밝은 느낌으로 불러야 하는 교가의 특성상 밝은 느낌의 장조가 더 적합하기 때문이다. 장조이지만 중간에 단조를 사용한 경우도 있었는데, 이에 해당하는 교가는 총 3개 학교의 교가로 장조로 시작하여 중간에 4마디 정도 단조를 사용하고 다시 장조로 돌아와 끝내는 특징을 갖고 있었다. 아성시조선족중학교 교가는 F장조의 곡인데 노래의 9마디부터 12마디까지 '따사로운 당의해살'의 가사에 맞는 포근한 음색을 나타내기 위해 d단조의 화성을 사용하였다.

〈그림 5.19〉 아성시조선족중학교 교가 악보

심양시효선소학교 교가는 C장조의 곡인데 17마디부터 19마디까지 '아- 잊지못할'의 가사에 A단조를 사용하여 깊은 감정을 표현하였다. 심양시조선족제1중학교 교가는 악보에 F장조인 ♭(내림표) 한 개의 조표를 사용하였지만 이는 기보상의 오류로 보이며, 멜로디의 흐름상 ♭(내림표)이 세 개 붙은 Eb장조의 조성을 사용해야 맞기 때문에 Eb장조로 분류하였고, 9마디부터 11마디까지의 '나라의 동량을 안아키우며' 가사에 C단조의 화성을 사용하여 변화를 주었다. 이 외에도 심양시소가툰조선족중심소학교 교가는 다른 36개의 교가가 모두 첫 마디에 으뜸화음인 I도 화성을 사용한 것에 반해 '레, 미, 파, 레'의 멜로디에 맞는 V도 화성을 사용하여 긴장감있는 시작을 하였는데, 대체로 I도로 시작하는 노래는 안정감이 있다는 것과 대비되었다.

조성을 분류해보면 C장조의 곡이 11개로 가장 많았고 그 다음으로는 F장조와 Bb장조가 각 9개씩으로 많았다. Eb장조는 4개, G장조는 2개, D장조도 2개였다. 중국 조선족학교 교가 37개는 모두 소학교와 중·고등학교 교가로, 어린 학생들이 부르기에 어렵지 않은 조성인 C장조와, ♭(내림표)이 한 개 붙은 F장조, 두 개 붙은 Bb장조, ♯(올림표)이 한 개 붙은 G장조, 두 개 붙은 D장조를 주로 사용하였고, 이는 노래하거나 반주하기에 어렵지 않도록 고려한 것으로 보인다. 그러나 ♭(내림표)이 3개 붙은 Eb장조를 사용한 교가도 4개의 학교가 있었고 그중 소학교 학생이 부르게 되는 장춘시이도구조선족소학교, 심양시황고구화신조선족소학교 교가는 학생들이 부르기에 다소 어렵게 느껴질 수 있다.

조성		교가수	학교명
모두 장조 사용	C	11	유수시연화소학교, 구태시신선소학교, 구태시조선족학교, 하얼빈시 도리구조선족중심소학교, 상지진조선족소학교, 오상현민락완전소학교, 오상현산하진숭의소학교, 심양시화평구서탑조선족소학교, 심양시효선소학교(부분적 Am), 심양시오가황조선족중심소학교, 심양시조선족제5중학교
	F	9	장춘시제2조선족중학교, 하얼빈시동력구조선족소학교, 오상시조선족실험소학교, 아성시조선족중학교(부분적Dm), 하얼빈시조선족제2중학교, 송강성제1조선족중학교, 심양시화평구만융조선족소학교, 심양시신성자구윤가향서광조선족소학교, 심양시혼남신구조선족학교
	Bb	9	장춘시관성구조선족소학교, 장춘시록원구조선족소학교, 장춘시조선족중학교, 오상시산하진홍덕조선족소학교, 하얼빈시조선족제1중학교, 상지시조선족중학교, 심양시소가툰조선족중심소학교(첫마디 V도사용), 심양시망화구조선족제2소학교, 심양시조선족제2중학교
	Eb	4	장춘시이도구조선족소학교, 오상시조선족중학교, 심양시황고구화신조선족소학교, 심양시조선족제1중학교(부분적Cm)
	G	2	하얼빈시만방조선족중학교, 심양시조선족제6중학교
	D	2	연수현조선족중학교, 심양시명렴조선족소학교

(2) 성부 조직

'독창'은 한 사람이 노래하는 것을 말하고, 같은 가락을 여러 사람이 동시에 노래하는 것은 '제창'이라고 한다. 서로 다른 두 성부 이상의 노래를 여러 사람이 함께 부르는 것은 '합창'이라고 하는데, 성부의 수에 따라 '2부 합창', '3부 합창', '4부 합창' 등으로 나뉜다. 처음에는 제창으로 시작하여 같은 성부를 부르다가 중간에 2개의 성부로 나뉘어 서로 다른 성부를 부르게 된다면 '부분 2부 합창'이 될 것이다. 이러한 기준으로 중국 조선족학교 교가 37개를 분석한 결과 32개의 교가는 제창의 형식으로 되어있었고 5개의 교가는 부분2부합창 형식이었는데, 이 중 오상시조선족중학교 교가의 경우는 한 음만 화음을 이루어 강조하고 나머지는 제창에 가까운 형태를 갖고 있었다.

중국 조선족학교 교가에서 '제창'의 형식을 선호한 이유는 여러 사람이 같은 선율을 동시에 노래할 때 씩씩하고 힘찬 느낌을 줄 수 있고, 행진곡이나 응원가의 성격을 지닌 교가에서 제창은 공동체적인 결속력을 다지게 하는 힘이 생기기 때문이다. 화음을 사용한 학교의 교가에서도 전체적인 합창보다는 처음에 제창 형태로 진행을 하다가 음악적으로 화성을 표현하여 어울린다고 생각하는 곳에만 부분적 합창을 사용하였다.

〈표 5.10〉 성부 조직 분석

성부조직	교가수	학교명
제창	32	장춘시관성구조선족소학교, 장춘시록원구조선족소학교, 유수시연화소학교, 구태시신선소학교, 장춘시조선족중학교, 장춘시제2조선족중학교, 구태시조선족학교, 하얼빈시도리구조선족중심소학교, 상지진조선족소학교, 오상현민락완전소학교, 오상현산하진숭의소학교, 오상시산하진홍덕조선족소학교, 오상시조선족실험소학교, 아성시조선족중학교, 하얼빈시조선족제1중학교, 하얼빈시조선족제2중학교, 하얼빈시만방조선족중학교, 상지시조선족중학교, 송강성제1조선족중학교, 연수현조선족중학교, 심양시화평구서탑조선족소학교, 심양시황고구화신조선족소학교, 심양시소가툰조선족중심소학교, 심양시효선소학교, 심양시명렴조선족소학교, 심양시오가황조선족중심소학교, 심양시망화구조선족제2소학교, 심양시신성자구윤가향서광조선족소학교, 심양시조선족제1중학교, 심양시조선족제5중학교, 심양시조선족제6중학교, 심양시혼남신구조선족학교
부분2부합창	5	장춘시이도구조선족소학교, 하얼빈시동력구조선족소학교, 오상시조선족중학교(1음사용), 심양시화평구만융조선족소학교, 심양시조선족제2중학교

(3) 종지

'종지'는 악절이나 악구를 마무리하는 것으로, 곡이 완전히 끝날 때 사용하여 종결감을 느끼게 하는 것은 '닫힌 종지'라 하고, 곡의 중간을 일단락해 일시적으로 쉬는 종지를 '열린 종지'라고 한다. 열린종지는 보통 IV(4도)-V(5도)의 진행을 말하며, 다음에 나올 부분을 기대하

게 한다. 닫힌 종지 중 '정격 종지'는 악곡의 종결부에 가장 많이 사용
되는 대표적인 종지로 V(5도)-I(1도)의 진행을 말하며, '바른마침'이라고
도 한다. 중국 조선족학교 교가 37개는 모두 정격종지를 사용하였는
데, 이 중 심양시조선족제2중학교 교가의 경우는 Bb장조로 으뜸화음
인 Bb음으로 끝나야 하지만 악보에 C음으로 끝나는 것으로 표기되어
있다.[46]

〈그림 5.20〉 심양시조선족제2중학교 교가 악보

4) 중국 조선족학교 교가의 음악적 3대 요소 특징

지금까지 중국 조선족학교 교가 37개를 음악의 3요소인 '리듬', '가
락', '화성'을 기준으로 분석하면서 다음과 같은 음악적 특징을 발견할
수 있었다.

첫째, 중국 조선족학교 교가는 대부분 짝수 박자를 사용하였다. 짝
수 박자는 응원가나 행진곡에 어울리는 박자로 씩씩하고 힘찬 기상을
나타내는 교가에 적합한 박자이다. 중국 조선족학교 교가의 박자 사용
을 살펴보면, 4/4박자의 짝수박 교가가 28개, 2/4박자의 짝수박 교가
가 4개, 4/4 → 2/4 → 4/4의 변박을 사용한 교가 3개도 짝수박 안에서

46　이는 악보를 기보하는 과정에서 잘못 기보된 오류라고 판단되어 정격종지로 구분하였다.

변박을 이루었고, 6/8박자의 1곡도 2박자의 장단형이라는 것을 감안하면 짝수박으로, 37개의 중국 조선족학교 교가 중 36개는 짝수박을 사용하였고 1개의 곡 만 3/4박자를 사용하여 홀수박이었다.

둘째, 중국 조선족학교 교가는 부점리듬을 많이 사용하였다. 중국 조선족학교 교가 37개 중 35개 학교의 교가에서 부점리듬을 사용하였는데, 부점리듬의 형태는 ♩. ♪의 긴 부점리듬과 ♪. ♪의 짧은 부점리듬이 주를 이루었다. 이렇듯 부점리듬을 선호하였다는 것은 부점리듬을 표기하지 않아도 되는 한 음절의 가사에 부점리듬 혹은 부점리듬을 붙임줄로 묶어 사용한 8개 조선족학교 교가를 통해 알 수 있다.[47] 음표의 소리나는 길이는 ♩(4분음표) 한 박자의 리듬을 사용한 것과 ♩. ♪ 부점리듬을 붙임줄로 연결하여 표기한 것이 모두 같은 길이의 울림을 주지만 부점리듬을 통해 가사를 더욱 강조하려는 전체적인 분위기를 유도하려 하였다. 상지진조선족소학교 교가를 통해 한 음절의 가사에 부점리듬을 붙임줄로 연결한 리듬을 사용한 것과 구태시신선소학교의 교가를 통해 한 음절의 가사에 부점리듬을 사용한 예를 보자.

글　소 리 우 렁 찬　우 리 들 의 즐 거 운　배 움 터 란 다

〈그림 5.21〉 상지진조선족소학교 교가 악보

47　장춘시이도구조선족소학교, 구태시신선소학교, 상지진조선족소학교, 오상현민락완전소학교, 오상시조선족실험소학교, 심양시소가툰조선족중심소학교, 심양시명렴조선족소학교, 심양시조선족제2중학교 교가가 이에 해당되며, 심양시소가툰조선족중심소학교 교가의 경우 다섯 번째 마디에 리듬의 오류가 있는 것으로 나타나는데, 4/4박자의 곡인데 ♩. ♩♩♩의 리듬을 사용하여 박에 맞지 않고 이것은 ♩. ♩♩♩의 리듬으로 보는 것이 맞다.

〈그림 5.22〉 구태시신선소학교 교가 악보

　부점리듬은 길고 짧은 음의 길이를 통해 강약의 셈여림을 더욱 부
각시키면서 노래에 활력을 주어 경쾌하고 밝은 느낌을 줄 수 있다. 이
러한 점이 씩씩하고 당당함을 표현하는 교가의 성격과 잘 맞아떨어지
기 때문에 많은 교가에서 사용한 것이다.

　셋째, 중국 조선족학교 교가는 민음표 중심의 곡에서 당김음이 더
많이 사용되었다. 중국 조선족학교 교가 37개의 당김음 사용을 살펴
보면서 한 가지 특징을 찾을 수 있었다. 그것은 당김음을 사용한 곡 중
6개가 점음표 중심의 교가이고, 7개가 민음표 중심의 교가로 민음표
중심의 곡에 당김음이 더 많이 사용되었다는 것이다. 또한 점음표 중
심의 교가에서는 당김음이 1회만 사용된 곡이 2개, 2회 사용된 곡이 1
개, 3회 사용된 곡이 2개, 7회 사용된 곡이 1개였는데, 민음표 중심의
교가에서는 5개의 곡에서 6~10회의 당김음 사용, 2개의 교가에서 4
회, 1개의 교가에서만 당김음을 2회 사용하여 당김음을 더 자주 사용
하였다. 이렇게 민음표 중심의 곡에 당김음 사용의 빈도수가 높은 이
유는 민음표 중심의 곡이 서정적이어서 교가에 적합하지 않을 것이라

는 관념을 깨고 강약의 변화로 곡에 활력을 불어넣어 리듬감을 주고 생동감 있는 교가로 느껴지도록 작곡했음을 나타낸다. 예를 들면, 하얼빈시도리구조선족중심소학교 교가에서는 민음표만 사용한 교가이지만 당김음을 6회 사용하고 나타냄말에 '자랑차게'라고 표기했듯이 씩씩하고 당당한 느낌을 주어 밝은 느낌의 교가로 들리게 하였다. 또 다른 부점리듬을 전혀 사용하지 않은 교가 중 하나인 하얼빈시조선족제1중학교 교가의 경우도 ♩♩ ♩ 형태의 당김음을 6번 사용하였고 ⅄♩ ♩ 형태의 당김음 1번, ♩♩ ♩ 형태의 당김음 1번을 사용하여 전체적으로 부점리듬을 사용하지 않은 대신 다양한 당김음 리듬을 사용하여 곡에 활력을 불어넣어주었다는 것을 알 수 있었다.

넷째, 중국 조선족학교 교가는 다양한 특색이 있는 리듬사용을 하였다. 중국 조선족학교 교가 37개 중 특징이 있는 리듬을 사용한 교가는 다음과 같다. 하얼빈시조선족제2중학교 교가에서는 ♩♩♩/♩♩♩/♩♩♩형태의 다양한 종류 셋잇단음표를 사용하였을 뿐만 아니라 곡 전체에 지속적인 셋잇단음표를 사용하여 셋잇단음표 중심의 교가로 분류할 수 있다. 상지시조선족중학교 교가에서는 처음부터 20마디까지 ♩(4분음표)와 ♩. ♪ 리듬의 부점 형태를 반복하며 노래가 진행되다가 마지막 21마디부터 24마디까지는 ♪(8분음표)를 주요 리듬으로 사용하면서 주요리듬꼴에 변형을 일으켰다. 오상현산하진숭의소학교 교가와 송강성제1조선족중학교 교가에서는 ♪. ♩♩.의 리듬을 사용하였는데, 이 리듬은 다른 35개의 중국 조선족학교 교가에는 나오지 않았던 리듬으로 첫 박자에 짧은 부점으로 먼저 강조하고 이어서 점2분음표 3박자의 긴 음가를 사용함으로써 가사를 더욱 강조하는 효과를 주었다.

다섯째, 중국 조선족학교 교가에는 민요풍의 리듬을 사용한 교가가 있었다.[48] 심양시황고구화신조선족소학교 교가는 전체 본 논문의 연구대상 교가에서 유일하게 6/8박자의 민요풍 리듬을 사용하였다. 이 교가의 전주를 살펴보면 ♪♪. ♪♪♪ 형태의 리듬을 사용하였는데, 이는 우리나라 장단 중에 '세마치장단'과 유사한 느낌을 준다.[49] 물론 '세마치장단'은 9/8박자로 3박자의 장단형이고 심양시황고구화신조선족소학교 교가는 6/8박자로 2박자의 장단형이라는 점에서 약간의 차이는 있다. 하지만 이것은 일본이나 중국의 경우 2박자의 장단형이 지배적이라는 사실을 감안할 때 우리나라의 '세마치장단'이 중국 조선족 사회에서 2박자의 중국 장단과 혼합된 형태라고 생각할 수 있다. 중국 조선족학교 교가 37개는 기본적으로 모두 서양의 '7음 음계'를 사용하고 있어서 이를 통해 서양의 문화와 교육이 중국 조선족 사회에 들어가 음악 역시 서양음악을 수용하여 그것을 기본 바탕으로 삼고 있고 교가의 형성에도 영향을 미쳤다는 것을 알 수 있다. 이러한 서양 음악의 영향을 받으면서 한국의 전통적인 요소가 가미되었다는 것을 알 수 있는 또 다른 대목은 이 교가에서 우리나라의 '5음 음계'를 주요 골격으로 사용하여 민속풍의 색채를 유지하면서 꼭 필요한 부분에만 나머지 음인 '파'와 '시'를 사용하여 우리나라의 민속적 5음 음계와 서양의 7음 음계가 결합된 특색을 갖게 하였다는 것에서도 알 수 있다.

여섯째, 중국 조선족학교 교가는 대부분 씩씩한 행진곡형이었다.

---

48 현재 전국적으로 1만1317개 초 · 중 · 고교가 군가 형태나 2박자 행진곡 형태의 서양음악 교가를 사용하고 있으며 국악교가를 도입한 학교는 인천여중, 공주 금성여고, 서울 대원여고, 김해 진영중 등 13개 학교(0.001%)에 그치고 있다.
http://www.newsis.com/ar_detail/view.html?ar_id=NISX20120917_0011451265&cID=10809&pID=10800(검색일: 2020. 06. 29.)

49 '세마치장단'은 아래와 같은 리듬꼴을 가지고 있고 구음으로 '덩 덩덕 쿵덕'이라 불린다.

중국 조선족학교 교가의 유형은 음악적 요소의 사용에 따라 크게 씩씩한 행진곡형, 서정적 멜로디형, 밝고 가벼운 동요형 등으로 나눌 수 있었다. 리듬의 사용에 있어서 부점리듬을 많이 사용하면 곡의 느낌이 씩씩하고 활기찬 응원가의 성격을 갖게 되는 씩씩한 행진곡형이 되고, 민음표를 많이 사용하면 차분하게 흘러가는 서정적 멜로디형이 된다. 또한 ♪(8분음표)을 많이 사용하면 곡의 느낌을 경쾌하고 밝게 느끼게 하는 밝고 가벼운 동요형이 된다. 중국 조선족학교 교가에서 가장 많이 보이는 씩씩한 행진곡형은 중국 조선족학교 교가에서 4/4박자나 2/4박자의 짝수박을 사용한 점, 점음표 중에서도 특히 부점리듬을 많이 사용한 점, 센내기의 힘찬 느낌을 표현하기 위한 갖춘마디를 주로 사용한 점, 시작 리듬으로 부점리듬을 많이 사용한 점 등의 방식으로 표출되었다. 이러한 음악적 방식은 모두 응원을 하거나 행진을 하면서 부르기에 용이한 특징을 가지고 있다는 공통점이 있다. 이러한 씩씩한 행진곡형은 교가의 가사에 표현된 배움에 대한 강한 의지, 민족의식의 고취, 중화주의 등 학교의 이념과 학습 목표를 강조하여 학생들이 쉽게 기억할 수 있도록 하는 역할도 하였다.

일곱째, 중국 조선족학교 교가에는 악보의 오류가 많았다. 가장 많은 악보의 오류는 박자표에 표기된 박자와 맞지 않는 박을 사용한 것인데, 11개 학교의 교가에서 너무 많은 박을 사용하거나 박자를 부족하게 사용하였다. 예를 들면, 심양시조선족제5중학교 교가의 경우 4/4박자의 곡인데 '아 불타'의 가사 부분이 3박으로 1박이 모자란다는 것을 알 수 있다.

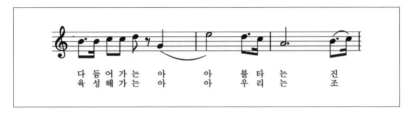

〈그림 5.23〉 심양시조선족제5중학교 교가 악보

리듬의 오류가 나타난 교가도 6개 있었는데, 오상시조선족중학교 교가의 경우 4/4박자의 곡에 맞는 리듬은 ♩. ♪. ♪/♩. ♪인데 ♩. ♪. ♪/♩. ♪로 잘못 표기되어 있었다.

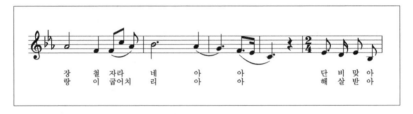

〈그림 5.24〉 오상시조선족중학교 교가 악보

못갖춘마디의 박자는 처음마디와 마지막 마디의 박자를 합쳤을 때 제시된 박자표가 되어야 하는데, 4개 학교의 교가에서 마지막 박자에 첫 마디에 이미 나온 박을 고려하지 않은 박을 사용하였다. 심양시조선족제1중학교 교가의 경우 첫 마디에 ♩(4분음표) 1박이 있어서 마지막 마디에는 3박자의 리듬으로 채워야 하는데, ○(온음표)를 사용하여 4박을 채워 오류를 나타내었다.

〈그림 5.25〉 심양시조선족제1중학교 교가 악보(처음부분과 마지막 부분)

박자표에 맞는 박의 수가 채워지면 세로줄을 사용하여 마디를 구분해줘야 하는데, 아직 박이 채워지지 않았는데 세로줄을 사용하거나, 박이 넘쳤음에도 세로줄을 사용하지 않은 경우가 3개의 교가에서 나타났다. 다음의 예는 4/4박자에서 박이 채워지지 않았는데 세로줄을 사용한 하얼빈시조선족제1중학교 교가의 경우와 2/4박자에서 박이 넘쳤지만 세로줄을 사용하지 않은 심양시오가황조선족중심소학교 교가이다. 심양시혼남신구조선족학교 교가의 경우도 박이 넘쳤지만 세로줄을 사용하지 않았다.

〈그림 5.26〉 하얼빈시조선족제1중학교 교가 악보

〈그림 5.27〉 심양시오가황조선족중심소학교 교가 악보

악보를 그릴 때 첫마디에 음자리표와 조표 다음으로 박자표를 기본적으로 기보하여 박자를 나타내야 하는데, 박자표를 기입하지 않은 경우가 장춘시관성구조선족소학교, 하얼빈시조선족제1중학교 등 2개 학교 교가에서 나타났다. 아래는 장춘시관성구조선족소학교 교가의 첫마디로 박자표가 기보되지 않은 예이다.

〈그림 5.28〉 장춘시관성구조선족소학교 교가 악보

아래는 하얼빈시조선족제1중학교 교가에서 나타난 셋잇단음표로 묶음이 빠진 경우이다. 4/4박자의 박에 맞으려면 '그품'의 리듬이 셋 잇단음표로 묶여져 1박자의 길이로 처리되어야 한다.

〈그림 5.29〉 하얼빈시조선족제1중학교 교가 악보

214

이 외에도 바르지 않은 '기'의 사용이 많았다. 음표를 기보할 때 ♪♪♪♪의 리듬을 '기'로 묶으면 ♫♫의 리듬이 된다. 이것은 또한 박 단위로 묶어서 표기해야 한다. 연수현조선족중학교 교가의 경우 박을 생각하지 않고 '기'로 묶었는데, 올바른 '기'의 사용이 필요하다. 다음 악보에서 사용된 '기'의 묶음은 ⸓♫♫ ♩♪인데 이것은 ⸓♪♫ ♪♪♪의 묶음으로 바꿔서 올바르게 표기되어야 한다. 또한 심양시조선족제2중학교 교가의 경우는 끝 음이 I도로 끝나야 하므로 Bb조의 으뜸음인 Bb음을 써야 하는데, C음을 사용하여 끝나는 느낌을 주지 못하였다. 이것은 악보 표기상의 오류로 보인다.

〈표 5.11〉 악보의 오류 분석

악보의 오류	교가수	교가명
박자에 맞지 않는 박 사용	11	유수시연화소학교, 구태시신선소학교, 아성시조선족중학교, 하얼빈시조선족제1중학교, 오상시조선족중학교, 연수현조선족중학교, 심양시화평구서탑조선족소학교, 심양시가툰조선족중심소학교, 심양시조선족제1중학교, 심양시조선족제5중학교, 심양시혼남신구조선족학교
리듬의 오류	6	장춘시관성구조선족소학교, 장춘시제2조선족중학교, 하얼빈시도리구조선족중심소학교, 오상시조선족중학교, 심양시가툰조선족중심소학교, 심양시오가황조선족중심소학교
못갖춘마디 끝마디 박자	4	장춘시관성구조선족소학교, 하얼빈시조선족제2중학교, 오상시조선족중학교, 심양시조선족제1중학교
세로줄 미기입	3	하얼빈시조선족제1중학교, 심양시오가황조선족중심소학교, 심양시혼남신구조선족학교
박자표 미표기	2	장춘시관성구조선족소학교, 하얼빈시조선족제1중학교
셋잇단음 미표기	1	하얼빈시조선족제1중학교
기 묶음 오류	1	연수현조선족중학교
음정의 오류	1	심양시조선족제2중학교

이처럼 중국 조선족학교 교가에 오류가 많이 발견되는 것은 여러 가지 이유가 있을 것으로 판단된다. 우선, 전문성의 문제이다. 중국 조선족학교 교가를 작곡한 사람은 전문적인 작곡가 출신이 아니라는 점이다. 일반적으로 중국 조선족학교 교가의 작사는 교장선생님 혹은 조선어교원이 담당하고 작곡의 경우는 학교에 근무하는 음악교원이 담당한 경우가 많았다. 이에 비전문가의 손에 교가의 창작이 이루어지면서 교가의 많은 세심한 부분을 꼼꼼하게 구성하지 못했을 가능성은 충분하다.

다음으로, 관리 소홀의 문제이다. 중국 조선족학교 교가는 한 번 만들어서 학교와 함께 계속 쓰이는 것이 아니었다. 교장이 바뀌거나 시대적 분위기가 바뀔 때마다 교가 역시 다른 교가를 만들어 사용하였다. 이때 완전히 새로 만들기도 하지만 이전 교가를 참고하여 약간 변화를 주기도 한다. 약간 변화를 줄 경우 이전 교가가 잘 관리되지 않아 교가를 기억하고 있는 몇몇 교사의 기억이나 노트 등에 의존하여 새로 만들어지는 경우가 많았다. 기록의 교가를 바탕으로 한 것이 아니라 기억의 교가를 바탕으로 만들어진 교가는 음악적 오류를 피할 수 없었을 것이다.

마지막으로, 교가 제작상의 문제이다. 교가를 만들고 난 후 학교의 교가는 학교 현관에 게시물로 만들어 전시하거나 학교 소개 책자에서 교가를 소개하고 있다. 그러나 이 교가를 제작하는 과정에서 음악을 이해하지 못하는 게시물 제작자가 음표를 틀리게 하거나 기입을 빠트리는 경우도 있을 것으로 본다. 또한 수기로 교가를 제작하여 보관하는 경우는 쓰는 사람마다 다르게 표기할 수 있는 가능성이 있다. 중국 교가의 경우 음을 숫자로 표기하는 경우가 많다. 실제적으로 한 교가이지만 서로 다른 음악적 표기를 한 교가를 볼 수 있었다.

4. 중국 조선족학교 교가의 음악 구성요소 분석과 그 특징

음악은 사람의 감정과 사고, 그리고 표현하고자 하는 메시지를 전달하는 힘을 갖고 있다. 이것은 '음'을 기본적 소재로 하여 다양한 리듬의 결합과 함께 분위기가 형성되고 여기에 글로 표현되는 가사가 덧붙여져서 음악의 표현력이 더욱 증대되기 때문이다. 이에 중국 조선족학교 교가를 음악 구성요소에 기준하여 분석하고 이를 통해 조선족학교 '학교음악'을 파악하는 것은 매우 의미 있는 일이다.

음악 구성요소 분석은 크게 악곡의 구조, 빠르기 분류, 작사·작곡가 현황, 음악과 가사의 일치성, 기타 등으로 나누어 분석하고 그 특징

〈표 5.12〉 음악 구성요소 분석

분석 기준		세부 내용
악곡의 구조	가요 형식	두 도막, 벗어난 두 도막, 세 도막, 벗어난 세 도막, 네 도막, 벗어난 네 도막 형식
	마디수	교가의 길이
	가사 형식	통절 형식, 유절 형식, 후렴 여부
빠르기 분류	빠르기말 표기	빠르기말 사용 여부, 부사적 표현 여부, 음악용어 사용 여부
작사·작곡가 현황	작사·작곡자	작사·작곡자의 현황
음악과 가사의 일치성	리듬과 가사, 선율과 가사의 조화	리듬의 맥박과 가사의 억양 일치 여부, 가사의 내용과 리듬 일치 여부, 음표의 수와 가사의 음절수 일치 여부, 선율과 가사의 조화
기타	악보의 오류	리듬이나 가사 표기 오류

을 알아보고자 한다.

1) 악곡의 구조

음악을 분석하는 데 있어 가장 중요한 것 중의 하나는 악곡의 구조를 파악하는 일이다. 악곡의 기본적 요소로는 동기, 작은악절, 큰악절이 있고, 이러한 기본 요소들은 가요 형식을 이룬다. 여기서는 '가요 형식' 분석을 통해 중국 조선족학교 교가가 몇 도막 형식인지를 알아보고, '마디수'의 분석을 통해 중국 조선족학교 교가에서 사용된 교가의 길이를 살펴보고자 한다. 또한 '가사 형식'의 분석을 통해 중국 조선족학교 교가의 후렴 여부, 통절 형식, 유절 형식 등을 살펴보겠다.

(1) 가요 형식

가요 형식은 '한 도막 형식', '두 도막 형식', '세도막 형식' 등으로 살펴볼 수 있다. '한 도막 형식'은 8마디로 구성된 1개의 '큰악절'을 말하며, 보통 간단한 동요나 변주곡의 주제로 많이 쓰인다. 중국 조선족학교 교가에서는 사용되지 않았다. '두 도막 형식'은 2개의 큰악절이 연속된 형태로 16마디 구성이며, 앞의 8마디와 뒤의 8마디는 서로 반복·변형되거나 대비되는 형태로 구성된다. 이렇게 '세 도막 형식', '겹두 도막 형식' 등으로 분류할 수 있다. 이러한 가요 형식의 분석은 처음 큰악절인 8마디에서 제시된 주제악상을 A라고 했을 때, 뒤따라 나오는 큰악절의 주제가 똑같이 반복되었으면 AA, 약간의 변화를 주면서 반복되었으면 AA′, 완전히 변형된 다른 주제가 나왔다면 AB로 표기한다.

중국 조선족학교 교가 37개를 가요 형식에 기준하여 구분해보면, '세 도막 형식'을 사용한 교가가 23개로 가장 많았고, '겹 두 도막 형식'을 사용한 교가는 8개, '두 도막 형식'을 사용한 교가는 6개였다.[50] '세 도막 형식'을 사용한 23개의 교가에는 24마디로 구성된 13개 교가 외에 18마디, 20마디, 28마디 등의 '벗어난 세 도막 형식'의 교가도 10개 포함되었다. 또한 A-B-C 형태를 가장 많이 사용하여 21개 교가에서 찾아볼 수 있었고, A-A'-B의 형태를 사용한 교가도 2개 있었다.

'겹 두 도막 형식'을 사용한 중국 조선족학교 교가 8개는 32마디로 구성된 4개 교가 외에 28마디, 29마디, 33마디 등의 '벗어난 겹 두 도막 형식'의 교가도 4개 포함되었다. A-A'-B-C 형태가 3개로 가장 많았고, A-A'-B-A' 형태가 2개, A-A'-B-B' 형태, A-B-C-B' 형태와 A-B-C-D 형태가 각각 1개씩 있었다.

'두 도막 형식'을 사용한 중국 조선족학교 교가에는 16마디로 구성된 5개 교가 외에 20마디로 구성된 '벗어난 두 도막 형식'의 교가도 1개 포함되었다. 모두 A-B 형태의 악절구성으로 이루어졌다.

종합하면, 중국 조선족학교 교가에서 즐겨 사용하는 가요 형식은 A-B-C 형태로 구성된 '세 도막 형식'이며, 대부분의 교가에서 A의 도입부에서는 학교의 위치를 드러내는 지명이나 그 지역의 자연환경이 등장하여 학교의 위치를 알리고자 하였고, B의 중간 부분은 학교의 이념과 강조하고자 하는 핵심 내용을 표현하였고, C의 끝부분에서는 학교명의 이름을 반복적으로 강조하면서 뒤에 후렴구를 배치하였다.[51]

---

50   가요 형식을 구분하는 마디를 세는 데 있어 결속구에 해당하는 마디는 제외하였다.

51   안병삼, 「중국 요녕성 조선족학교 교가 연구」, 『한민족문화연구』 제43집, 2013년, 94쪽 참조.

〈표 5.13〉 가요 형식 분석

가요 형식	세부 형식	교가수	학교명
세 도막 형식 (23개)	세 도막 형식	13	장춘시이도구조선족소학교, 장춘시조선족중학교, 하얼빈시동력구조선족소학교, 오상시조선족실험소학교, 아성시조선족중학교, 하얼빈시만방조선족중학교, 상지시조선족중학교, 송강성제1조선족중학교, 심양시효선소학교, 심양시명렴조선족소학교, 심양시망화구조선족제2소학교, 심양시조선족제1중학교, 심양시조선족제2중학교
	벗어난 세 도막 형식	10	유수시연화소학교, 구태시신선소학교, 장춘시제2조선족중학교, 상지진조선족소학교, 오상현민락완전소학교, 하얼빈시조선족제2중학교, 오상시조선족중학교, 연수현조선족중학교, 심양시황고구화신조선족소학교, 심양시조선족제5중학교
겹 두 도막 형식 (8개)	겹 두 도막 형식	4	장춘시관성구조선족소학교,장춘시록원구조선족소학교,구태시조선족학교,심양시소가툰조선족중심소학교
	벗어난 겹 두 도막 형식	4	오상시산하진홍덕조선족소학교, 하얼빈시조선족제1중학교, 심양시오가황조선족중심소학교, 심양시혼남신구조선족학교
두 도막 형식 (6개)	두 도막 형식	5	하얼빈시도리구조선족중심소학교, 오상현산하진숭의소학교, 심양시화평구서탑조선족소학교, 심양시신성자구윤가향서광조선족소학교, 심양시조선족제6중학교
	벗어난 두 도막 형식	1	심양시화평구만융조선족소학교

(2) 마디수

'마디'는 세로줄과 세로줄 사이를 말하며 악곡의 가장 작은 단위가 된다. 한 마디에 박자표에 따른 음표의 수가 채워지면 세로줄을 사용하여 마디를 구분해 주는데. 이는 곡의 규칙적인 기준점을 제시하여 강박이 시작됨을 알려준다. 즉, 4/4박자의 곡에서는 한 마디에 ♩(4분음표)가 4개 채워지면 세로줄을 사용하여 마디를 구분하고 마디의 첫 박자는 강박이 된다. '마디수'는 마디의 개수를 나타내는 것으로, 이를 통해 가요의 형식을 알 수 있고, 곡의 길이를 가늠할 수 있는 기준이 된다.

중국 조선족학교 교가 37개의 마디수 구성을 살펴보면, 24마디로 구성된 교가가 9개로 가장 많았고,[52] 20마디 7개, 32마디와 16마디는 각 4개씩, 26마디 2개, 23마디 · 28마디 · 29마디 · 30마디로 구성된 교가는 각 1개씩 있었다. 나머지 7개의 교가는 1절과 2절, 혹은 1 · 2절과 3절이 각기 다른 마디수로 구성되어 있었는데 그 이유는 첫째, 마지막 절에 결속구가 쓰여져 마디수가 늘어났기 때문이다. 이에 해당하는 교가는 6개이다. 이 교가들은 각기 16 · 18마디, 18 · 20마디, 18 · 21마디, 24 · 26마디, 28 · 32마디, 28 · 36마디로 구성되었다. 둘째, 도돌이표에 구간 번호를 부여하여 첫 번째 구역을 노래하고 반복하여 2절을 부를 때 1번 구역을 건너 2번으로 넘어가게 되는데 이때 2번 구역이 더 많은 마디수를 갖고있는 형태를 사용했기 때문이다. 이에 해당하는 교가는 1개 교가로 16 · 18마디의 구성이었다.

이를 종합해보면, 중국 조선족학교 교가에서 가장 많이 사용된 마디수는 24마디이고, 이는 세도막 형식을 주로 사용했다는 앞의 내용과 연관되는 사항이다.

---

52 앞서 분석한 가요 형식 분석에서 세 도막 형식을 사용한 교가는 13개였는데 24마디의 교가는 9개로 그 수에 차이가 있다. 이는 오상시조선족실험소학교, 심양시명렴조선족소학교, 심양시망화구조선족제2소학교, 심양시조선족제2중학교에서 마지막 절이 끝나고 추가로 2마디 또는 6마디의 결속구를 사용했기 때문에 세 도막 형식이지만 24마디에 해당하지 않기 때문이다.

<표 5.14> 마디수 분석[53]

마디수	교가수	학교명
24	9	장춘시이도구조선족소학교, 장춘시조선족중학교, 하얼빈시동력구조선족소학교, 아성시조선족중학교, 하얼빈시만방조선족중학교, 상지시조선족중학교, 송강성제1조선족중학교, 심양시효선소학교, 심양시조선족제1중학교
20	7	유수시연화소학교, 상지진조선족소학교, 오상현민락완전소학교, 하얼빈시조선족제2중학교, 연수현조선족중학교, 심양시화평구만융조선족소학교, 심양시조선족제5중학교
32	4	장춘시관성구조선족소학교, 장춘시록원구조선족소학교, 구태시조선족학교, 심양시소가툰조선족중심소학교
16	4	오상현산하진숭의소학교,심 양시화평구서탑조선족소학교, 심양시신성자구윤가향서광조선족소학교, 심양시조선족제6중학교
26	2	오상시조선족실험소학교, 심양시조선족제2중학교
23	1	장춘시제2조선족중학교
28	1	오상시조선족중학교
29	1	심양시혼남신구조선족학교
30	1	심양시명렴조선족소학교
혼합	7	구태시신선소학교(18 · 20), 하얼빈시도리구조선족중심소학교(16 · 18), 오상시산하진홍덕조선족소학교(28 · 36), 하얼빈시조선족제1중학교(28 · 32), 심양시황고구화신조선족소학교(18 · 21), 심양시오가황조선족중심소학교(32 · 36), 심양시망화구조선족제2소학교(24 · 26)

(3) 가사 형식

멜로디와 가사가 함께 들어있는 음악은 음악적 요소만큼이나 가사를 이해하는 것이 중요하다. 특히 중국 조선족학교 교가를 연구하는 데 있어서 가사의 분석이 더욱 중요한 이유는 교가에 학교 이념과 강조하고자 하는 내용, 결연한 다짐과 의지 등이 포함되어 교가를 통해 학교의 이미지가 형성되고 교가를 부르는 학생들의 정서에도 영향을 미칠 것이기 때문이다. 여기서는 교가에 내포되어 있는 교훈적인 학교

53　마디수 분석에서는 결속구에 해당하는 마디는 제외하였다.

이념을 전달하기 위한 가사의 내용을 파악하고 동시에 선율과 어우러진 음악적 요소 등을 기준으로 살펴보고자 한다.

중국 조선족학교 교가를 예술가곡 형식에 기준하여 분류하면, 유절 형식과 통절 형식으로 나눌 수 있다. 유절 형식은 같은 선율의 멜로디에 서로 다른 가사를 붙여 1절 · 2절 · 3절 등으로 구분하여 부르게 되는 것으로, 가사는 계속하여 바뀌지만 노래는 여전히 반복되는 것을 말한다. 이에 반해 통절 형식은 처음부터 끝까지 새로운 선율을 가사에 붙여 반복 없이 통으로 부르는 것으로, 한 절로 마치는 형태를 말한다.

중국 조선족학교 교가 37개 중 27개 교가는 유절 형식을 사용하였고, 10개 교가는 통절 형식을 사용하였다. 27개의 유절 형식 교가는 다시 후렴 있는 유절 형식의 교가 24개와 후렴 없는 유절 형식 교가 3개로 나눌 수 있다. 여기서 논쟁의 여지가 있는 부분은 바로 유절 형식에서 결속구를 사용한 6개 교가와 끝부분에 구간번호가 부여된 도돌이표를 사용한 4개 교가이다.[54] 왜냐하면 유절 형식은 같은 선율의 멜로디를 각 절에 똑같이 사용해야 하는데, 마지막 절에만 덧붙여지는 결속구로 인해 모든 절의 멜로디가 똑같이 반복된다고 간주하기에 모호한 부분이 있기 때문이다. 또한 구간번호가 부여된 도돌이표를 사용하면서 처음 1.에 해당되는 부분과 마지막의 2.나 3.에 해당되는 끝부분의 멜로디가 강조를 위하여 고조되는 형태로 다르게 변하여 이 또한

---

[54] 아래는 유절 형식으로 보기에는 모호한 10개 교가이다.

구분	형식	교가수	학교명
모호한 형식 (10개)	결속구 사용	6	구태시신선소학교, 오상시산하진흥덕조선족소학교, 하얼빈시조선족제1중학교, 심양시황고구화신조선족소학교, 심양시오가황조선족중심소학교, 심양시망화구조선족제2소학교
	구간번호 부여된 도돌이표 사용	4	하얼빈시도리구조선족중심소학교, 하얼빈시조선족제2중학교, 심양시조선족제6중학교, 심양시혼남신구조선족학교

<표 5.15> 가사 형식 분석

가사 형식		절	교가수	학교명
유절 형식 (27개)	후렴 있는 유절 (24개)	2절	20	장춘시관성구조선족소학교, 장춘시이도구조선족소학교, 유수시연화소학교, 장춘시조선족중학교, 구태시조선족학교, 하얼빈시동력구조선족소학교, 오상시산하진흥덕조선족소학교, 아성시조선족중학교, 하얼빈시조선족제1중학교, 하얼빈시만방조선족중학교, 오상시조선족중학교, 상지시조선족중학교, 심양시황고구화신조선족소학교, 심양시소가툰조선족중심소학교, 심양시효선소학교, 심양시망화구조선족제2소학교, 심양시신성자구윤가향서광조선족소학교, 심양시조선족제1중학교, 심양시조선족제5중학교, 심양시혼남신구조선족학교
		3절	4	하얼빈시조선족제2중학교, 심양시화평구만융조선족소학교, 심양시오가황조선족중심소학교, 심양시조선족제6중학교
	후렴 없는 유절 (3개)	2절	2	하얼빈시도리구조선족중심소학교, 오상현민락완전소학교
		3절	1	장춘시제2조선족중학교
통절 형식 (10개)			10	장춘시록원구조선족소학교, 구태시신선소학교, 상지진조선족소학교, 오상현산하진숭의소학교, 오상시조선족실험소학교, 송강성제1조선족중학교, 연수현조선족중학교, 심양시화평구서탑조선족소학교, 심양시명렴조선족소학교, 심양시조선족제2중학교

같은 멜로디를 사용했다고 보기에 모호하기 때문이다.[55] 그러나 이러한 결속구나 구간번호가 부여된 도돌이표 부분은 전체의 가사 형식에 기준하여 볼 때 극히 일부분의 마디에 해당하는 사항이므로 논쟁의

55   예를 들면 다음과 같다.

여지를 감수하고 유절 형식으로 분류하였다.

위의 내용을 종합해보면, 중국 조선족학교 교가는 후렴있는 유절을 가장 많이 사용하였고, 이를 구분하는 데 있어 결속구나 구간번호가 부여된 도돌이표가 사용된 교가의 경우 모호함을 준다는 결과가 나타났다.

2) 빠르기 분류

음악에 있어서 빠르기를 나타내는 말은 빠르거나 느린 속도를 제시함은 물론 악곡 전체의 분위기를 좌우한다. 빠르기를 분류하는 규정으로는 음악용어를 사용하는 방법, 부사적인 표현을 사용하는 방법, 메트로놈 표기법을 표기하여 템포를 정해주는 방법 등이 있다. 이를 세부적으로 살펴보면 다음과 같다. 먼저, 음악용어를 사용하는 것으로 Allegro(빠르게), Andante(느리게) 등의 표기이다. 중국 조선족학교 교가 37개 중 음악용어를 사용하여 빠르기말을 나타낸 교가는 1개로 심양시효선소학교 교가였다. 이 교가에서는 'Andante'라는 용어를 표기하여 느리게 서정적으로 불러야 함을 나타내었고, 가사에 제시된 '언덕 넘어 정다로운', '어머니의 사랑으로 키워주시는' 등의 정겨움을 함께 표현해야 함을 묵시적으로 나타내었다.

다음으로, 부사적인 단어를 사용하는 것으로, '좀 천천히 찬송적으로', '자랑차게', '천천히 감정 있게', '정겹고 기백 있게', '빠르지 않게', '행진속도로', '희망에 넘쳐', '긍지 드높이 씩씩하게' 등의 부사적 나타냄말을 사용한 11개의 교가가 있었다. 여기서 알 수 있는 중국 조선족학교 교가의 특징은 교가를 힘차고 당당함이 느껴지는 행진곡풍으로

만 생각하지 않고 서정적이고 감정이 표현되는 노래로도 생각하였다는 점이다. 특이한 사실 한 가지는 장춘시이도구조선족소학교 교가에 '좀 천천히 찬송적으로'라는 용어를 사용하였는데, 이는 사회주의 국가인 중국에서는 종교적인 문제가 매우 민감한 현실이기 때문이다. 조선족학교가 교육국의 직접적인 통제를 받는 상황에서 종교적인 색채가 교가의 음악적 요소로 나타난다는 것은 다소 의외의 상황이었다. 이 교가는 부분적이지만 2성부를 사용하여 화성적으로도 다성부의 찬송가 느낌을 갖게 하였다.

〈그림 5.30〉 장춘시이도구조선족소학교 교가 악보

'정겹고 기백 있게'라는 서로 상반된 느낌의 부사적 표현을 표기한 오상시산하진흥덕조선족소학교 교가를 살펴보면, '해빛 밝은 교정엔 글소리 랑랑', '경치 좋고 살기 좋은 정든 고향에' 등의 정겨운 가사와 '날려라 빨간 넥타이' 등의 공산당을 찬양하는 가사가 공존하면서 부사적 표현의 나타냄말과 조화를 이루었다.

마지막으로, 메트로놈 표기법을 표기하여 빠르기를 나타낸 교가로는 오상시조선족실험소학교 교가가 유일하다. ♩ = 126이라 표기하였는데 이는 빠르기말로 환산하면 Allegro(♩ = 120-138)에 해당하여 빠르고 경쾌하게 노래해야 함을 나타내었다.

중국 조선족학교 교가 37개 중 대부분인 24개 학교의 교가에서는 빠르기에 대한 어떠한 표기도 제시되지 않았다. 이는 중국 조선족학교 교가의 작곡가가 빠르기말에 대한 표기를 중요하게 생각하지 않아 기입하지 않았거나 중국 조선족학교 교가의 작곡을 전문가보다는 그 학교 소속의 음악교사가 담당한 경우가 많았기 때문에 미처 표기하지 못한 경우도 있을 것이라 생각된다.

빠르기말의 내용을 종합하면, 중국 조선족학교 교가에서는 빠르기말을 표기하지 않는 경우가 24개로 많았고, 13개 학교의 교가에서 빠르기말을 표기하였다. 이 중 부사적 표현이 많았고, 조선족학교 교가가 씩씩한 행진곡 느낌이라는 고정 틀에서 벗어나 서정적이고 정감있는 노래일 수 있다는 새로운 관점을 제시하였다.

〈표 5.16〉 빠르기말 분석

빠르기말		교가수	학교명
표기 (13개)	음악용어 사용	1	심양시효선소학교
	부사적 표현 (11개) '좀천천히 찬송적으로'	1	장춘시이도구조선족소학교
	'자랑차게'	3	하얼빈시도리구조선족중심소학교, 심양시화평구만융조선족소학교, 심양시오가황조선족중심소학교
	'천천히 감정있게'	1	오상현산하진숭의소학교
	'정겹고 기백있게'	1	오상시산하진홍덕조선족소학교
	'빠르지않게'	1	하얼빈시조선족제2중학교
	'행진속도로'	1	심양시망화구조선족제2소학교
	'희망에넘쳐'	1	심양시조선족제5중학교
	'긍지드높이 씩씩하게'	1	심양시조선족제6중학교
	'긍지드높이'	1	심양시혼남신구조선족학교
	메트로놈 표기법 사용	1	오상시조선족실험소학교

| 미표기 | 24 | 장춘시관성구조선족소학교, 장춘시록원구조선족소학교, 유수시연화소학교, 구태시신선소학교, 장춘시조선족중학교, 장춘시제2조선족중학교, 구태시조선족학교, 하얼빈시동력구조선족소학교, 상지진조선족소학교, 오상현민락완전소학교, 아성시조선족중학교, 하얼빈시조선족제1중학교, 하얼빈시만방조선족중학교, 오상시조선족중학교, 상지시조선족중학교, 송강성제1조선족중학교, 연수현조선족중학교, 심양시화평구서탑조선족소학교, 심양시황고구화신조선족소학교, 심양시소가툰조선족중심소학교, 심양시명렴조선족소학교, 심양시신성자구윤가향서광조선족소학교, 심양시조선족제1중학교, 심양시조선족제2중학교 |

3) 작사 · 작곡가 현황

교가는 교훈 · 교화 · 교목 등과 함께 학교를 상징하는 '노래'이다. 교가의 작사는 학교의 교훈과 설립이념을 강조하면서 학생들이 그 정신을 이어가기를 바라는 소망을 담고 있다. 또한 대다수의 교가에는 애교심을 길러주고 면학정신이 들어있는 내용이 포함된다. 이렇게 건학정신이 들어있는 가사에 음악적인 요소들을 결합하여 작곡을 하게 된다. 이때 작곡가는 가사에서 표현된 내용에 어울리는 리듬, 화성, 가락, 박자, 빠르기, 악곡 구조 등을 선별적으로 사용하여 가사의 전달력을 극대화시키는 것이다.

작사와 작곡은 서로 다른 사람이 작업할 수도 있고, 동일 인물이 작사와 작곡을 함께 만든 경우도 있다. 때로는 2명이 같이 작사를 할 수도 있고, 여러 사람이 공동으로 작사나 작곡을 한 경우 집체작으로 표기된다. 작사자와 작곡자를 모르는 경우 작사 · 작곡 미상으로 표기된다.

중국 조선족학교 교가 37개 중 작사가와 작곡가가 모두 명시된 경우는 34개였고 3개의 교가만 미상으로 표기되어 있었다. 미상의 곡이 있는 이유는 많은 조선족학교들이 기록을 남기지 않았기 때문이다. 작사가와 작곡가가 모두 명시된 34개의 교가를 통해 알 수 있었던 것은 조선족학교 교가의 창작에 있어 주도적인 역할을 한 사람들이 그 학교에 근무하는 교원이라는 사실이었다. 이에 따라 작곡은 주로 음악교원이 담당하였고 작사는 국어선생님이나 교장선생님이 주로 담당하였다.

작사가와 작곡가를 세부적으로 보면, 작사와 작곡을 1명이 함께 한 교가가 5개였는데, 이렇게 동일 인물이 작사와 작곡을 같이 할 경우에는 교가에 표현하고자 하는 가사와 그에 맞는 음악적 요소를 자유롭게 선택할 수 있다는 장점이 있다. 오상현민락완전소학교 교가와 송강성제1조선족중학교 교가는 서로 다른 교가지만 같은 사람이 작사·작곡을 하여 작풍이 비슷하다는 특징을 갖고 있다. 유일하게 작사·작곡 모두 집체작으로 표기된 교가는 심양시조선족제1중학교 교가로 특정한 사람이 아닌 여러 사람들이 서로 상의하여 교가의 내용과 곡을 만들었다는 것을 알 수 있다. 이렇게 교가의 제작에 집단이 참여할 경우 소속감을 높이고 여러 아이디어를 수용할 수 있다는 장점이 있다. 하얼빈시조선족제1중학교 교가의 경우도 작사에 조선어조, 작곡은 김태웅으로 표기되어 있는데, 여기서 조선어조란 학교의 조선어 교육을 담당하는 선생님들의 집단을 말한다. 2명이 같이 공동 작사를 한 교가도 1개 있었는데 심양시조선족제6중학교 교가이다. 28개 학교의 교가는 작사와 작곡을 서로 다른 인물이 작업하여 그 영역을 구분하였다는 것을 알 수 있었다.

한 사람이 여러 학교의 교가를 창작한 경우도 있는데, 상지진조선

<표 5.17> 작사 · 작곡가 분석

작사 · 작곡가 표기 여부		교가수	학교명
작사 · 작곡가 표기 (34개)	작사 · 작곡가 개별	28	장춘시이도구조선족소학교, 장춘시록원구조선족소학교, 구태시신선소학교, 장춘시조선족중학교, 구태시조선족학교, 하얼빈시도리구조선족중심소학교, 하얼빈시동력구조선족소학교, 상지진조선족소학교, 오상현산하진숭의소학교, 아성시조선족중학교, 하얼빈시조선족제1중학교(조선어조), 하얼빈시조선족제2중학교, 하얼빈시만방조선족중학교, 오상시조선족중학교, 상지시조선족중학교, 연수현조선족중학교, 심양시화평구서탑조선족소학교, 심양시황고구화신조선족소학교, 심양시소가툰조선족중심소학교, 심양시화평구만융조선족소학교, 심양시효선소학교, 심양시명렴조선족소학교, 심양시오가황조선족중심소학교, 심양시망화구조선족제2소학교, 심양시조선족제2중학교, 심양시조선족제5중학교, 심양시조선족제6중학교(2명공동작사), 심양시혼남신구조선족학교
	작사 · 작곡가 동일	5	오상현민락완전소학교, 오상시산하진홍덕조선족소학교, 오상시조선족실험소학교, 송강성제1조선족중학교, 심양시신성자구윤가향서광조선족소학교
	집체작	1	심양시조선족제1중학교
작사 · 작곡가 미표기		3	장춘시관성구조선족소학교, 유수시연화소학교, 장춘시제2조선족중학교

족소학교 교가와 상지시조선족중학교 교가의 작사 · 작곡을 강효삼 · 심상문이 하였고, 심양시조선족제5중학교 교가, 심양시조선족제6중학교 교가, 심양시혼남신구조선족학교 교가의 작곡은 모두 서영화가 하였다. 이렇게 같은 사람이 중복되어 작곡이나 작사를 하는 경우는 전문적으로 음악교육을 받은 직업 음악인이다. 실제로 서영화 · 강효삼 · 심상문은 조선족사회에서 매우 유명한 음악가이다. 서영화는 중국 조선족 음악계의 1세대 원로이자 요녕성 음악계의 중요 인물이다. 시인이자 수필가인 강효삼은 연변대 조선어문학과를 졸업하고 연수현에서 교직생활을 하였고, 상지시 하향정부에서 문화공무원 생활 등을 하다가 퇴직하였다. 심상문은 자신의 이름으로 발표한 교가와 '전

야'라는 필명으로 발표한 교가가 혼재되어 있는데, 1935년 경상북도 영덕군에서 출생하였고 중국 음악가협회 회원, 중국조선족음악연구회 이사, 중국조선족아동음악학회 부회장 등을 역임하였다.[56]

4) 음악과 가사의 일치성

교가에는 음악적 요소와 가사의 내용이 함께 어우러져 있기 때문에 이 두 가지의 조화로운 결합은 필수적 요소이다. 대부분의 중국 조선족학교 교가는 단선율의 노래가 대부분을 차지하고 있기 때문에 본 논문에서는 음악과 가사의 일치성을 연구하는 데 있어 리듬과 가사의 조화와 선율과 가사의 조화에 중점을 두고 살펴보도록 하겠다. 이 두 가지를 살펴보는 기준은 리듬의 맥박과 가사의 억양 일치 여부, 가사의 내용과 리듬 일치 여부, 음표의 수와 가사의 음절수 일치 여부, 선율과 가사의 조화 등이다.

첫째, 리듬의 맥박과 가사의 억양 일치 여부이다. 모든 교가는 제시된 박자표에 의해 기본적으로 생성되는 규칙적인 셈여림의 맥박이 있다. 이것이 가사의 운율에서 오는 강세의 억양과 어긋나지 않고 잘 어울리는지에 대한 문제는 리듬과 가사의 일치성 판단에 큰 기준점이 된다. 이러한 기준으로 중국 조선족학교 교가 37개를 분석한 결과, 리듬의 맥박과 가사의 억양이 일치하는 교가는 34개였고, 일치하지 않는 교가는 3개였다. 이렇게 나뉘는 기준은 갖춘마디와 못갖춘마디의 사용이었는데, 갖춘마디를 사용한 34개의 교가는 리듬의 강세와 가사

---

56   안병삼, 「중국 흑룡강성 조선족학교 교가 연구」, 『인문과학연구』 제35집, 2012년, 539쪽.

의 억양이 맞아떨어져 음악과 가사의 일치성을 보이는 데 반해 못갖춘마디를 사용한 3개의 교가는 리듬의 강세와 가사의 억양이 엇갈려져 부조화를 이루었다. 예를 들어, 하얼빈시조선족제2중학교 교가에서 '자랑차다'의 '자'음절과 첫마디 강박에 해당하는 'a'음이 맞아떨어져야 하는데, 마치 한 음절씩 밀린 듯한 느낌을 받게 된다.

〈그림 5.31〉 하얼빈시조선족제2중학교 교가 악보

오상시조선족중학교 교가에서도 '하야니/ 서있는/ 꿈나무 /한그루'의 억양이 '하/야니 서있/는 꿈/나무 한그/루'로 강세가 와서 부조화를 이루었고, 심양시조선족제1중학교 교가에서도 '나라의/ 동량을/ 안아/ 키우며'의 억양이 '나/라의 동량/을 안/아 키우/며'로 강세가 바뀌어 어색하다는 것을 알 수 있다. 이렇게 리듬의 강세와 가사의 억양이 일치하지 않으면 가사의 전달력 또한 떨어지게 된다.

둘째, 가사의 내용과 리듬 일치 여부이다. 가사에 사용된 단어들은 각기 다른 느낌을 갖고 그 느낌에 맞는 리듬을 적절히 사용해야 리듬과 가사가 일치한다고 말할 수 있다. '혁명전통', '겨레의 기상' 등의 강한 느낌을 주는 가사에 어울리는 리듬은 부점이나 당김음 등의 리듬이 될 것이고, '얼음도시', '파란꿈 키워가자', '재간둥이' 등의 동심이 느껴지는 가사에는 가볍고 발랄하게 느껴지는 ♪(8분음표)를 많이 사용하거나 ♪(16분음표)를 연속 사용하는 것이 어울릴 것이다. 또한 서정적인

〈그림 5.32〉 장춘시이도구조선족소학교 교가 악보

'정다로운', '어머니의', '사랑으로' 등이 포함된 가사에는 민음표를 사용하는 것이 적절할 것이다. 중국 조선족학교 교가 36개는 가사의 내용과 리듬이 일치하였고 1개의 교가는 일치하지 않았다. 일치하지 않은 교가는 장춘시이도구조선족소학교 교가로, 나타냄말에 '좀 천천히 찬송적으로'라고 표기되었고 가사의 내용은 '혁명전통 이어가는 요람'과 '선생님의 따뜻한 가르침'의 상반되는 내용이 있었다. 전자에 어울리는 리듬은 부점이나 당김음 등이고, 후자에 어울리는 리듬은 민음표 중심의 리듬이지만 실제로 악보에는 반대로 사용되었다.

가사의 내용과 리듬이 일치하는 몇 가지 경우를 살펴보자면, 구태시신선소학교 교가의 경우 '맑은물'의 맑은 느낌을 표현하기 위해 ♪(8분음표)와 𝄾(8분쉼표)를 사용하여 가사의 내용과 리듬이 일치되는 느낌을 주었다.

〈그림 5.33〉 구태시신선소학교 교가 악보

심양시조선족제6중학교 교가에서는 '긍지드높이 씩씩하게'라고
표기된 나타냄말과 어울리는 가사와 리듬을 사용하여 가사와 리듬의
일치성을 나타내었다.

〈그림 5.34〉 심양시조선족제6중학교 교가 악보

셋째, 음표의 수와 가사의 음절수 일치 여부이다. 중국 조선족학교
교가 37개 중 19개는 일치하였고 18개는 일치하지 않았다. 많은 교가
에서 불일치가 나타나는 이유는 작곡가와 작사가가 서로 다르다보니
작사자가 원하는 의도가 작곡자에게 전달이 되지 않았거나 작곡자가
선율로 표현하고자 하는 의도가 너무 강해서 가사의 음절과 맞아떨어
지지 않는 경우이다.

일치하지 않는 18개 교가를 세부적으로 분석해보면, 음절의 수보
다 음표의 수가 많은 경우, 음표의 수보다 음절의 수가 많은 경우, 1절
과 2절 또는 1·2절과 3절의 가사 음절이 틀린 경우, 가사의 음절과
멜로디 음표의 위치가 어색하게 배열된 경우가 있었다. 나열된 내용들
은 한 개의 교가에 중복되어 나타난 경우가 많아 정확한 개수를 표기
하는 데 어려움이 있으므로 그 예만 살펴보겠다.

먼저, 음절의 수보다 음표의 수가 많은 경우이다. 하얼빈시조선족
제1중학교 교가의 경우 '량'에 해당되는 가사에 3개의 음표가 있어 어
색하게 느껴진다.

〈그림 5.35〉 하얼빈시조선족제1중학교 교가 악보

반대로 음표의 수보다 음절의 수가 많은 경우는 구태시신선소학교 교가에서 찾아볼 수 있다. ♩(4분음표) 하나에 '씩씩'의 두 음절이 들어가 있는데 이것은 ♪(8분음표) 2개로 나눠서 불러야 하는지, '꽃봉'처럼 ♩. ♪ 형태의 부점으로 불러야 하는지 모호함을 준다.

〈그림 5.36〉 구태시신선소학교 교가 악보

1절과 2절 또는 1·2절과 3절의 가사 음절이 틀린 경우는 장춘시 제2조선족중학교 교가에서 찾아볼 수 있는데, 각 절마다 음절의 수가 통일되지 않았고 특히 3절의 '꽃봉오리'는 음표와 연결하여 노래했을 때 어색함이 들게 된다.

〈그림 5.37〉 장춘시제2조선족중학교 교가 악보

가사의 음절과 멜로디 음표의 위치가 어색하게 배열된 경우는 장춘시록원구조선족소학교 교가에서 찾아볼 수 있다. '빛나라-'의 배열을 '빛나-라'의 배열로 바꿔서 '라'를 다음 마디 첫 음에 배열해주면 훨씬 안정감있게 들릴 것이다.

〈그림 5.38〉 장춘시록원구조선족소학교 교가 악보

넷째, 선율과 가사의 조화이다. 중국 조선족학교 교가는 가사가 전달하고자 하는 느낌에 선율의 진행이 더해짐으로 조화를 이루며 그 효과를 증대시키는 경우가 많았다. 장춘시록원구조선족소학교 교가의 경우 '아침해 두-둥실 뜨는 학-교'에서 '두-둥실'의 느낌을 살리기 위해 도약하는 선율을 사용하였고, '당의 해살 담뿍 안고서'의 '담뿍'을 나타내기 위해 앞에서 사용한 도약 외에도 '담' 음절에 더 높은 음을 사용하였다.

〈그림 5.39〉 장춘시록원구조선족소학교 교가 악보

장춘시제2조선족중학교 교가의 경우, '밝은 마음'의 느낌을 살리기 위해 시작에서 고음역을 사용하여 순차적으로 하행하는 선율의 흐름을 사용하다가 '아- 신 난-다'의 가사에 다시 더 높은 음역을 사용함으로 신나서 소리치는 것과 같은 효과를 나타내었다.

〈그림 5.40〉 장춘시제2조선족중학교 교가 악보

하얼빈시동력구조선족소학교 교가의 경우, '아침에 떠오르는 태양처럼 찬란한'의 가사에 맞게 저음역대에서 점차적으로 상행하는 선율을 사용하여 태양이 떠오르는 듯한 느낌을 주었고 '찬란한'의 어감을 살리기 위해 한층 더 높은 음을 사용하였다.

〈그림 5.41〉 하얼빈시동력구조선족소학교 교가 악보

오상현산하진숭의소학교 교가의 경우, '넓고 넓은 대지에는'의 가사 중 '넓고 넓은'의 느낌을 살리기 위해 한 옥타브의 도약하는 진행을 사용하였다.

넓 고 넓 은 대 지 에 는

〈그림 5.42〉 오상현산하진숭의소학교 교가 악보

5) 기타

중국 조선족학교 교가에서는 악보의 오류가 많이 있었다. 가장 많은 오류로는 가사에 '–'표기를 하지 않은 것이었다. 가사의 음절수보다 음표의 음절수가 많을 경우 어느 음까지 가사를 끌어야 하는지 명확하게 하기 위해 '–' 표기를 해야 한다. 그러나 6개 학교의 교가만 '–' 표기를 하였고 31개의 학교는 표기하지 않았다.[57]

두 번째 오류는 숨표의 미표기이다. 특이하게도 중국 조선족학교 교가 37개 중 36개는 숨표 표기를 하지 않았고 유일하게 심양시조선족제6중학교 교가에서만 숨표 표기를 찾아볼 수 있었다. 그러나 이마저도 완전하게 사용한 것이 아니라 전체 노래 중 중간에 못갖춘마디로 바뀌는 부분 한 곳에만 표기를 한 것이다. 이것을 통해 중국 조선족

---

57 교가에 '–' 표기를 한 6개 학교는 장춘시록원구조선족소학교, 장춘시조선족중학교, 하얼빈시만방조선족중학교, 연수현조선족중학교, 심양시화평구서탑조선족소학교, 심양시조선족제2중학교이다.

학교 교가의 작곡가들이 교가를 작곡하는 데 있어 숨표의 표기에 대해 중요하게 생각하지 않았다는 것을 알 수 있다.

〈그림 5.43〉 심양시조선족제6중학교 교가 악보

갖춘마디의 곡에서는 숨표 표기가 없더라도 한 악구가 끝나는 지점에서 잠시 숨을 쉴 수 있는 여유가 있지만 하얼빈시만방조선족중학교 교가의 경우처럼 갖춘마디로 시작한 곡이 중간에 못갖춘마디 형태로 전환되는 부분의 노래에서는 숨쉬는 곳을 찾기 힘들 수도 있다. 이 경우 '사랑의 물 듬-뿍 받고 힘-있게 자-라-서'의 구절과 다음 구절의 시작이 되는 '온-누리'의 가사를 숨표를 넣어 구분해주는 것이 좋다.

〈그림 5.44〉 하얼빈시만방조선족중학교 교가 악보

숨표를 표기하지는 않았지만 악구의 끝에 쉼표가 있어서 숨을 쉴

수 있어 구지 숨표의 표기가 필요하지 않은 교가도 8개 있었다.[58] 그
예로 오상현산하진숭의소학교 교가를 들 수 있다.

〈그림 5.45〉 오상현산하진숭의소학교 교가 악보

세 번째 오류는 박자표에 제시된 박이 마디 안에 채워져 있지 않아
박이 모자란 경우 또는 박이 제시된 박자보다 많이 사용되어 남는 경
우이다. 박이 모자란 경우의 한 예로 오상시조선족중학교 교가는 처음
에 박자표 표기를 하지 않은 중대한 오류가 있었고, 박자표가 없더라
도 마디의 진행상 4/4박인 것을 알 수 있는데 다음 악보의 '자라네'
부분은 셋잇단음표로 처리되어야 하고, '아 아' 부분의 ♩.(점4분음표)는 ♩.
(점2분음표)로 바뀌어야 함을 알 수 있다.

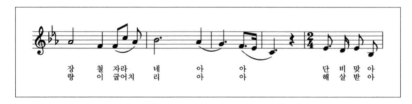

〈그림 5.46〉 오상시조선족중학교 교가 악보

58　숨표의 표기가 필요하지 않은 8개 학교는 장춘시이도구조선족소학교, 장춘시제2조선족중학
교, 오상현산하진숭의소학교, 하얼빈시조선족제1중학교, 송강성제1조선족중학교, 연수현조
선족중학교, 심양시소가툰조선족중심소학교, 심양시효선소학교이다.

박이 남는 경우의 예는 앞서 제시된 〈악보 11〉의 둘째 단 첫째 마디의 ♪♪ ♩리듬이다.

네 번째 오류는 쉼표의 사용을 전혀 하지 않은 경우이다. 악보는 음표와 쉼표가 서로 공존하며 대비를 이루는데, 쉼표는 음표만큼이나 선율의 흐름에 중요한 역할을 한다. 쉼표는 말 그대로 쉴 수 있는 공간이기도 하며 마침표의 역할을 하기도 한다. 이러한 쉼표의 활용을 하지 못한다면 마침표 없이 계속 돌아가는 바퀴같아서 아름다운 선율을 느낄 여유가 없게 되고 악보상 시각적으로도 답답한 느낌을 준다. 쉼표를 전혀 사용하지 않은 학교의 교가는 15개 학교의 교가였다.[59] 장춘시록원구조선족소학교 교가를 그 예로 살펴보겠다.

〈그림 5.47〉 장춘시록원구조선족소학교 교가 악보

59 교가에서 쉼표를 전혀 사용하지 않은 학교는 유슈시연화소학교, 구태시조선족학교, 하얼빈시동력구조선족소학교, 상지진조선족소학교, 오상시산하진홍덕조선족소학교, 오상시조선족실험소학교, 아성시조선족중학교, 상지시조선족중학교, 심양시화평구서탑조선족소학교, 심양시황고구화신조선족소학교, 심양시오가황조선족중심소학교, 심양시망화구조선족제2소학교, 심양시신성자구운가향서광조선족소학교, 심양시조선족제1중학교, 심양시조선족제2중학교이다.

6) 중국 조선족학교 교가의 음악 구성요소 특징

지금까지 중국 조선족학교 교가 37개를 대상으로 음악 구성요소에 따라 분석해 보았고, 그것을 통해 다음과 같은 특징을 발견할 수 있었다.

첫째, 중국 조선족학교 교가는 결속구를 사용하였다. 중국 조선족학교 교가에서는 결속구의 사용을 통해 마지막을 되뇌듯이 반복하며 강조하는 형태를 많이 사용하였는데, 총 37개 교가 중 9개의 교가에서 사용되어 약 25%의 비율이었다.[60] 결속구는 '약속하자', '빛내여가자', '길이 보전하세', '길이길이 영광떨치자' 등의 다짐과 '교풍 빛나네', '키워갑니다', '배움의 요람이래요' 등의 학교의 이념을 강조한 내용도 있었다. '나의 모교여', '오가황중심소학교' 등 교명을 나타내는 가사를 사용한 경우도 있었다. 결속구는 교가의 끝부분에 짧게는 2마디, 길게는 8마디를 반복하여 부르는 것으로, 반복되는 부분을 강조하기 위한 것이다. 그러나 단순히 똑같이 반복하여 부르는 것이 아니고 변환을 시키는데, 리듬의 확대나 음정의 변화를 통해 강조한다. 그 표기법 또한 다양하였는데 일반적인 세로줄에 구간번호를 사용한 경우, 도돌이표에 구간번호를 사용한 경우, 따로 표기하지 않은 경우의 세 가지이다. 몇 가지 예를 통해 리듬의 확대, 음정의 변화, 결속구의 표기법을 확인해보고자 한다. 하얼빈시조선족제1중학교 교가의 경우, 리듬이 확대되어 마디가 늘어났고 음정 또한 고점으로 변환되어 강조되고 있

---

60   결속구를 사용한 교가는 구태시신선소학교, 오상시산하진흥덕조선족소학교, 오상시조선족실
     험소학교, 하얼빈시조선족제1중학교, 심양시황고구화신조선족소학교, 심양시명렴조선족소
     학교, 심양시오가황조선족중심소학교, 심양시망화구조선족제2소학교, 심양시조선족제2중학
     교이다.

는 느낌을 받는다. 표기법으로는 일반적인 세로줄에 구간번호를 사용하였다.

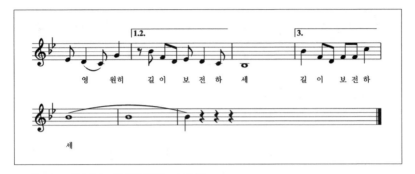

〈그림 5.48〉 하얼빈시조선족제1중학교 교가 악보

심양시황고구화신조선족소학교 교가의 경우, 비슷한 리듬꼴에 마지막 박자를 늘려 한 마디를 확장시켰고, 음정도 고점으로 변환시켜 강조하였다. 표기법은 도돌이표와 구간번호를 사용하였다.

〈그림 5.49〉 심양시황고구화신조선족소학교 교가 악보

심양시명렴조선족소학교 교가의 경우, '빛내여가자'의 리듬을 확장시켜 강조하였고, 하행하는 선율을 상행으로 변환하여 끝맺음을 확실히 하였다. 결속구의 표기는 따로 하지 않았지만 선율의 흐름상 결속구라는 것을 인지할 수 있다.

<그림 5.50> 심양시명렴조선족소학교 교가 악보

둘째, 중국 조선족학교 교가는 갖춘마디로 시작한 노래의 후반에 못갖춘마디로 전환하여 역동감을 주었다. 중국 조선족학교 교가 37개 중 13개 학교의 교가에서 이러한 형태를 사용하였다.[61] 그중 11개의 교가는 4/4박자였고, 1개는 4/4 - 2/4 - 4/4의 변박자, 1개는 2/4박자로 모두 4박자의 형태를 갖고 있었다. 이 곡들은 모두 갖춘마디로 시작하여 강/약/중강/약의 안정된 리듬으로 진행되다가 후반부에 못갖춘마디 형태로 바뀌면서 규칙적으로 진행되던 리듬에 역행을 불러일으켰다. 그 예로 구태시신선소학교 교가를 들 수 있다.

---

61 후반에 못갖춘마디로 전환된 교가는 장춘시관성구조선족소학교, 장춘시록원구조선족소학교, 유수시연화소학교, 구태시신선소학교, 장춘시조선족중학교, 하얼빈시도리구조선족중심소학교, 심양시화평구만융조선족소학교, 심양시명렴조선족소학교, 심양시망화구조선족제2소학교, 심양시조선족제2중학교, 심양시조선족제5중학교, 심양시조선족제6중학교, 심양시혼남신구조선족학교이다.

〈그림 5.51〉 구태시신선소학교 교가 악보

셋째, 중국 조선족학교 교가는 1절과 2절, 또는 1·2절과 3절의 마디수가 다른 경우가 존재하였다. 7개 학교의 교가가 이에 속하였으며,[62] 그 원인으로는 결속구의 사용으로 마지막 절에 해당하는 마디가 늘어났기 때문이거나 구간번호가 부여된 도돌이표를 사용함에 있어 도돌이를 노래한 후 마지막 번호에 해당하는 구간으로 넘어갔을 때 그 마디가 변형되어 늘어났기 때문이다. 각 절의 마디수가 다른 곡들로 인해 한도막 형식·두도막 형식 등의 가요 형식을 구분하거나 유절 형식·통절 형식 등의 가사 형식을 구분하는 데 모호함을 주는 원인이 되었다.

넷째, 중국 조선족학교 교가는 다양한 빠르기말을 사용하였다. 중국 조선족학교 교가에서는 일반적인 교가의 느낌인 힘차고 씩씩한 응원가의 형태를 비롯하여 사회주의 이념이 묻어나는 가사에는 노동가

---

[62] 1절과 2절, 또는 1·2절과 3절의 마디수가 다른 교가는 구태시신선소학교(18·20), 하얼빈시도리구조선족중심소학교(16·18), 오상시산하진흥덕조선족소학교(28·36), 하얼빈시조선족제1중학교(28·32), 심양시황고구화신조선족소학교(18·21), 심양시오가황조선족중심소학교(32·36), 심양시망화구조선족제2소학교(24·26)이다.

의 느낌이 나는 곡도 있었다. 이러한 곡에는 '행진속도로', '씩씩하게' 등의 빠르기말을 사용하였다. 그와 상반되는 서정적인 느낌의 교가에는 '느리게'라는 빠르기말을 사용하였는데 그 예로 Andante(느리게)의 음악 용어를 사용한 심양시효선소학교 교가를 들 수 있다. 그 외에도 '천천히 감정 있게', '빠르지 않게', '좀 천천히 찬송적으로' 등의 용어를 사용하여 다양한 시도를 하였다.

다섯째, 중국 조선족학교 교가에는 악보의 오류가 많았다. 악보의 오류에는 가사에 '–' 표기를 하지 않은 경우와 숨표를 표기하지 않은 경우가 가장 많았고, 쉼표의 사용을 전혀 하지 않은 경우와 박자표에 제시된 박이 마디 안에 채워져 있지 않아 박이 모자란 경우도 있었다. 이러한 원인으로 중국 조선족학교 교가의 작곡가들이 전문적인 음악 교육을 받지 못한 소속 학교의 음악교사가 작곡했기 때문일 수도 있고, 위의 사항들을 중요하게 생각하지 않아 따로 표기하지 않았을 수도 있다.

5. 맺음말

　중국 조선족은 이민 초기부터 마을마다 학교를 세워 학생들을 교육하였고, 학교에서는 운동회를 통해 마을사람들의 단결을 도모하였으며, 또한 마을의 대소사를 논하였다. 이렇듯 조선족학교는 조선족사회의 중심에서 여러 역할을 하는 존재였다. 이것은 중국에서 조선족학교가 각별한 의미를 가지고 있기 때문이다. 조선족학교에서 이루어지는 교육은 단지 사회 규범과 가치를 가르치고 후대를 양성하는 교육 본연의 차원을 넘어 민족공동체의 결속과 민족문화 창달, 나아가 민족의식을 각인시킴으로써 조선민족의 반일독립운동에 결정적인 역할을 담당하였을 뿐만 아니라 중국 내 조선족이라는 새로운 민족공동체의 창출 및 그들의 경쟁력 신장과 위상 제고에 핵심적인 역할을 담당하였다. 조선족학교의 교육이 없다면 오늘날의 조선족도 있을 수 없다.[63]

　1906년 설립된 서전서숙의 교가를 시작으로 지금까지 중국 조선족학교는 교가를 통하여 건학 이념과 학교의 정신문화를 학생들에게 교육시키고자 하였다. 이를 통해 학교가 바라는 인재를 양성하고, 학생들에게는 애교심을 고양할 뿐만 아니라 학교에 대한 소속감과 협동심을 길러주고자 한 것이다. 또한 중국 조선족학교는 시대적 배경에 따라 서로 다른 선율을 차용하여 교가를 만들어 학생들에게 부르게

---

[63]　박금해, 『중국조선족 교육의 역사와 현실』, 경인문화사, 2012년, 책머리 참조.

하였다.[64] 이에 중국 조선족을 연구하면서 조선족학교를 빼놓고는 말할 수 없다고 할 수 있다. 그러나 조선족학교 교가에 대한 연구는 아직까지 매우 미약한 수준이다. 더구나 현재 진행된 교가에 대한 연구가 교가 가사에만 치우쳐있어 다양한 연구가 진행되고 있지 못하다.

본 연구는 중국 조선족학교 교가 37개를 대상으로 음악의 3대 요소와 음악 구성요소를 각각 분석하고 그 속에 담겨있는 다양한 음악적 특징을 알아보고자 하였다.

본문에서는 중국 조선족학교 교가를 음악의 3요소인 리듬, 선율, 화성으로 구분하여 분석하였다. 리듬은 박자 · 리듬꼴 · 갖춘마디와 못갖춘마디의 여부 · 시작 리듬 등 4가지로 나누어 살펴보았고, 선율은 음계 · 음역 · 전주 사용 여부 등으로 나눠 살펴보았으며, 화성은 조성 · 성부조직 · 종지 등으로 살펴보았다.

먼저 리듬을 보면, 중국 조선족학교 교가에서는 박자에 있어서 짝수 박자인 4/4박자를 사용한 교가가 28개로 가장 많았다. 이는 학교의 교육철학과 상징성 등을 반영하고 힘찬 기상을 표현하려는 학교의 의도라고 할 수 있다. 리듬꼴에 있어서는 다음과 같은 특징이 있었다. 첫째, 점음표와 민음표를 많이 사용하였다. 둘째, 당김음을 많이 사용하였다. 셋째, 셋잇단음표를 많이 사용이다. 넷째, 16분음표의 연속 사용을 하였다. 다섯째, 쉼표의 사용으로 리듬을 강조하였다. 중국 조선족학교 교가 중 갖춘마디로 시작한 교가는 32개였고, 못갖춘마디로 시작한 곡은 5개였는데, 특히, 시작 리듬에서 가장 많이 사용한 형태는 부점리듬이 들어간 형태로 19개 교가에서 사용되었다.

다음으로 선율을 보면, 모든 중국 조선족학교 교가에서 7음 음계를

---

64 김보희, 「북만주지역의 독립운동가요」, 『한국음악연구』 제43집, 2008년, 22쪽 참조.

사용하였는데, 그중 심양시황고구화신조선족소학교 교가는 '5음 음계'를 주요골격으로 사용한 '7음 음계'라는 특징이 있었다. 또한 음역을 살펴보면 최저음과 최고음의 음역대를 C′-D″와 C′-E″로 사용한 교가가 각 6개씩으로 가장 많았고, Bb-Eb″의 음역대를 사용한 교가는 5개, Bb-D″와 G-C″는 각 3개씩, D′-G″와 A-E″도 각 각 2개씩 있었다. 그중 최저음으로 가장 많이 사용된 음은 C′음으로 14개의 교가에서 사용되었고, Bb음은 10개의 교가에서 사용되었다. 이는 C′음과 Bb음을 사용한 교가의 수가 24개로 약 65%의 비중을 차지하여 중국 조선족학교 교가의 작곡가들은 이 음역을 학생들이 노래부르기에 가장 편하고 적합한 저음역대라고 생각했다는 것을 알 수 있다. 또한 최고음으로 가장 많이 사용된 음은 D″음으로 12개의 교가에서 사용되었고 E″음은 9개의 교가에서, Eb″음은 5개의 교가, C″음은 4개의 교가에서 사용되어 이 네 음을 최고음으로 사용한 교가의 수는 30개였다. 조선족학교 교가 37개 중 전주를 사용한 교가는 8개로 이 중 장춘시관성구조선족소학교 교가와 장춘시제2조선족중학교 교가에서는 노래의 밝고 신나는 느낌을 전주에서 미리 표현하도록 부점리듬과 당김음리듬을 사용하였다.

마지막으로, 화성을 보면, 모든 교가의 조성이 장조의 조성을 사용하고 있었는데, 이는 학교의 기풍과 건학정신을 담아 씩씩하고 밝은 느낌으로 불러야 하는 교가의 특성상 밝은 느낌의 장조가 더 적합하기 때문이다. 조성을 분류해보면, C장조의 곡이 11개로 가장 많았고 그 다음으로는 F장조와 Bb장조가 각 9개씩으로 많았다. Eb장조는 4개, G장조는 2개, D장조도 2개였다. 조선족학교 교가의 성부를 분석한 결과 32개의 교가는 제창의 형식으로 되어있었고 5개의 교가는 부분2부합창 형식이었다. 또한 중국조선족학교 교가는 모두 정격종지를 사용하였다.

중국 조선족학교 교가 37개를 음악의 3요소인 '리듬', '가락', '화성'을 기준으로 분석하면서 다음과 같은 음악적 특징을 발견할 수 있었다. 첫째, 교가 대부분 짝수 박자를 사용하였다. 둘째, 부점리듬을 많이 사용하였다. 셋째, 중국 조선족학교 교가 중 민음표 중심의 곡에서 당김음이 더 많이 사용되었다. 넷째, 다양한 특색이 있는 리듬사용을 하였다. 다섯째, 중국 조선족학교 교가에는 민요풍의 리듬을 사용한 교가가 있었다. 여섯째, 대부분 교가가 씩씩한 행진곡형이었다. 일곱째, 교가 악보의 오류가 많았다. 가장 많은 악보의 오류는 박자표에 표기된 박자와 맞지 않는 박을 사용한 것인데, 11개 학교의 교가에서 너무 많은 박을 사용하거나 박자를 부족하게 사용하였다.

본문에서는 음악의 구성요소인 악곡의 구조, 빠르기 분류, 작사·작곡가 현황, 음악과 가사의 일치성 등으로 구분하여 분석하였다. 첫째, 악곡의 구조 중 가요 형식에서는 중국 조선족학교 교가 37개 가운데 '세 도막 형식'을 사용한 교가가 23개로 가장 많았고, '겹 두 도막 형식'을 사용한 교가는 8개, '두 도막 형식'을 사용한 교가는 6개였다. 중국 조선족학교 교가 37개의 마디수 구성을 살펴보면, 24마디로 구성된 교가가 9개로 가장 많았고, 20마디 7개, 32마디와 16마디는 각 4개씩, 26마디 2개, 23마디·28마디·29마디·30마디로 구성된 교가는 각 1개씩 있었다. 나머지 7개의 교가는 1절과 2절, 혹은 1·2절과 3절이 각기 다른 마디수로 구성되어 있었다. 중국 조선족학교 교가 37개의 가사 형식을 보면, 27개 교가는 유절 형식을 사용하였고, 10개 교가는 통절 형식을 사용하였다. 27개의 유절 형식 교가는 다시 후렴 있는 유절 형식의 교가 24개와 후렴 없는 유절 형식 교가 3개로 나눌 수 있다. 둘째, 빠르기 분류를 보면, 중국 조선족학교 교가에서는 빠르기말을 표기하지 않는 경우가 24개로 많았고, 13개 학교의 교가에서 빠르기말을 표기하였다. 셋째, 작사·작곡가 현황을 보면, 중국 조선족학교 교가 37개중 작사가와 작곡가가 모두 명시된 경우는 34개였고 3개의 교가만 미상으로 표기되어 있었다. 넷째, 음악과 가사의 일치성을 보면, 리듬의 맥박과 가사의 억양 일치 여부로 중국 조선족학교 교가 37개를 분석한 결과, 리듬의 맥박과 가사의 억양이 일치하는 교가는 34개였고, 일치하지 않는 교가는 3개였다. 가사의 내용과 리듬 일치 여부로 보면, 중국 조선족학교 교가 36개는 가사의 내용과 리듬이 일치하였고 1개의 교가는 일치하지 않았다. 음표의 수와 가사의 음절 수 일치 여부로 보면, 중국 조선족학교 교가 37개 중 19개는 일치하였고 18개는 일치하지 않았다.

중국 조선족학교 교가 37개를 음악의 구성요소인 악곡의 구조, 빠르기 분류, 작사·작곡가 현황, 음악과 가사의 일치성 등으로 분석하면 다음과 같은 음악적 특징을 발견할 수 있었다. 첫째, 중국 조선족학교 교가는 결속구를 자주 사용하였다. 둘째, 중국 조선족학교 교가는 갖춘마디로 시작한 노래의 후반에 못갖춘마디로 전환하여 역동감을 주는 방법을 많이 사용하였다. 셋째, 중국 조선족학교 교가는 1절과 2절, 또는 1·2절과 3절의 마디수가 다른 경우가 존재하였다. 넷째, 중국 조선족학교 교가는 다양한 빠르기말을 사용하였다. 다섯째, 악보의 오류가 많았다.

중국에 살고있는 조선족은 구한말 한반도를 떠나 타향에서 마을을 이루었고 그 마을마다 민족교육을 위해 학교를 세워 다음 세대를 위한 교육을 하였다. 이러한 교육 중 교가를 통한 교육은 학교 이념과 민족정체성을 지키는 데 큰 역할을 하였다. 그러나 지금까지 중국 조선족학교 교가에 대한 연구는 다양하게 이루어지지 않고 있어 향후 더욱 더 확대되어야 할 연구 과제이다. 이에 본 연구에서 다룬 중국 조선족학교의 음악적 요소 분석은 그동안 전혀 이루어지지 않았던 분야의 연구로써 조금이나마 그동안의 아쉬움을 달랠 수 있는 다양한 연구의 출발이라고 할 수 있겠다.

중국 조선족학교는 교가를 통해 학생들에게 학교 정신과 이념, 시대적 정신 등을 가르치면서 조선족 정체성을 유지하는 데 큰 역할을 해왔다. 교가에 표현되는 음악적 구성요소는 학생들에게 많은 영향을 주면서 학생들의 머릿속에 영원히 기억되고 있다.

중국 조선족학교 교가는 민족학교로써의 학교문화 핵심으로 학생들에게 가르쳐야 할 매우 중요한 교육이다. 이러한 교육에 앞서 제대로 된 음악적 구성요소를 지닌 교가를 창작하는 작업은 조선족학교가 해야 할 민족적 역할일 것이다.

VI

중국 조선족학교의
'한족 학생' 수용에 관한 고찰

1. 머리말

해외 한민족의 수가 점차 증가하는 반면에 중국 내 조선족 인구는 1990년 192만 명에서 2010년 183만 명으로, 20년 사이에 9만 명(4.6%)이 줄었다. 중국 조선족 대부분이 거주하고 있는 동북 3성 인구를 살펴보면 연변주가 속한 길림성에 104만 명, 흑룡강성에 32만 8천 명, 요녕성에 24만 명으로 전체 중국 조선족 인구의 87.8%를 차지한다. 연변자치주는 2010년 인구 통계 결과를 발표하면서 조선족 인구가 전체 227만 명 중 83만 명(37%)으로 10년 전보다 6만 명 줄었다고 밝힌 바 있다.[1]

이렇게 중국 내 조선족 인구가 대폭 감소하면서 여러 가지 문제가 등장하고 있다. 그중 가장 심각한 문제 중 하나가 조선족학교 학생의 감소에 따른 학교의 통·폐합이 매우 빨리 진행되어 전체 조선족 사회의 근본을 흔들고 있다는 사실이다.[2] 이것은 중국에서 조선족학교가

1 　흑룡강신문(http://hljxinwen.dbw.cn), 2013년 3월 22일.

2 　조선족학교의 폐교가 조선족사회에 끼치는 직접적인 문제를 살펴보면 다음과 같다. 첫째, 조선족들의 9년제 의무교육 보급에 부정적 영향을 주어 민족의 교육수준이 떨어진다. 농촌학교의 대량적인 폐교는 학부모들의 교육비 부담을 가중시켜 적지 않은 중퇴학생을 야기하고 한족학교로의 전학을 부추기고 있다. 둘째, 민족 간부의 소실이다. 조선족 교원들의 과잉현상이 심각하게 나타나 지금도 각 학교마다 남아도는 교원들을 처리하지 못하고 있다. 뿐만 아니라 성(省), 시(市), 현(縣), 향(鄕)의 민족교육 관리체계에도 영향을 주어 조선족 민족교육 간부들의 실업도 초래하였다. 셋째, 민족의 고정자산이 유실되고 있다. 조선족마을마다 폐교된 학교터는 정부에서 헐값에 사들이고 있다. 넷째, 조선족마을의 황폐화를 가속시킨다. 마을의 문화생활 중심지였던 학교가 사라지니 사람들이 마을을 떠나고, 그 동안 선조들이 피땀으로 일군

각별한 의미를 가지고 있기 때문이다. 조선족학교에서 이루어지는 교육은 단지 사회 규범과 가치를 가르치고 후대를 양성하는 교육 본연의 차원을 넘어 민족공동체의 결속과 민족문화 창달, 나아가 민족의식을 각인시킴으로써 조선민족의 반일독립운동에 결정적인 역할을 담당하였을 뿐만 아니라 중국 내 조선족이라는 새로운 민족공동체의 창출 및 그들의 경쟁력 신장과 위상 제고에 핵심적인 역할을 담당했다. 조선족학교의 교육이 없다면 오늘날의 조선족도 있을 수 없다.[3]

사실, 현재 중국 내 조선족학교가 안고 있는 문제는 매우 많다. 예를 들어, 학교 운영을 위한 경비 문제, 학교 교원의 고령화, 학교 건물의 노후화, 학교 학생 수의 감소 등이다. 하지만 학교에 학생이 없다면 학교는 그 존재 가치를 잃게 될 것이고 학교의 발전이란 더욱 운운할 수 없을 것이다. 이렇듯 학교에서 학생의 존재 및 그 수는 절대적인 의미를 지닌다. 따라서 중국 조선족학교에서 학생 수 감소 문제를 해결하면서 학생 수를 지속적으로 유지하는 것은 학교의 생명력을 이어가는 가장 중요한 조건이다. 현재 대다수의 중국 조선족학교가 직면하고 있는 문제는 학생 수의 감소이며, 이는 조선족학교의 존폐와 밀접한 관계가 된다고 할 수 있다.

이러한 상황에서 조선족학교는 학생 수 감소 문제를 해결하고 학교의 폐교를 막기 위해 오랫동안 많은 방법을 고민해왔다. 그중 현재 가장 많이 사용되고 있는 보편적인 방법이 바로 '한족 학생'의 수용이다. 심지어 중국 내 민족신문은 조선족학교의 '한족 학생'의 수용을 문제 해결의 답안처럼 소개하고 있다. 그러나 이러한 방법이 정말 조선

농지는 한족에게로 넘어가도 있다.

3   박금해, 『중국조선족 교육의 역사와 현실』, 경인문화사, 2012년, 책머리 참조.

족학교의 학생 수 감소를 억제하면서 중국이라는 타국에서 예전처럼 학생들에게 민족정체성을 교육하는 등 조선족 사회에서 민족학교로서 여러 역할들을 제대로 수행할 수 있을지에 대해서는 여러 의견이 있다. 이러한 상황에서 본 연구는 현재 조선족학교가 직면하고 있는 '한족 학생'의 수용에 관해 한국과 중국에서 아직까지 다뤄지지 않고 있다는 점에 주목하였다.

본 연구는 현재 중국 조선족학교가 직면한 가장 심각한 문제 중 하나인 학생 수 감소 극복을 위해 많은 조선족학교에서 선택한 '한족 학생'의 수용에 관해 고찰한 것이다. 본 연구에서는 '한족 학생'의 수용 목적, 특징, 찬반의견, 문제점 등에 대해 자세하게 살펴볼 것이다. 이 문제를 효과적으로 고찰하기 위해 본 연구에서는 중국 조선족학교에 근무하고 있는 교장선생님을 대상으로 심층인터뷰를 실시하였다. 심층인터뷰는 특정한 연구 주제와 관련하여 구체적이고 명확한 답변을 이끌어 낼 수 있다는 점에서 보다 깊이 있는 연구에 유용한 방법론이라고 할 수 있다. 이에 따라 교육 현장에서 '한족 학생'의 수용에 대해 가장 정확하게 이해하고 있는 교장선생님 대상 심층인터뷰를 통해 '한족 학생'의 수용에 관해 현장의 목소리를 들려주고자 한다. 이를 통해 중국 조선족학교가 현재의 절체절명의 위기를 극복하고 새로운 전환점 및 대안을 마련하고자 한다.

2. 중국 동북3성 조선족학교의 감소

현재 중국 동북3성을 중심으로 거주하고 있는 조선족들이 조선 말기부터 중국으로 조금씩 이주를 시작하였지만 본격적인 계기가 된 것은 1860년 청의 이 지역에 대한 봉금령을 해제한 뒤부터였다. 중국으로의 이주 원인은 조선왕조 말기에는 정부의 폭정과 굶주림을 벗어나기 위해 압록강과 두만강을 건넜고, 일제가 조선을 강제 병합한 뒤에는 일제의 핍박을 피해 이곳으로 이주하게 되었다. 당시 그들은 중국에서 비록 가난하여 제대로 먹을 수도 없었지만 자식들에게 가난을 물려주지 않을 방법은 오직 교육밖에 없다는 생각으로 마을마다 학교를 세워 교육하기 시작하였다. 처음에는 서당의 형식으로 운영되다가 1906년 독립운동가 이상설이 용정에 중국 조선족 최초의 근대교육기관인 서전서숙(瑞甸書塾)을 설립하였고, 그 뒤에는 곳곳에 수없이 많은 조선족학교가 세워져 조선족 교육을 담당하였다. 그러나 현재 중국 동북3성에 자리 잡았던 조선족학교는 조선족들의 해외 이주, 중국 내 대도시로의 이주, 출생률 감소 등의 원인으로 그동안 착실히 진행되었던 조선족교육이 급격히 무너져 가고 있다. 그럼 지금부터 동북3성의 조선족학교의 감소 추세를 살펴보도록 하겠다.

1910년에는 길림성 간척민의 학교가 모두 40개였고, 1920년대에는 더욱 늘어 1928년 기록에 의하면, 중국 길림성 조선족학교는 모두

628개에 학생 수는 31,878명이었고 교원 수는 1,203명이였다.[4] 동북국 민정국 자료에 의하면, 1949년 3월 동북3성에 조선족 중학교는 70개이며, 교원은 550명, 학생은 16,700명이었다. 소학교는 1,500개이며, 교원은 5,500명, 학생은 18만 명이었다.[5] 1949년 10월 중화인민공화국이 선포되고 중국 대륙은 공산당이 이끌게 되었다. 이후 학교는 모두 정부 관리하에 들어가게 되었다. 아래 표는 1951년 동북3성 지역의 조선족학교의 수다. 비록 당시에는 현재의 동북3성 행정구역이 아니지만 현재의 동북3성 지역 안에 있었던 행정구역이므로 참고하는 데에는 무리가 없을 것이다. 당시 동북3성 지역에는 소학교부터 대학까지 조선족학교가 모두 1,297개가 존재하고 있었음을 알 수 있다.

〈표 6.1〉 동북지역 조선민족학교 교육(東北區朝鮮民族學校敎育)[6](1951年 1月 기준)

	學 校 數				
	大學	中學	高中	初中	小學
吉林省	1	2	1	28	537
松江省		1		9	364
遼東省				8	227
黑龍江省				2	58
遼西省		1			39
直轄市			1	2	16
合計	1	4	2	49	1,241

---

4   吉林省地方誌編纂委員會, 『吉林省誌·敎育誌』卷37, 吉林人民出版社, 1992년, 369쪽 참조.

5   許靑善, 姜永德 主編, 『中國朝鮮族敎育史』, 延邊敎育出版社, 2009년, 202쪽 참조.

6   延邊朝鮮族自治州檔案館編, 『中共延邊地委延邊專署重要文件滙編』第2集, 內部文件, 1986년.

중화인민공화국이 성립되고 동북3성의 조선족학교 수와 학생 수를 살펴보면 다음과 같다. 길림성의 경우,[7] 1949년 소학교는 662개, 학생 수는 121,630명이었고 중학교는 40개, 학생 수는 15,474명이었다. 1965년에는 소학교 839개, 학생 수는 208,424명이었고, 중학교는 221개, 학생 수는 56,995명이었다. 1985년에는 소학교 555개, 학생 수는 85,804명이었고, 중학교는 100개, 학생 수는 51,214명이었다. 요녕성의 경우,[8] 1965년에는 소학교 175개, 학생 수는 26,969명이었고, 중학교는 14개, 학생 수는 6,686명이었다. 1985년에는 소학교는 224개, 학생 수는 19,484명이었고 중학교는 34개, 학생 수는 11,458명이었다. 흑룡강성의 경우,[9] 1949년에는 소학교 274개, 학생 수는 37,562명이었고, 중학교는 13개, 학생 수는 3,358명이었다. 1957년에는 소학교 319개, 학생 수는 39,146명이었고, 중학교는 16개, 학생 수는 9,348명이었다. 문화대혁명 직전은 흑룡강성 조선족교육의 전성기였다. 소학교는 419개, 학생 수는 54,111명이었고, 중학교는 34개, 학생 수는 10,873명이었다.

　　〈표 6.2〉는 1988년 조선족학교 수와 학생 수이다.[10] 이 표를 근거로 하면, 1988년 중국 동북3성 조선족학교 수는 모두 소학교 1,110개, 중학교 195개로 합계가 1,305개이다. 이때까지는 조선족학교와 학생 수는 감소현상이 나타나지 않고 큰 변화 없이 발전하고 있음을 알 수 있다.

7　吉林省地方誌編纂委員會,『吉林省誌·教育誌』卷37, 吉林人民出版社, 1992년, 373-377쪽 참조.

8　辽宁省地方誌編纂委員會办公室,『辽宁省誌·教育誌』, 辽宁大学出版社, 2001년, 460쪽 참조.

9　문정매,『중국조선족학교 통·폐합의 원인분석: 흑룡강성 조선족학교를 중심으로』, 서울대학교 석사학위논문, 2007년, 24쪽 참조.

10　許靑善·姜永德 主編,『中國朝鮮族敎育史』, 延邊敎育出版社, 2009년, 264쪽.

〈표 6.2〉 동북3성 조선족학교와 학생수(1988)

	소학		중학	
	학교 수	학생 수	학교 수	학생 수
길림성	542	85,612	98	52,590
요녕성	163	18,209	32	11,018
흑룡강성	405	36,440	65	20,748

1992년 한중수교가 이루어지고 중국 조선족들이 한국으로 몰려오기 시작한 이후의 상황을 보자. 〈표 6.3〉은 1993년 조선족학교 수와 학생 수이다.[11]

〈표 6.3〉 동북3성 조선족학교와 학생수(1993)

	소학		중학(초중 · 고중)	
	학교 수	학생 수	학교 수	학생 수
길림성	589	107,213	133	56,540
요녕성	152	18,468	30	9,231
흑룡강성	380	34,975	68	16,925

이 표를 보면, 1993년 중국 동북3성 조선족학교 수는 모두 소학교 1,121개, 중학교 231개로 합계가 1,352개이다. 이때까지도 조선족학교와 학생 수는 큰 영향없이 발전하고 있음을 알 수 있다.

그럼, 한중수교가 이루어지고 10년이 지난 조선족학교는 어떻게 변했을까? 〈표 6.4〉는 2002년 조선족학교 수이다.[12]

---

11 崔相錄 · 池靑山 · 金龍哲 主編, 『中國朝鮮族敎育的現狀與未來』, 延邊大學出版社, 1995년, 274-275쪽 참조.

12 재외동포재단과 교육부에서 공동으로 조사한 2002년 내부 자료 참조.

	소학		중학(초중·고중))	
	학교 수	학생 수	학교 수	학생 수
길림성	180	-	83	-
요녕성	58	-	29	-
흑룡강성	87	-	43	-

이 표를 보면, 2002년 중국 동북3성 조선족학교 수는 모두 소학교 325개, 중학교 155개로 합계가 480개이다. 한중수교를 한 뒤 10년이 지난 2002년 조선족학교는 믿기 어려울 정도로 급격하게 감소하였다. 특히 소학교의 감소가 두드러졌다. 이는 향후 중학교와 고등학교의 학생 수 감소가 예상되는 현상이기에 더욱 심각한 상태라는 것을 알 수 있다.

2014년 현재 중국 동북3성의 조선족학교가 얼마나 많은 학교가 빠르게 감소하였는지 정확히 파악할 수는 없다.[13] 하지만 지금 이 시간에도 조선족학교의 폐교[14]는 조용히 하지만 빠르게 진행되고 있을 것이다.

그럼, 천여 개가 훨씬 넘었던 조선족학교가 이렇게 10여 년 만에 그 수가 급격하게 감소하는 원인은 무엇일까?

첫째, 중국의 개혁·개방 이후 조선족들의 연안도시 및 대도시로의 이주이다. 동북3성을 중심으로 농촌지역에 집거지를 이루면서 살

---

13 2015년 7월 현재 필자가 중국 현지 조사를 통한 결과 중·소학교를 모두 합하여 길림성 조선족학교는 80여 개, 요녕성 조선족학교는 30여 개, 흑룡강성 조선족학교는 40여 개가 남아있는 것으로 파악되어 동북3성 조선족학교는 모두 200여 개만 남아있는 것으로 추측된다.

14 조선족학교의 통합 및 폐교에는 일정한 모식이 발견된다. 첫째, 합병을 통한 폐교이다. 근처 조선족학교끼리 통·폐합을 하는 것이다. 둘째, 근처 한족학교와 연합학교를 꾸리면서 폐교되는 것이다. 셋째, 순수 조선족학교로 최후의 1인 학생까지 가르치다가 그 학생이 졸업하면 폐교하는 것이다.

았던 조선족들이 경제적인 이유로 북경, 상해, 청도 등 대도시로 나갔고 그 결과 동북3성의 인구가 격감하였고, 이에 따라 조선족학교의 학생이 줄어들었다.

둘째, 조선족들의 해외 이주이다. 특히 한·중수교 이후 조선족들의 한국행이 가장 큰 비중을 차지하는데 학생 수 감소의 측면에서 볼 때 가장 주목해야 할 것은 조선족 처녀들의 국제결혼이다. 한중수교 이후부터 지금까지 수많은 조선족 처녀들이 한국 남성과 결혼하여 한국으로 왔다. 이는 중국의 조선족 신생아의 수가 저조한 이유 중의 하나가 될 수 있다. 조선족 신생아의 출생률 저조는 바로 조선족 학교의 취학아동의 수에 영향을 준다. 이런 영향으로 조선족 소학교들은 1990년대 중기부터 학생 수가 급격히 줄어들기 시작하였다.

셋째, 조선족의 저출산 현상이다. 조선족 여성들의 지위와 학력수준의 향상으로 예전처럼 육아를 담당하기보다는 자신의 이상을 실현하기 위해 혹은 좀 더 높은 수준의 생활을 위해 소수민족 우대정책으로 아이 2명까지 낳을 수 있지만 하나만 낳아 키우자는 추세로 변하였다. 그 결과 출생률이 급격히 저하되었다. 이것은 수입이 낮은 일반 직장인이 아이 하나 더 키우려면 엄청난 경제적 부담이 생겨 포기하는 한국과 비슷한 실정인 것이다.

넷째, 조선족의 한족학교 입학이다. 중국말을 몰라 어려움을 당했던 일부 학부모들이 자신의 아이들은 한족학교에 보내 중국말을 배워 중국사회에 잘 적응해야 한다고 생각하고 한족학교에 보낸 것이다. 이렇게 자란 아이들이 부모가 되면 조선말을 할 수 없어 당연히 자신의 아이들도 한족학교에 보내게 되는 악순환이 되는 것이다. 중학교의 경우, 한족들이 많은 특수한 언어 환경에서 자란 조선족 학생들 대부분이 중국어를 구사할 수 있어 소학교 졸업 후 집에서 멀리 떨어져있는 조선족중학교를 가기보다는 차라리 조건이 좋고 다니기 편리한 인근의 한족중학교를 선택하는 것이다. 이 외의 원인에는 조선족 마을에 있던 학교가 폐교되거나 합병되면 멀리 있는 기숙사가 있는 조선족학교에 다녀야 하는데 비용이 부담스러워 포기하는 경우도 있다.

3. 조선족학교의 생존방식에 관한 탐색

　　중국 조선족학교는 오랫동안 학생 수 감소 문제를 해결하고 학교의 폐교를 막기 위한 대책을 강구해 왔다. 그중 현재 가장 많이 사용되고 있는 방법이 본 연구에서 다루고 있는 '한족 학생'의 수용이다. 그러나 이 방법이 진정 조선족학교의 학생 수 감소를 억제하고 학교의 폐교를 막으면서 민족학교로서 여러 역할들을 제대로 수행할 수 있을까? 또한 비록 조선족학교지만 한족 학생이 조선족 학생보다 더 많다면 그 학교는 민족학교라고 말할 수 있을까? 이러한 학교 유지 방법이 옳은 선택일까?

　　앞에서 한중수교 이후 10여 년이 지난 현재 조선족학교의 수가 급격히 줄어들었음을 살펴보았다. 이것은 학생 수의 감소 결과이다. 이렇게 볼 때 '한족 학생'의 수용은 2000년대 전후에 서서히 도입한 것으로 판단된다. 현재 요녕성 30여 개 조선족학교를 보면 거의 매 학교에 한족 학생이 있으며 그 숫자 역시 적지 않았다.[15] 최근 한 민족신문의 기사를 보아도 다른 지역 역시 조선족학교 내 한족 학생의 수가 급격히 늘고 있음을 보여주고 있다.

　　많은 한족 학생들이 조선족학교를 다니고 있다. 할빈시조선족제1

15　　2015년 7월 필자가 요녕성 교육관련 인사와 함께 조선족학교를 직접 방문하여 확인한 결과이다. 예를 들어 철령시조선족고급중학교의 경우 전체 학생 수는 1천 명이 넘었고 그중 한족 학생이 60~70%를 차지하고 있다.

〈표 6.5〉 요녕성 조선족학교 한족 학생 재적 현황[16]

번호	학교명	재학생	
		총학생수	한족 학생수
1	화평구서탑조선족소학교	815	1
2	무순시조선족제1중학교	953	1
3	무순시조선족제2중학교	766	1
4	신빈현조선족중학교	844	1
5	신화조선족소학교	635	19
6	망화구조선족소학교	172	1
7	순성구신촌조선족소학교	190	3
8	동주구조선족소학교	96	5
9	개발구이석채조선족소학교	331	13
10	개발구동태조선족소학교	42	3
11	무순현장당조선족소학교	50	3
12	청원현조선족소학교	190	15
13	본계시조선족학교	269	31
14	환인현조선족소학교	412	51
15	환인현조선족중학교	388	4
16	단동시조선족중학교	541	30
17	봉성시조선족중학교	310	12
18	철령현조선족중학교	346	2
19	철령시조선족고급중학교	640	227

중학교, 목단강시조선족중학교, 치치할시조선족중학교, 가목사시조 선족중학교, 녕안시조선족중학교 등 5개 조선족중학교와 할빈시 도 리조선족중심소학교, 오상시조선족실험소학교, 가목사시조선족소학 교 등 3개 조선족소학교에 대한 조사결과에 따르면 현재 상기 8개 조

---

16   許靑善·姜永德 主編, 『中國朝鮮族敎育史』, 延邊敎育出版社, 2009년, 286-289쪽.

선족중소학교에서 재학 중인 한족 학생들이 총 515명에 달했다. 이 중 올해 고중을 졸업하는 학생 수는 총 93명에 달했다.[17]

본 연구에서는 동북3성 조선족학교에 근무하는 교장선생님과 심층인터뷰를 실시한 결과를 함께 소개하면서 조선족학교 내 '한족 학생'의 수용에 관해 살펴보고자 한다.

1) '한족 학생'의 수용과 그 특징

'한족 학생'의 수용은 위에서 언급하였듯이 2000년대를 전후하여 학생 수의 급감에 따라 학교 유지 차원에서 시작되었다. 그럼, 구체적으로 '한족 학생'의 수용은 어떻게 시작되었을까? ○○○ 교장선생님의 말을 들어보자.[18]

"학생이 적어지는 것이 정신적으로 너무 힘들다. 하지만 내가 교장일 때에는 학교 문을 닫아서는 절대 안 된다."

교장선생님이 한족 학생을 받게 된 이유를 설명하면서 가장 많이 한 이야기가 이 같은 말이다. 자신이 교장으로 재직하고 있을 때 학교 문을 닫았다는 말을 가장 듣기 싫다고 하였다. 이것은 그들에게는 오명으로 남는 부끄러운 일로 여긴 것이다. 민족학교를 지키지 못했다는 자책감과 조선족사회에서의 비난을 잘 알고 있기 때문이기도 하다.

---

17   흑룡강신문(http://hljxinwen.dbw.cn), 2014년 5월 30일.

18   본 연구에서는 혹시 있을 교장선생님에 대한 피해를 예방하기 위해 이름과 학교는 밝히지 않겠다.

또 다른 교장선생님의 말을 들어보자.

"조선족학교의 학생 수가 갈수록 줄어들다보니 학교운영경비가 부족한
상황에서 학교를 계속 꾸려나가기 위해 어쩔 수 없이 한족 학생을 모집하
고 있습니다."

이와 같이 '한족 학생'의 수용은 교장선생님들의 학교를 지키기 위
한 마음으로 시작되었고 학생모집을 위해 농촌에 가서 땀을 흘렸다.
한국어를 하나 더 익히면 장차 취업에 유리하다는 홍보를 통해 한족
의 농촌부모들이 자녀들을 현(縣)이나 시(市), 성(省)에 있는 조선족학교
에 기숙생으로 보내는 데 하나둘 동의했다. 조선족학교는 이러한 시작
의 중요성을 잘 알고 있었다. 만약 유치원에서 한족 학생을 유치하면
계속 그 학생이 소학교, 중학교, 고등학교까지 조선족학교를 다닐 확
률이 높아진다는 점이다. 그러나 교장선생님의 결정으로 '한족 학생'
의 수용을 결정하였지만 나머지 동료 선생님들의 반대도 매우 심했다
고 한다. 지금까지도 여전히 조선족학교가 '한족 학생'을 받는 것에 부
정적인 선생님도 많다고 한다.

조선족학교에서 '한족 학생'을 수용하는 현상은 이미 나타났고 점
차 보편화되어가고 있다. 이러한 현상에서 볼 수 있는 특징은 무엇이
있을까? 첫째, 조선족학교에서 유치원 교육을 강화하고 있다. 소학교
와 중학교에 학생이 없어 고민하면서도 유치원에 학교 경비를 대부분
투자하여 새로운 현대식 시설을 구비하고 학생을 유치한다. 이웃 한족
유치원보다 시설을 좋게 하면 학생들을 유인할 수 있기 때문이다. 이
때의 경비도 정부에서 적극적으로 지원을 하는 경우를 많았다. 이렇
게 유치원에 집중 투자하는 목적은 간단하다. 유치원부터 고등학교까

지 함께 운영하는 조선족학교일 경우 유치원생이 많으면 상급학교까지 그 영향이 고스란히 가기 때문이다. 만약 유치원에서 한족 학생을 유치하면 소학교, 중학교, 고등학교까지 그 한족 학생이 조선족학교를 다닐 확률이 높기 때문이다. 그 결과 요녕시조선족학교와 공주령시조선족학교에서 운영하고 있는 유치원에는 한족유치원생이 90% 정도를 차지하고 있다. 수업 내용도 조선족의 전통적인 예절, 풍속, 생활습관 등과 더불어 한족문화를 같이 배우고 있으며 특히 뢰봉정신 등을 강조하여 가르치고 있다. 다만 여기서 주목해야 하는 사실은 정부의 전폭적인 지지에는 다소 위험요소가 있다는 것이다. 한족 학생이 대부분을 차지하는 조선족학교를 나중에 정부가 민족학교의 명칭을 없애고 한족학교로 완전히 전환할 수 있기 때문이다. 처음에는 조선족학교를 유지하는 것처럼 느껴지지만 점차 조선족 학생은 적어지고 한족학생이 늘어나 대부분 혹은 거의 한족 학생이 차지한다면 나중에 조선족 학생이 없다는 이유로 한족학교화시키면 할 말이 없는 것이다.

둘째, 학교 생존과 관련하여 '한족 학생'의 수용 문제는 전적으로 교장선생님의 의견이 절대적이다. 따라서 교장선생님이 결정하면 한족 학생을 지속적으로 받게 된다. 이는 교장선생님이 퇴임할 때까지 학교의 교장으로 남는 경우가 많기 때문이다.

셋째, 학교 수업운영의 변화를 가져왔다. 처음 한족 학생을 받을 때에는 그 수가 많지 않다. 이럴 때에는 조선족 학생과 한족 학생이 함께 공동수업을 한다. 이것이 가능한 이유는 그 한족 학생이 유치원부터 조선족학교를 다녀서 의사소통 등에는 문제가 없기 때문이다. 게다가 학교 차원에서 한족 학생을 조선족 학생과 함께 잘 어울릴 수 있도록 한 반에 한족 학생의 수를 제한하여 배치하는 방법을 선택하였다. 그러나 한족 학생의 수가 많아질 경우 조선족학교에서는 대부분 한족

반을 따로 편성한다. 이렇게 되면 조선족학교가 아닌 연합학교라고 불려도 무리가 없을 것이다. 연합학교의 형태가 되면 학생뿐만 아니라 선생님도 한족이 늘어나고 조선족의 입지는 더욱 좁아들게 된다. 이에 사실 조선족학교에 한족 학생이 조선족 학생보다 많을 경우 이 학교를 민족학교로 불러야 하는지는 아직도 의견이 분분하다.

넷째, 초기 한족 학생의 학부모 중 한쪽은 조선족이다. 조선족학교에 보내는 한족 학생의 경우, 초기에는 부모 중 한 쪽이 조선족인 경우가 많았다. 이 경우, 자연스럽게 조선족학교를 보내면서 한글을 익히도록 한 것이다. 그러나 한족 학생이 많은 경우에는 순수 한족 학생이 대부분이다.

주지하다시피, 조선족학교에서는 학생 수의 부족을 채우고 학교의 존속을 위해 '한족 학생'의 수용을 결정하였다. 그럼, 한족 학생들이 조선족학교를 선택하는 이유는 무엇일까? 첫째, 취업을 위한 조선족학교 선택이 주요한 원인이다. 중국의 개혁·개방과 한중수교 이후 한국기업이 중국으로 대거 진출하면서 한국어를 구사할 수 있는 사람들이 필요하게 되었고 조선족 학생들은 대학을 다니지 않았어도 한국어를 말할 수 있어 한국기업에 취직이 되었고, 임금도 상대적으로 현지 중국기업보다 많아 부러움의 대상이 되었다. 특히 기업체에서 조선족보다는 한족 학생을 선호하는 경향도 중요한 이유를 차지한다. 조선족학교에서 한국어를 배우고 대학교에서 조선어과를 졸업한 한족은 기업체뿐만 아니라 공무원도 될 수 있는 기회가 많아졌기 때문이다. 또한 한국에 가서도 한국어가 가능하기 때문에 남들보다 더 쉽게 돈을 벌 수 있기 때문이다. 이것은 한국과 중국 양국 간의 관계가 앞으로 더욱 좋아질 것이라는 기대심리도 작용하고 있었다. 다음은 장춘시의 교장선생님의 말이다.

"일본과 달리 한국과는 관계가 좋아 한족들도 한국어를 배우는 데 거부감이 없다. 그래서 조선족학교를 다니는 것도 아무런 거리낌이 없다. 더 좋아질 것이다."

둘째, 대학 진학을 위해 조선족학교를 선택하는 경우이다. 조선족학교가 교원들의 노력으로 한족학교보다 대학 진학률이나 명문대학교를 많이 보낸 경우 한족들이 조선족학교를 입학한다. 대표적인 예가 치치할시 조선족중학교이다. 현재 치치할시 조선족중학교에는 고중학년에 한족반 2개 반을 설치하여 600여 명의 한족 학생이 공부하고 있다. 치치할시 조선족중학교는 수년간 여러 방면의 노력을 통해 교육의 질을 향상시켜 치치할시에서 대학의 진학률을 높였다. 그 결과, 명문학교로 소문이 나자 일부 한족 학생들이 민족학교에 대한 이질감 없이 조선족학교를 선택하게 되었다.

셋째, 학습 이외의 다양한 교육을 받기 위해 선택한 경우이다. 조선족학교에서 한국어를 배울 수 있다는 장점과 더불어 조선족학교의 방과후 활동과 특기교육을 보고 입학을 결정한 학생과 학부모가 많이 있다. 이것은 일부 학부모들이 한류의 영향으로 한국 드라마를 많이 보면서 조선족의 전통문화에 관심을 갖게 되었고, 이들은 자녀가 조선족학교에 다니면서 다양한 경험과 활동을 받기 원했기 때문이다.

넷째, 당시 중국 정부가 2008년 북경올림픽을 앞두고 외국어 교육에 총력을 기울인 것도 하나의 원인이다. 올림픽을 앞두고 중국 정부는 외국인을 위한 외국어 교육을 강조하면서 한국어를 포함시켜 한족 사이에 한국어를 공부하면 좋다는 인식이 팽배해져 조선족학교에 입학하는 한족들이 늘었다.

이 외에도 일부 유치원이기는 하지만 한족가정 중에서 이혼하거나 문제가 있어 아이를 잘 돌볼 수없는 경우 조선족유치원을 선호한다고 한다. 이것은 조선족선생님들이 아이들을 가족처럼 잘 대해주는 것이 소문이 나서 이것을 아는 한족부모들이 찾아온다고 한다.

조선족학교에 한족 학생이 점점 증가함에 따라 문화충돌로 인한 여러 가지 문제점이 나타났다. 지금부터 조선족학교 내 '한족 학생'의 수용에 따른 문제점을 살펴보도록 하자. 첫째, 선생님의 한족 학생 지도문제이다. 한족 학생의 경우 조선족 학생처럼 어른에 대한 예절의식이 철저하지 않아 선생님에게 간단하게는 인사를 안 한다거나 말대꾸를 하는 등의 행위를 하는 경우가 있어 선생님이 학생지도에 애를 먹고 있다. 또한 조금 꾸중을 한다든지 훈계를 하면 그 다음날 부모님이 찾아와서 선생님을 질책하는 일이 많다고 한다. 교장선생님의 말이다.

"한족 학생을 받으면 선생님들 스트레스가 매우 심하다. 그래서 받기 싫어한다."

둘째, 학교생활의 부적응이다. 한족 학생이 전체 수석을 하는 경우도 있지만 학교생활에 적응하지 못해 다시 한족학교로 전학을 가는 경우도 있다. 교장선생님의 말이다.

"학교생활이 재미있어야 하고 성적이 오르면 학교에 남아있고, 학교에 조금이라도 불만이 있거나 학생 성적이 떨어지면 다른 학교로 전학을 가버린다. 이렇게 되면 학교 분위기가 흐트러져서 안 좋다. 이렇게 한족 학생들이 학교를 쉽게 옮긴다."

전학을 가는 한족 학생의 경우 한글을 잘 이해하지 못하는 경우부터 수업을 따라가지 못하거나 조선족 문화의 이해 부족으로 다른 동급생과 잘 어울리지 못하는 경우이다.

셋째, 학교의 수준이 떨어진다. 한족 학생이 조선족학교에서 수석을 하는 등의 긍정적인 부분도 있지만 그 반대인 경우도 존재하였다. 한족 학생의 경우 성적이 좋지 않아 고등학교에 갈 실력이 되지 않으면 조선족학교에 돈을 주고 입학하는 경우가 있다는 것이다. 그 결과 학교의 전체적인 이미지 추락은 물론 학교 성적이 떨어지는 사례도 발생하고 있었다. 무조건 학생 수를 늘리다보니 폐단이 생긴 것이다.

"성적이 안 되는 한족애들을 돈 받고 받으니 질이 떨어져서 문제가 되고 있다. 일정비율을 지켜서 받아야 한다."

이러한 여러 문제점 때문에 아직도 '한족 학생'의 수용에 대해 찬반의견이 나뉘고 있는 것이 현실이다. 그럼, 조선족학교는 한족 학생을 받아야 하는 것일까? 받지 말아야 하는 것일까? 여기서는 교장선생님의 인터뷰 내용을 중심으로 찬반의견을 정리하겠다. 먼저, '한족 학생'의 수용에 대해 찬성하는 두 사람의 교장선생님 말을 들어보자.

"학교가 없어지면 '문화진지'를 잃는 것이다. 무조건 일단은 지키고 봐야 한다. 교육국도 조선족학교가 한족 학생을 받는 것을 좋아한다."

"우리 학교에 입학하려는 한족 학생을 막지는 말아야 한다. 민족학교가 없어지는 것보다 낫다. 하지만 이것도 쉽지 않다. 주변에 한족학교가 많다."

찬성하는 교장선생님 사이에서도 조건부 찬성이 많았다. 하나는 한족의 수를 제한하면서 받아들여야 한다는 입장이다. 이 입장은 현실을 인정하면서도 학교를 살리기 위한 궁여지책으로 많은 교장선생님들이 이 의견을 가지고 있었다. 두 교장선생님의 말이다.

"비록 학교의 생존을 위해 한족 학생을 받고 있지만 그 수에는 민족학교의 특색을 위해 제한해야 한다. 조선족학교라면 대략 80% 이상은 조선족 학생이 있어야 한다. 20% 이하로 한족 학생의 수를 제한해야 한다."

"학교 성질은 변하지 말아야 한다. 일정 비율은 지키면서 한족 학생을 받아야 한다."

또 다른 하나는 조선족문화를 받아들일 준비가 되어 있는 학생들만 받아야 한다는 입장이다. 무조건 받으면 안 된다는 것이다.

"지푸라기 잡는 심정으로 한족 학생을 받고 있다. 하지만 조선족 문화를 배우려는 한족 학생들만 받아야 한다. 억지로 한족 학생들에게 우리 민족 문화를 배우게 하는 것은 반대다. 잠시 눈가림으로 한족 학생을 받으면 민족학교가 아니다."

다음으로, '한족 학생'의 수용에 대해 반대하는 의견을 살펴보자. 이들의 생각은 민족학교에 조선족보다 한족이 더 많은 것이 진정한 민족학교냐는 것이다. 민족학교가 아니면 연합학교가 되는 것이고 그러면 결국에는 한족학교로 변하게 되어 한족들만 좋게 한다는 입장이었다. 반대하는 두 교장선생님의 말을 들어보자.

"한족 학생을 받을 생각이 없다. 홍보도 안한다. 한족과 조선족문화 차이가 커서 한족 학생을 받으면 충돌이 일어난다. 한족 학부모도 극성스럽다."

"다 헛짓이다. 결국에는 다 실패한다. 학생 늘면 경비가 늘어 좋다. 그러나 민족학교는 더 빨리 무너진다."

이전에는 한족 학생을 모집하다가 지금은 중단했다는 두 교장선생님의 말이다.

"민족학교라는 성질이 변할 수밖에 없다. 조선족학교가 민족 성질이 많이 변하면 안 된다. 그리고 한족 학생을 교육하는 것이 쉽지 않다. 선생님들이 힘들어서 못해먹겠다고 한다. 예를 들어 한족 학생은 예의가 없다. 가르치기 힘들다."

"교육국에서는 한족 학생 받아라. 한족 선생님도 뽑아주겠다고 한다. 그러나 이렇게 되면 조선족이 목소리를 못 낸다."

종합적으로, 조선족학교는 이미 학생 수 부족을 메우고 학교의 존속을 위해 '한족 학생'의 수용을 결정하였다. 하지만 이에 따른 문제점 또한 여러 곳에서 나타나고 있고, 다양한 형태로 '한족 학생'의 수용 형태가 이루어지고 있어 매우 복잡한 양상을 띠고 있었다. 그러나 분명한 사실 한 가지는 조선족학교가 한족 학생을 받는다고 모두 생존하는 것은 아니라는 것이다. 과거 한족 학생을 받았지만 이미 폐교된 조선족학교도 많다. 예를 들어 무순시조선족제2중학교이다. 이는 한족 학생 수용이 학생수 해결을 위한 근본 해결 방안이 아님을 간접적으로 보여주는 결과라고 할 수 있다. 폐교된 원인은 적극적인 한족 학생 유치의 실패라고도 볼 수 있지만 이것 이외의 여러 가지 복합적인 원인도 있음을 부인할 수 없을 것이다. 결국 한족 학생 유치가 학교의 수명을 좀 더 연장하는 수단이 될 수는 있지만 학생수 해결을 위한 근본적인 해결 방안은 아니라고 판단된다. 그럼 조선족학교가 살아날 수 있는 방법은 무엇일까?

2) 생존을 위한 모색

첫째, 한족학교에 재학하는 조선족 학생의 전학을 유도하는 것이다. 1970년대 이후 한족학교에 다니는 조선족 학생의 비율이 꾸준하게 그 수를 유지하고 있다. 이 조선족 학생들이 조선족학교로 전학을 한다면 조선족학교는 많은 도움이 될 것이다. 하지만 예전처럼 중국사회에서 중국어를 잘 해야 성공할 수 있다고 생각하는 부모들이 존재하는 한 이러한 상황은 반전되기 쉽지 않다. 〈표 6.6〉은 한족학교에 다니는 조선족 학생의 비율을 나타낸 것이다.

1965년 이전까지는 조선족 학생이 한족학교에 다니는 경우는 많지 않음을 알 수 있다. 그러나 1970년대 후반부터는 급속하게 늘었고 그 이후에는 20~30%를 유지하고 있다. 이 표를 통해 알 수 있는 것은 1950~60년대에 조선족학교를 다니거나 학교를 다니지 않아 중국사회에서 성공하지 못했거나 차별을 받았다고 생각하는 사람들이 자신의 자식은 한족학교로 보내기 시작하면서 1970년대 후반부터 한족학교에 다니는 조선족 학생이 늘어났다. 그리고 이 학생이 다시 어른이 되어 자식을 낳으면 그 자식도 한족학교를 다니는 것이다. 이것은

구분	내용	1965	1977	1980	1982
소학	민족학교에 다니는 소학생수 (%)	53,678 (99.2%)	43,106 (80.1%)	44,190 (78%)	40,424 (76.1)
	한족학교에 다니는 소학생수 (%)	433 (0.8%)	10,690 (19.9%)	12,478 (22%)	12,692 (23.9)
중학	민족학교에 다니는 중학생수 (%)	10,800 (99.32%)	16,116 (52.1%)	22,834 (68.1)	19,717 (66.6%)
	한족학교에 다니는 중학생수 (%)	73 (0.68%)	14,844 (47.9%)	10,704 (31.9%)	9,899 (33.4%)

부모가 조선말을 잘 모르니 아이와의 소통을 위해 한족학교를 보내게 되는 것이다. 교장선생님의 말을 들어보자.

"한족학교에 다니는 학생이 엄청 많다. 그 학생이 모두 조선족학교로 오면 최고 좋지! 교육국에서 조선족 학생을 다 조선족학교로 보내면 되는데 그렇게 하겠어?"

이러한 상황에서 조선족학교가 한족학교에 다니는 조선족 학생을 유치하기 위해서는 어떻게 해야만 할까? 첫째, 좀 더 좋은 시설과 교육의 질을 확보해야 한다. 또한 적극적인 부모 설득도 함께 이루어져야 한다. 더불어 조선족사회가 자신의 자식은 조선족학교에 보내야 하겠다는 민족의식을 가지고 분위기를 만들어야 하겠다.

둘째, 조선족학교에 대한 집중적 투자가 필요하다. 조선족학교에 대한 집중적 투자는 중국 정부는 물론 조선족 지도층까지 모두 나서서 '새학교 만들기' 운동을 펼쳐야 한다. 각 성(省) 혹은 각 시(市)에 현대

---

19 최범수 외 편, 『흑룡강성조선족교육사』, 동북조선민족교육출판사, 1993년, 313쪽 참조.

식 시설을 갖추고 우수한 교원을 갖춘 규모가 큰 조선족학교를 건설한다면 조선족학교는 충분한 경쟁력을 가지고 한족학교와 겨룰 수 있을 것이다. 한국의 재외동포재단이나 각 교육청 등의 지원이 절실하다. 여기서 중요한 것은 예전처럼 여러 학교에 지원하는 다수 학교 지원정책에서 벗어나 지역마다 육성학교를 정해 집중적으로 투자를 해야 할 것이다.

셋째, 조선족이 이주한 동북3성 이외의 대도시에 조선족학교를 설립하도록 조선족사회와 한국 정부가 노력해야 한다. 청도, 광동, 북경 등 대도시에 조선족들이 많이 살고 있지만 집거지가 아니라는 이유로 중국 정부는 조선족학교 건립에 적극적이지 않은 태도를 견지하고 있다. 이에 조선족사회와 한국 정부가 나서서 정부를 적극 설득하고 대책을 마련해야 한다.

넷째, 한국으로 이주 온 수많은 조선족을 위해 한국 내 조선족학교를 설립하는 것이다. 이것은 중국에서 계속 거주하게 될 조선족들에게는 민족의 정체성을 유지할 수 있으며 동시에 정확한 모국의 전통문화를 배울 수 있는 좋은 기회를 제공할 수 있을 것이다.

다섯째, 한족 학생의 수를 제한하여 민족특색을 잃지 말아야 한다. 조선족사회 스스로 암묵적이든 서로 약속을 하든지 한족 학생의 수를 제한해야 할 것이다. 특히 소학교에서는 적용이 어렵다고 한다면 중학교 이상에서는 이와 같은 분위기를 빨리 확립해야 한다.

4. 맺음말

중국 내 조선족 인구가 대폭 감소하면서 동북3성의 조선족집거지가 붕괴되었고, 이는 조선족학교 학생의 감소로 이어져 학교의 통·폐합이 급속도로 진행되고 있다. 이러한 상황에서 조선족학교가 생존을 위해 생각해 방법이 바로 '한족 학생'의 수용이다. 그러나 이러한 방법이 정말 조선족학교의 학생 수 감소를 억제하면서 조선족사회에서 민족학교로서 여러 역할들을 제대로 수행할 수 있을지에 대해서는 의견이 분분하다.

본 연구는 현재 중국 조선족학교가 가장 심각하게 직면한 문제 중하나인 학생 수 감소 극복을 위해 많은 조선족학교에서 선택한 '한족학생'의 수용에 관해 고찰하였다. 특히 교육 현장에서 '한족 학생'의 수용에 대해 가장 정확하게 이해하고 있는 교장선생님을 대상으로 실시한 심층인터뷰를 통해 중국 조선족학교의 '한족 학생'수용에 관해 알아보았고, 조선족학교 발전을 위한 대안을 마련하고자 하였다.

현재 중국 동북3성을 중심으로 거주하고 있는 조선족들은 조선 말기부터 중국으로 조금씩 이주를 시작하였고, 1860년 청의 이 지역에 대한 봉금령이 해제된 뒤 본격적으로 이루어졌다. 조선족이 늘어나자 1906년 독립운동가 이상설이 용정에 중국 조선족 최초의 근대교육기관인 서전서숙(瑞甸書塾)을 설립하였고, 그 뒤에는 곳곳에 수없이 많은 조선족학교가 세워져 조선족 교육을 담당하였다. 그러나 현재 중국 동북3성에 자리 잡았던 조선족학교는 조선족들의 해외 이주, 중국 내 대도시로의 이주, 출생률 감소, 조선족의 한족학교 입학 등의 원인으로 급격히 무너져 가고 있다. 조선족학교의 '한족 학생'의 수용은 2000년대를 전후하여 학생 수의 급감에 따라 학교 유지 차원에서 많은 논란에도 불구하고 교장선생님의 결정으로 시작되었고 한국어를 하나 더 익히면 장차 취업에 유리하다는 홍보를 통해 한족의 학부모들을 설득시켰다. 그 결과 현재 조선족학교에서 '한족 학생'을 수용하는 현상은 이미 보편화되었다.

이러한 현상에서 볼 수 있는 특징은 첫째, 조선족학교에서 유치원 교육을 강화하고 있다. 이렇게 유치원에 집중 투자하는 목적은 유치원부터 고등학교까지 함께 운영하는 조선족학교일 경우 유치원생이 많으면 상급학교까지 그 영향이 고스란히 가기 때문이다. 둘째, 학교 생존과 관련하여 '한족 학생'의 수용 문제는 전적으로 교장선생님의 의견이 절대적이라는 사실이다. 셋째, 한족 학생을 고려하여 학교 수업 운영의 변화를 가져왔다. 넷째, 초기 한족 학생의 학부모 중 한쪽은 조선족이다.

그럼, 한족 학생들이 조선족학교를 선택하는 이유는 무엇일까? 첫째, 취업을 위한 조선족학교 선택이 주요한 원인이다. 둘째, 대학 진학을 위해 조선족학교를 선택하는 경우이다. 셋째, 학습 이외의 다양한 교육을 받기 위해 선택한 경우이다. 넷째, 당시 중국 정부가 2008년 북경올림픽을 앞두고 외국어 교육에 총력을 기울인 것도 하나의 원인이다.

조선족학교에 한족 학생이 점점 증가함에 문화충돌로 인한 여러 가지 문제점이 나타났다. 첫째, 선생님의 한족 학생 지도문제이다. 둘째, 학교생활의 부적응이다. 셋째, 학교의 수준이 떨어진다. 한족 학생이 조선족학교에서 수석을 하는 등의 긍정적인 부분도 있지만 그 반대인 경우도 존재하였다.

여기서 본 연구는 조선족학교의 생존 방안을 제시하였다. 첫째, 한족학교에 재학하는 조선족 학생의 전학을 유도하는 것이다. 둘째, 조선족학교에 대한 집중적 투자이다. 셋째, 조선족이 이주한 대도시에 조선족학교를 설립하도록 조선족사회와 한국정부가 노력해야 한다. 넷째, 한국으로 이주 온 수많은 조선족을 위해 한국 내 조선족학교를 설립하는 것이다. 다섯째, 한족 학생의 수를 제한하여 민족특색을 잃지 말아야 한다.

종합적으로, 조선족학교는 이미 학생 수 부족을 메우고 학교의 생존을 위해 '한족 학생'의 수용을 결정하였다. 하지만 이에 따른 문제점 또한 여러 곳에서 나타나고 있다. 그러나 분명한 사실 한 가지는 조선족학교가 한족 학생을 받는다고 모두 생존하는 것은 아니라는 것이다.

지금까지 중국 조선족학교의 가장 시급하면서도 중요한 학생 수 감소에 따른 폐교문제와 '한족 학생'의 수용에 관해 여러 방면에서 살펴보았다. 지금 조선족학교는 존폐의 기로에 서 있다. 어떠한 생존 방안이라도 빨리 결정하고 실행하지 않는다면 영원히 사라지고 말게 된다. 지금이 소위 말하는 조선족학교의 '생존 골든타임'이다. 지금 힘든 시기를 벗어난다면 이후 다시 동북3성으로 조선족들이 돌아올 것이고 이때 자식들이 다닐 수 있는 민족학교가 있는 것과 없는 것은 천지 차이이다.

VII

21세기 중국 조선족학교의
'學校文化' 변형의 원인

1. 머리말

우리 한민족이 중국으로 이주한 이래, 조선족 마을마다 조선족학교가 세워졌고, 그 뒤 최초의 근대식 학교인 서전서숙(瑞甸書塾)이 1906년 중국 길림성 용정에 개교하였다.[1] 이때부터 지금까지 조선족학교는 수많은 난관을 극복하면서 그 명맥을 유지하였고 학교의 발전을 위해 최선을 다하면서 그 위기를 넘겼다. 조선 말기에는 가난한 학교 형편을 극복하기 위해 마을 모두가 나서 조금씩 학교 운영을 도왔고, 일제 강점기에는 일제의 핍박을 이겨내면서 민족의 얼을 가르쳤다. 중국의 개혁개방 이후에는 조선족 학생의 한족학교 입학, 조선족 집거지 해체 등으로 학생 수가 줄어 학교 운영이 어려웠지만 교원들은 학교의 명맥을 유지하고자 노력하였다. 이렇듯 1세기가 넘는 동안 중국 조선족학교는 시대가 요구하는 교육을 하였고, 이러한 교육에 맞는 학교문화 역시 형성되어 자연스럽게 계승되었다. 그러나 1992년 한 · 중수교 이후 조선족들의 한국행과 중국 내 연안도시로의 탈출은 동북3성의 조선족 집거지를 붕괴시켰고, 그 결과 조선족학교의 학생 수는 급격히 감소되어 학교 교육은 위기에 봉착하였다. 내부적으로는 학생 부족 및

---

[1] 조선족 마을은 우리 민족이 중국에 이주하여 정착하면서 만들어온 기본 집거지역으로서 100년 이상 한족 다수의 사회에서 생활하면서 동화되지 않고 우리 말과 글, 우리 민족의 전통문화와 풍속을 지켜올 수 있는 있었던 기본 토대였다. 중국의 조선족은 중국에서 2천여 개 조선족 마을을 보유하여 왔다. 金炳鎬, 『中國朝鮮族人口問題硏究』, 民族出版社, 2007년, 14쪽.

교원들의 이탈로 여러 가지 해결해야 할 문제가 곳곳에서 노출되었고, 외부적으로는 학생이 없는 학교들이 하나둘씩 합병되거나 폐교되었다.[2] 그 결과 현존하는 조선족학교는 도시를 중심으로 생존하게 되었고, 학교의 분위기와 문화는 과거와는 다르게 변해갔다.

20세기 중국 조선족학교의 문제점이 단순한 학교의 경비 및 학생의 문제였다면, 21세기 들어서는 조선족학교의 문제는 표면적인 것을 넘어 내면적인 문제가 많아졌고, 그 문제들도 다양화 · 복잡화되는 양상을 보여주고 있어 단지 표면적인 모습만을 보고서는 조선족학교의 문제점을 판단할 수 없게 되었다.

본 연구는 21세기 조선족학교의 학교문화가 여러 가지 원인으로 급격하게 변형되는 모습을 살펴보고, 그 원인을 분석하고자 한다. 필자가 중국 동북3성 조선족학교를 방문하면서 직접 보고 들은 조선족학교 학교문화는 기존에 지녔던 민족적 특색이 거의 사라지고 아무런 특징이 없는 모습이었다. 중국이라는 타국에서 민족교육을 충실하게 담당하면서 고유한 학교문화를 창조하였던 조선족학교는 동북3성의 조선족 집거지 붕괴와 그에 따른 학생 감소로 조선족학교가 병합 · 폐교되면서 민족적 특색의 학교문화가 변형되고 있었던 것이다. 학교문

---

2   1990년대부터 조선족 집거지의 인구가 급격히 줄면서 조선족 공동체의 근간이었던 조선족학교가 무너지기 시작하였다. 한 통계에 의하면, 1950년대 초반 중국 동북지방에 1,500여 개의 조선족학교가 있었는데 그 수는 2000년 1,195개교, 2005년에는 456개교로 나타났으며 근년에는 255개교가 있는 것으로 추산하였다. 최우길, 「중국조선족교육의 현황과 과제」, 『디아스포라연구』 제6권 1호, 2012년, 85쪽 참조. 필자가 2010년부터 중국 동북3성의 거의 모든 조선족학교를 돌아다니면서 조사한 결과는 이보다 훨씬 적은 숫자의 학교가 존재하고 있었다. 길림성의 경우 2010년 조선족소학교 47개교, 조선족중학교 42개교가 존재하여 모두 89개교가 존재하였다. 흑룡강성의 경우에는 2012년 조선족소학교 23개교, 조선족중학교 16개교가 존재하여 모두 39개교인 것으로 파악되었다. 요녕성의 경우 2012년 조선족소학교 11개교, 조선족중학교 10개교가 존재하여 모두 21개교인 것으로 파악되었다. 안병삼, 「中國 朝鮮族學校의 校歌敎育에 관한 考察」, 『한국동북아논총』 제18집 1호, 2013년, 164쪽 참조.

화의 변형 원인 분석은 지금까지는 단순하게 조선족학교가 직면한 여러 외형적 문제만을 그 원인으로 여기면서 연구를 진행하였다. 즉 기존의 연구는 조선족학교의 학생 부족이나 경영상 문제를 주로 다루었다.[3] 그것은 기존 문제에 대한 연구가 조선족학교의 내부 문제를 깊이 다루지 못한 심도 있는 연구가 이루어지지 못하였기 때문이다.[4] 이와 반대로 본 연구에서는 기존의 연구에서 다루지 않은 조선족학교 내면의 문제를 가지고 조선족학교 학교문화를 한층 더 깊이 논하려고 한다. 이것은 기존에 다루었던 문제가 시간이 지나면서 더욱 복잡하고 다양하게 변했기 때문이다. 예를 들어 학생 부족은 지금도 여전하지만 한족 학생의 유입이 발생하였고, 조선족학교의 통·폐합 및 중국 정부의 동화정책으로 경비문제는 많이 호전되었다. 과거 조선족학교에 불던 출국 붐은 지금은 사라졌지만 교원의 노령화와 수급불균형은 또 다른 문제를 야기하고 있다.

필자는 2009년부터 지금까지 여름과 겨울방학을 이용하여 중국 동북3성을 다니면서 조선족학교 학교문화를 연구하였다. 작금의 조선족학교는 기존의 학교문화를 상실해가고 있으며, 많은 부분이 변형

---

3   최상록 외, 『중국조선족교육의 현황과 전망』, 연변대학출판사, 1995년, 17쪽.

4   그동안 조선족학교 관련 연구는 많이 진행되었다. 하지만 그 연구 주제는 표면적인 주제로 그 범위 역시 제한적이었다. 첫째, 조선족학교 교육과정이다. 김해영, 「중국 조선족학교 민족문화 교육과정 개발의 문제점과 개선 방향」, 『인문논총』 제71권 4호, 2014년, 269-300쪽: 이규은, 「중국 연변 조선족 자치주의 초등학교 교육과정 연구」, 『초등교육연구』 제17권 1호, 2004년, 327-351쪽. 둘째, 중국 조선족학교의 이중 언어교육에 관한 것이다. 조귀화, 「세계화 시대의 소수민족교육의 변화: 중국 조선족학교의 이중 언어교육을 중심으로」, 『교육인류학연구』 제12권 2호, 2009년, 171-195쪽; 박태형, 「이중언어와 해외 한국어교육: 한국어 교육 및 외국어 교육 ; 중국 조선족학교에서의 이중언어교육」, 『이중언어학』 제12권, 1995년, 401-405쪽. 셋째, 중국 조선족학교 교가 연구이다. 안병삼, 「중국 요녕성 조선족학교 교가 연구」, 『한민족문화연구』 제43권, 2013년, 71-108쪽; 안병삼, 「중국 흑룡강성 조선족학교 교가 가사 연구」, 『인문연구』 제69권, 2013년, 289-318쪽.

되었다. 이러한 조선족학교 학교문화의 변형은 우리가 시급하게 집중해야 할 중요한 민족의 문제인 것이다. 이에 본 연구에서는 지금 조선족학교가 직면하고 있는 과거와 다른 문제점을 제기하여 그 해결책을 고민하는 계기를 마련하고자 한다. 이것은 한반도 이외의 우리 민족의 부흥과 민족성 유지라는 측면에서 매우 중요한 민족의 문제이기 때문이다. 본 연구는 중국 현지조사를 하는 과정에서 획득한 학교문화 자료와 학교에 근무하는 교장선생님과 기타 교원들이 말하는 내용을 분석하여 조선족학교 학교문화의 변형 원인들을 살펴본 것이다.

2. 조선족학교의 학교문화

해외 한민족의 수가 점차 증가하는 반면에 중국 내 조선족 인구는 1990년 192만명에서 2010년 183만명으로, 20년 사이에 9만 명(4.6%)이 줄었다. 중국 조선족 대부분이 거주하고 있는 동북3성 인구를 살펴보면 연변주가 속한 길림성에 104만 명, 흑룡강성에 32만 8천 명, 요녕성에 24만 명으로 전체 중국 조선족 인구의 87.8%를 차지한다. 연변자치주는 2010년 인구 통계 결과를 발표하면서 조선족 인구가 전체 227만명 중 83만 명(37%)으로 10년 전보다 6만 명 줄었다고 밝힌 바 있다.[5] 이렇게 중국 내 조선족 인구가 대폭 감소하면서 여러 가지 문제가 등장하고 있다. 그중 가장 심각한 문제 중 하나가 조선족학교 학생의 감소에 따른 학교의 통·폐합이 매우 빨리 진행되고 있다는 사실이다. 그 결과 전체 조선족 사회의 근본을 흔들고 있으며 이러한 추세에 따라 그동안 유지되었던 조선족학교만의 학교문화도 급격히 사라지고 있다.[6]

5　흑룡강신문(http://hljxinwen.dbw.cn), 2013년 3월 22일.

6　조선족학교의 폐교가 조선족사회에 끼치는 직접적인 문제를 살펴보면 다음과 같다. 첫째, 조선족들의 9년제 의무교육 보급에 부정적 영향을 주어 민족의 교육수준이 떨어진다. 농촌학교의 대량적인 폐교는 학부모들의 교육비 부담을 가중시켜 적지 않은 중퇴학생을 야기하고 한족학교로의 전학을 부추기고 있다. 둘째, 민족 간부의 소실이다. 조선족 교원들의 과잉현상이 심각하게 나타나 지금도 각 학교마다 남아도는 교원들을 처리하지 못하고 있다. 뿐만 아니라 성(省), 시(市), 현(縣), 향(鄕)의 민족교육 관리체계에도 영향을 주어 조선족 민족교육 간부들의 실업도 초래하였다. 셋째, 민족의 고정자산이 유실되고 있다. 조선족 마을마다 폐교된 학교

사실, 현재 중국 내 조선족학교가 안고 있는 문제는 매우 많다. 겉으로는 학교의 통·폐합으로 인해 전체 조선족학교의 수적 감소이다. 과거 모든 조선족 집거지에 학교가 있었지만 지금은 농촌지역은 거의 사라지고 없다. 도시로 나가야만 조선족학교에 다닐 수 있는 상황이된 것이다. 내부적으로는 학생 원천의 감소, 학교 운영을 위한 경비 문제, 학교 교원의 고령화, 이중언어 교육문제, 교재 및 도서의 문제, 결손가정의 문제, 학교 건물의 노후화, 학교 학생 수의 감소 등이다.[7] 이러한 복합적인 문제를 내포하고 있는 조선족학교는 이제 그동안 유지해오던 창조적인 역할의 학교문화는 찾아볼 수 없게 되었고 어떤 학교문화인지도 말하기 어려운 아무런 특징 없는 학교문화가 형성되어보편화되고 쇠퇴해 가는 실정이다.

본 연구에서 말하는 학교문화(學校文化, school culture)란 조선족학교가 가지고 있는 고유한 민족특색의 문화를 말한다. 학교문화란 용어는 원래 월러(W. Waller)에 의하여 사용되기 시작하였으며, 브렘베크(C.S. Brembeck)는 학교문화를 지리적 위치에 따라 산간벽지 학교의 문화, 읍지(邑誌) 학교의 문화, 교외학교의 문화, 도시학교의 문화로 분류하고있다.[8] 조선족학교는 1906년 서전서숙이래 중국이라는 타국에서 한민

터는 정부에서 헐값에 사들이고 있다. 넷째, 조선족 마을의 황폐화를 가속시킨다. 마을의 문화
생활 중심지였던 학교가 사라지니 사람들이 마을을 떠나고, 그 동안 선조들이 피땀으로 일군
농지는 한족에게로 넘어가고 있다. 안병삼, 「중국 조선족학교의 '학교문화'에 관한 고찰」, 『한
국민족문화』 제55집, 2015년, 171쪽 참조.

7   최우길, 「중국 조선족 교육의 현황과 과제: 한국과의 교육 교류를 중심으로」, 『디아스포라연
구』 제6권 1호, 2012년 6월.

8   서울대학교 교육연구소, 『교육학용어사전』, 하우동설, 1995년. 한편 클락(B.R. Clark)은 미
국 중등학교의 문화를 흥취적(興趣的, fun) 문화, 학구적(academic) 문화, 나태적(懶怠的,
delinquent) 문화로 분류하였다. 학교문화의 특성이 학생들의 학업성취에 미치는 영향에 관
한 연구가 많다.

족이 당면한 시대적 요구에 맞추면서도 민족적 특색을 보존하기 위한 조선족 고유의 학교문화를 창조하고 이를 지금까지 계승 · 유지하려고 노력하고 있다. 이와 관련하여 다음과 같은 조선족학교에 대한 설명은 그들의 학교문화를 이해하는 데 도움이 될 것이다.

조선족학교에서 이루어지는 교육은 단지 사회 규범과 가치를 가르치고 후대를 양성하는 교육 본연의 차원을 넘어 민족공동체의 결속과 민족문화 창달, 나아가 민족의식을 각인시킴으로써 조선민족의 반일독립운동에 결정적인 역할을 담당하였을 뿐만 아니라 중국 내 조선족이라는 새로운 민족공동체의 창출 및 그들의 경쟁력 신장과 위상 제고에 핵심적인 역할을 담당했다. 조선족학교의 교육이 없다면 오늘날의 조선족도 있을 수 없다.[9]

본 연구의 출발점은 조선족학교 학교문화의 변형이다. 그렇다면 과거 학생이 교정을 가득 메운 조선족학교의 학교문화는 어떠했을까? 1945년 전에는 독립정신을 키우기 위한 교육과 학교명, 교가[10] 등을 통해 학교문화를 창조하였다. 특히 1910년대와 1920년대에 중국 조선족이 세운 학교 명칭에서 '동(東)'자가 매우 많이 들어가 있는 것을

---

9 박금해, 『중국조선족 교육의 역사와 현실』, 경인문화사, 2012년, 책머리 참조.

10 용정실험소학교(1988년 용정소학교에서 개칭) 교가는 용정소학교 시절의 교가를 계속 사용하고 있다. 이 교가는 현재의 조선족학교 교가 중에서 가장 민족정신이 두드러진 교가 중 하나라고 할 수 있다. 교가의 1절은 다음과 같다.

일송정 아래에 자리 잡은 우리학교, 민족의 장한 뜻 키워왔어라.
어제는 선구자 노래부르며 항일지사 자라났고,
오늘은 세기를 뛰어넘을 참된 인간 키우네.
아~ 빛나라 룡정소학교, 겨레의 희망안고 길이 빛나라.

볼 수 있는데, 예를 들면 명동 · 광동 · 정동 · 창동 · 홍동학교 등이다. '동(東)'자는 해동(海東) 또는 동국(東國)을 뜻하는 것으로 옛날 우리나라를 다르게 부르던 말이다. 이는 우연한 일치가 아니다. 명동학교의 경우를 보면, 그 뜻은 '동쪽을 밝힌다'로 곧 독립운동 혹은 조국의 독립과 관련이 있다고 말할 수 있다. 이렇듯 학교 명칭까지도 조국의 독립과 관련이 있다고 생각할 때 학교 설립자들의 독립정신을 헤아릴 수 있다. 신중국 성립 이후에는 교실마다 가득찬 학생들이 월요일엔 학교의 특징과 민족의 정신을 노래하였고, 학교마다 특색 있는 여러 활동을 새로 만들었을 뿐만 아니라 고유한 교육이념인 교훈과 학풍, 교표, 심지어는 반훈까지 만들어 서로의 특색 있는 학교문화를 창조하였다.[11] 그 결과 각 지역마다 그 지역의 풍토와 문화를 지닌 교가와 교표가 존재하였다. 학교는 학부모를 학교에 불러 학교일뿐만 아니라 마을의 문제를 논의하였고, 봄과 가을에는 마을 전체가 모여 운동회를 통해 대동단결하는 모습을 보여주었다. 교표를 보더라도 학교를 상징하는 그림을 통해 많은 학교문화를 보여주려고 노력하였다. 교표에는 조선족의 민족의식을 표현하고 있으며, 교육적 · 지역적 특색을 담고 있다. 조선족학교의 교육적 이념 및 명칭으로는 교표를 통해 학교가 지향하는 '학생 · 학부모 · 교사가 혼연일체가 되어 학교를 발전시키자', '과학의 정신을 키우자', '많은 지식을 배우자' 등의 전반적인 학교의 교육적 이념을 말하였다. 이때 교표에 직접적으로 위의 문구를 넣지는 않고 교표 도안의 해석을 통해 표현하는 경우가 대부분이다. 상지시조

---

11   안도현 제1실험소학교는 조선족소학교로서 1,400여 명 학생에 76명 교원, 16개 학급을 갖고 있는 비교적 큰 학교이다. 이 학교에서는 학생들에 대한 사상품성교양을 강화하고 학교교육과 가정교양의 결합을 가일층 추진시키기 위하여 1985년 11월부터 학부형학교를 꾸리기 시작하였다. 송수, 「보급할 만한 경험: 학부형학교」, 『중국조선족교육』 261 · 262, 1987년 7 · 8월호, 23쪽 참조.

선족학교의 경우처럼 교표에 정심박학(正心博學: 바른 마음을 가진 배움의 가르침)이라는 교훈을 직접 거론한 경우이다. 그 지역적 특색으로는 해당 지역에서 유명한 자연환경이라든가 지형적 특색을 교표에서 나타내어 그 독특함을 표현하였다. 교하시조선족실험소학교의 경우, 교하시를 상징하는 라법산과 폭포, 단풍잎을 표시하여 지역적 내용을 담아 지역 사랑을 표현하였다.[12]

지금의 모습은 어떠한가? 학교의 설립 이념에 대한 배움은 사라졌고, 교가나 교훈, 그리고 교표에 이르는 많은 학교문화를 기억하는 학생은 없다. 교가를 부르는 경우도 거의 없어 학생들이 교가의 존재조차도 잘 알지 못한다. 조선족 집거지에서 민족의 대동단결하는 구심점 역할도 사라졌다. 간혹 한국 교육계와의 교류를 통해 한국식 한교 단장이나 제도를 도입하고 있지만 단기적인 변화에 불구하여 지속성이 없다. 지금은 그저 학생이 없으니 어찌할 방법이 없다라는 식의 생각이 지배하고 있었다.

---

12 안병삼, 「중국조선족학교의 학교문화 연구: 교표를 중심으로」, 『동아시아문화연구』 제63집, 2015년 참조.

3. 학교문화 변형의 주요 원인 분석

조선족학교는 1906년 서전서숙이래 중국이라는 타국에서 소수민족으로서의 독특한 민족적 특색을 보존하면서 여러 가지 조선족 고유의 학교문화를 창조하였고 이를 지금까지 계승·유지하여 왔다. 하지만 21세기 중국 조선족학교 학교문화는 지난 세기와는 전혀 다른 모습으로 급격하게 변하고 있다. 그 원인은 다음과 같다.

첫째, 가장 큰 원인은 역시 학생 부족이다. 이로 인해 학교문화는 서서히 사라져갔고, 동시에 학생 부족 해결을 위한 여러 방법의 결과로 학교문화는 급격하게 변해갔다. 이러한 상황은 1990년대 이후 본격적으로 제기되기 시작하였고 문제의 심각성은 더욱 복잡해졌으며, 이미 수십 년간 이어져 왔다. 다시 말하지만 이 문제의 핵심은 모집할 수 있는 학생 자원이 점점 적어진다는 사실이었다.[13] 학생 자원의 부족의 원인은 이미 다른 논문에서 많이 분석한대로 동북3성의 조선족 마을의 붕괴이다. 많은 사람들이 중국 내 다른 도시로 떠났거나 한국으

---

[13] 장세일,「향후 중국 조선족교육의 발전 전망」,『한국교육사학회 학술발표논문집』, 한국교육사학회, 2002년. 이 논문에서는 조선족교육이 안고 있는 문제를 다섯 가지로 말하면서 가장 먼저 학생래원의 감소를 말하였다. 일민,「조선족교육에서 나타난 문제와 그 해결 방법」,『중국조선어문 1998(2)』, 1998년 3월. 이 논문에서는 단순히 학생 수의 감소가 조선족학교의 가장 큰 문제이고 그 주원인은 중국의 산아제한이고 더불어 농촌인구의 도시이동이라고 분석하였다. 홍광기·리동근,「농촌조선족교육에서 시급히 해결하여야 할 문제」,『중국조선어문 1999(2)』, 1999년 3월. 이 논문에서도 농촌 조선족교육의 문제점으로 학생 원천의 고갈과 학교 분포의 불합리성, 경비의 문제를 말하고 있다.

로 떠난 것이다. 그 결과 기존의 조선족 집거지는 나이 많은 사람들만 남게 되었고 당연히 학생들도 줄었으며 새로 태어나는 아이까지 없어지면서 전체 동북3성의 조선족학교는 학생 부족에 직면하게 되었다. 농촌의 경우는 더욱 심각하여 거의 모든 마을에 있던 조선족학교가 현재 시급 도시에 하나만 있거나 지구별로 하나의 학교만 존재하고 있다.

그동안 많은 조선족학교에서는 학생 부족 문제를 해결하기 위해 많은 고민을 하였고 여러 가지 방법을 시도하였지만 두드러지게 성과를 거두지는 못하였다. 예를 들어, 한족학교에 다니는 조선족 학생을 데리고 오거나,[14] 다른 지역에 가서 조선족 학생을 유치하여 온다든가 한족 학생을 유치한다든가 탈북민과 결혼한 한족 아이들을 입학시키는 등의 방법이다. 현재는 한족 학생을 받는 방법이 유일하게 학생 부족을 메꿀 수 있는 대안으로 제시되고 있는 정도이다. 하지만 이것은 민족학교를 견지해야 한다는 입장에서는 독배를 마시는 것과 같다는 게 중론이다. 그러나 부득불 이러한 방법을 동원하는 학교에서는 일단 학생의 수를 확보하여 경제적으로 정부의 지원을 받는 것이 수월하기 때문이다. 이러한 상황에서 또 다른 문제들이 나타났다. 그 하나가 조선족학교의 학교문화가 변형되고 있다는 사실이다. 순수한 민족정서를 지녔던 학교문화는 점점 한족화되어가고 있다. 학교 안의 언

14　방창국, 「산재지구 조선족교육에서의 문제점」, 『중국조선어문 1998(1)』, 1998년 1월. 이 논문에서는 한족학교에 다니는 조선족 학생의 수가 줄지 않고 있다고 하면서 당시에 전체 조선족 학생의 60% 정도가 한족학교에 다니고 있다고 분석하였다. 현재에도 조선족 학생이 한족학교를 다니는 상황은 여전하다. 그 학생들만 데리고 와도 조선족학교 상황이 많이 좋아질 것이라고 현직 교원들은 생각하고 있다. 최우길, 「중국 조선족 교육의 현황과 과제: 한국과의 교육 교류를 중심으로」, 『디아스포라연구』 제6권 1호, 2012년 6월. 이 논문에서는 조선족 학생이 민족학교를 다니지 않고 한족학교를 다니는 현상을 '외류현상'이라고 말하면서 그 문제의 심각성을 분석하였다.

어는 중국어가 대세로 자리 잡았고 심지어는 수업할 때에도 중국어를 사용하고 있다. 한족 선생님과 한족 학생들이 절대적으로 많은 상황에서 민족성을 강조하는 어떠한 학교문화도 실행할 수가 없게 된 것이다. 또 다른 하나는 실력 있는 한족학교를 입학하지 못하는 학생들이 입학함에 따라 학교 수준이 떨어지고 있다. 한족 학생들의 입학은 두 가지다. 유치원부터 조선족 유치원을 다닌 경우와 좋은 학교를 가지 못하는 학생들이 조선족학교를 오는 경우고, 다양한 교육을 받기 위해 온다는 경우도 있다.[15] 조선족학교에서 한족 학생을 교육하는 방식도 여러 형태가 있다, 조선족 학생과 같이 가르치는 경우도 있지만 대부분 한족반을 따로 꾸려서 운영하고 있다. 한 학교에 한족반, 조선족반으로 나누어 진행하는 것이다. 흑룡강성 목단강에서 가장 큰 조선족학교에서도 중학교는 조선족이 많지만 고등학교 과정은 절반이 한족 학생이다. 마지막 하나는 조선족 선생님과 한족 학부모 간의 문화적 충돌이 빈발하고 있다. 이에 한족 학생의 유치를 포기하는 학교도 속출하고 있다.

둘째, 조선족학교의 정체성 혼란은 학교문화의 변형을 가져왔다. 학교의 정체성이 확고하지 않으면 어떠한 학교문화도 창조할 수 없다. 그러나 조선족 학생의 부족으로 한족 학생이 입학하고 이에 따라 한족 교원도 유입되면서 학교의 정체성에 대한 혼란이 발생하였다. 무늬만 조선족학교인 상황에서 학교의 정체성을 어디에 두어야 하는지 혼란이 온 것이다. 그 결과 기존의 학교문화는 서서히 사라지고 한족학

---

[15] 이렇듯 한족 학생이 조선족학교로 오는 경우는 여러 가지 이유가 있다. 특이한 것은 한족 학생이 고교를 졸업하고 한국으로 유학을 계획하고 한국어를 배우기 위해 조선족학교로 오는 경우도 있다는 사실이다. 이러한 경우는 비록 한족이지만 부모 중 한쪽이 조선족인 경우가 많있다.

교의 문화를 아무런 여과 없이 수용하거나 국적불명의 문화 역시 나타나게 되었다. 여기서 정체성 혼란이란 민족학교로서의 정체성 혼란이다. 조선족학교의 학생 부족은 한족 학생을 조금씩 유치하는 상황을 야기하였고 심지어는 한족 학생이 조선족 학생보다 더 많아진 상황까지 다양하게 존재하였다. 이에 따라 한족 학생을 유치한 조선족학교가 진정한 민족학교인지는 생각해봐야 한다는 목소리가 대두되기 시작하였다. 필자가 직접 동북3성 교장 및 교원들을 상대로 면담한 결과는 적어도 한족 학생이 50%를 넘어서는 안 된다는 입장이 가장 많았다. 하지만 학교 현장에서는 조선족학교라는 교명을 사용하고 있지만 한족 학생이 조선족 학생보다 더 많은 경우가 점점 많이 등장하고 있는 실정이다.

중국 정부에서는 한족 학생의 입학을 반대하지 않는다. 그 이유는 간단하다. 한족 학생이 조선족 학생보다 더 많아지면 민족학교가 아닌 일반 한족학교로 전환시킬 수 있고, 또한 민족교육보다는 한족학교에서 실시하는 중화사상을 더욱 강력하게 교육할 수 있기 때문이다. 이러한 교육 정책은 중국의 동화정책과 관련이 있다고 할 수 있다.[16] 이

---

16 중화사상은 문화민족주의로 발전할 수 있으며, 한족을 포함한 중국 내 56개의 소수민족을 중화민족이라는 중화민족론을 대두시켰다. 그 결과 소수민족인 조선족 학생들에게는 민족의 정체성을 약화시켜 한족동화를 더욱 가속화시키는 결과를 가져왔다. 여기서 우리는 중화민족론과 관련하여 중국의 소수민족교육이 중화민족다원일체론(中華民族多元一體論)에 입각하여 실시되고 있다는 사실을 인지하고 있어야 한다. 중국의 소수민족교육은 중화민족 다원일체론(中華民族 多元一體論)에 입각하여 이를 충실히 수행하기 위한 소수민족 정책의 일환으로 실시되고 있다. 다원일체론에 따르면 한족과 55개 소수민족을 모두 포함하는 중국민족은 한족을 중심으로 하는 하나의 중화민족으로 응집해야 한다. 따라서 중국 소수민족교육은 중화민족의 다원일체화를 목적으로 소수민족문화의 다원성을 인정하는 교육과 중화민족으로의 일체화를 위한 민족단결교육을 중점으로 이루어지고 있다. 중국의 소수민족교육은 겉으로는 민족문화에 대한 정부의 배려를 받고 있지만 실제로는 중국이라는 국가를 하나로 하는 일체에 통합되어야 하는 존재를 만들기 위한 교육이다. 따라서 현재 다문화교육이라는 이름으로 진행되고 있는 소수민족교육은 다원(多元)보다는 오히려 일체(一體)를 강조하는 동화주의적인

미 많은 소수민족들은 중국의 한족에 동화되어 자신들의 언어는 물론 문화까지 상실하고 있는 상태이다. 사실 표면적으로 중국 정부는 소수민족을 우대하는 정책을 실시하고 있고, 조선족학교에 대해 많은 편의를 봐주고 있다. 하지만 그 또한 다른 속내가 있다는 의견도 있다. 구체적인 사례를 보자. 원래 초기 조선족학교는 처음부터 독립적으로 개교를 한 경우도 있었지만 많은 학교에서는 한족학교의 조선족반에서 시작해 이후 학생들이 늘어나면서 학교터를 구해 따로 학교를 짓고 독립하였다. 지금 나타나고 있는 현상은 좀 다른 모습이다. 기존의 조선족학교 터는 도시의 확대로 인해 노른자땅이 되었고 중국 정부는 이를 사들이고 다른 외곽에 학교를 세워주고 있다. 이에 현재 많은 학교가 새로운 터로 이사를 하였다. 그러나 문제는 조선족 학생이 점점 줄어들어 빈 교실이 많아진다는 사실이다. 좋은 학교 시설에 학생이 없다고 한다면 중국 정부는 시설 낭비라고 하면서 한족학교를 입주시킨 뒤, 학교 시설을 반반 이용하게 하는 것이다. 나중에 조선족학교 학생이 없어지면 자연스럽게 한족학교가 되는 것이다. 이러한 현상은 지금 동북3성 곳곳에서 벌어지고 있다.

셋째, 민족교육의 약화는 학교문화의 변형을 가져왔다. 위에서 말한 학교의 정체성 혼란은 학교 내 민족성 교육이 전반적으로 사라지는 결과를 낳아 결국 학교문화의 변형을 가져온 것이다. 조선족학교에서 민족성 교육을 통한 민족의식 고취와 민족 단결 등은 학교문화를 구성하는 가장 기초적인 중요한 요소라고 할 수 있다. 이 중 가장 중요한 것은 민족 언어의 교육일 것이다. 조선족학교 교육에서 민족 언어인 한글을 사용하는 것은 민족의식을 유지 및 고취하는 것과 직접적

성격이 강한 다문화교육이다. 안병삼, 「중국 흑룡강성 조선족학교 교가 가사 연구」, 『인문연구』 제69호, 2013년, 306-307참조.

인 관련이 있기 때문에 민족교육의 가장 중요한 의미를 담고 있다. 그러나 민족 언어의 교육이 이중언어 교육이라는 중국 정부의 정책적 변화로 민족학교의 교육방향이 바뀌어 학교문화는 더욱 변형되기 시작하였다.[17] 이에 학생들의 언어 사용에 있어서도 민족 언어인 한글은 거의 사용하지 않고, 거의 중국어를 사용하는 문화로 바뀌었다. 아이들의 수업시간은 물론 쉬는 시간에도 친구들과 중국어로 이야기를 하고 있으며, 교원들 역시 중국어가 일상화되어 있다. 특히, 수업시간에 교원들이 학생들에게 한글로 설명하면 알아듣지 못해 중국어로 다시 설명해야 한다는 교원들의 호소가 학교문화 변형의 심각성을 보여주는 증거라고 하겠다. 또한 민족의식이 비교적 강한 노령 교원이 퇴직함에 따라 민족교육은 더욱 위협을 받고 있는 상황이다. 그들이 퇴직함과 동시에 그동안 이루어졌던 민족교육은 사라지고 새로 들어오는 젊은 교원들은 민족의식이 약해 학생들에게 민족교육을 해야 한다는 생각이 그리 강하지 않다. 민족교육을 중시하지 않는 것이다. 이러한 구성원들 변화 역시 그대로 학교문화 변형의 원인으로 나타나고 있다. 예를 들어, 교원들에 의해 그동안 잘 교육되어 온 학교문화의 핵심인 학교의 교가, 교훈, 교휘, 민족성 교육 등은 시나브로 교육하는 교원들이 사라졌고, 그 자체조차도 관리가 소홀하여 교가가 있는지 교훈이

---

17 중국의 소수민족 언어교육에서 이중언어 교육과 그에 따른 이중언어를 사용한 교수활동은 최근 10년의 조선족 민족학교의 교육방향 전환과 맞물려 가장 큰 변화의 장을 마련하고 있다. 이렇게 여러 민족 전체에 민감한 문제로 대두되는 것은 그동안 중국 정부가 내세워왔던 중국의 소수민족 언어정책의 변화와도 맞물려 있기 때문이다. 그래서 중국의 교육 정책은 변화에 대한 충분한 논리적 근거를 마련해야 하는 부담을 가지고 있다. 사회의 변화로 인해서 소수민족의 언어를 보호하고 민족어로 교육을 받을 수 있도록 배려함을 내세웠던 중국의 정책은 이제 민족학교에서도 중국어로 수업을 진행해야 함을 요구하고 있다. 또, 많은 민족학교는 학부모와 학생으로부터 대도시의 한족 학교와 경쟁할 수 있는 새로운 민족학교 교육을 요구받고 있다. 임형재 · 김효신, 「중국의 이중언어 정책의 변화와 민족학교 중국어 교수의 도입」, 『국제어문』 제65권, 2015년 참조.

무엇인지도 모르는 경우도 많았고, 교휘는 학교 구석에서 빛바랜 상태로 방치되고 있었다.[18]

여기서 주목되는 것은 21세기에 들어서 조선족학교가 한국 교육계와의 교류를 통해 한국의 학교문화를 많이 배우고 모방하고 있다는 사실이다. 한국 기업의 협조로 도서관 사업이나 사물놀이 악기 제공 등을 통해 한국과의 교류를 하는 학교가 있었다. 그러나 많은 학교가 재외동포재단을 통해 여러 가지 지원을 받기를 희망하고 있지만 아직은 모든 학교가 혜택을 받고 있지는 않았다.

넷째, 교원의 수급불균형과 노령화의 심각성은 학교문화 변형의 원인이 되었다. 학교문화 변형의 원인이 오직 학생의 부족으로만 일어난 것은 아니었다. 조선족학교의 교원까지 중국 내 대도시로의 이동과 한국 및 다른 국가로의 출국 붐이 조선족학교의 학교문화 변형을 가속시켰다.[19] 교원의 부족은 업무과중으로 인해 교원들의 학교문화 창조를 위한 여력을 상실하게 만들었고, 교원의 노령화는 적극적인 활동의 제약으로 더 이상 학교문화를 창조하는 일에 신경쓸 수 없게 만들었다.

교원들 수급불균형에 대한 문제는 이미 오래된 문제이다. 신규교원채용이 이루어지지 않고 있는 상황에서 나이든 교원들의 퇴직은 늘어가고 있다. 매 학교에는 교원의 임용 정원이 있지만 대부분 조선족

---

18 교가의 창작은 교장이 바뀔 때마다 시대의 조류에 따라 새로 창작되는 경우도 많았다. 교가의 내용을 보면 공산당찬양, 중화사상 찬양, 배움터 강조 등이 있는데 조선족학교의 최근 교가는 민족성 고취의 내용보다는 순수한 배움터 강조와 중화사상 고취가 많이 드러나고 있다.

19 민족학교의 교원의 유실로 인해 조선족 민족학교는 교육의 질이 시속적인 하강 곡선을 그릴 수밖에 없었다. 1992년부터 2000년까지 민족학교 교원을 그만둔 교원 수는 4,208명으로 연변 내 조선족중소학교 전체 교원의 53.1%에 달했다. 李得春, 『延边朝鲜族双语教育研究』, 延边大学出版社, 2012년, 200-201쪽 참조.

학교에서는 정원에 모자라는 교원으로 수업을 진행하고 있다. 그 결과 교원들의 전공에 상관없이 수업이 이루어져 수업의 질이 떨어지고 있다. 이러한 교원들의 수급불균형의 근본 원인은 교육부 당국의 소극적인 조선족 교원의 채용과 조선족 교원의 시골학교 근무 기피 때문이다. 교육국에서는 어차피 학생들이 줄어들 것으로 예상하고 교원 증원이 필요 없다는 태도이고 동시에 정부 시책에 맞춰 인건비를 줄이려는 의도이다. 그러나 학교에서는 학교에 규정된 정원을 채워달라는 것이다. 이러한 어려운 상황에서 어떤 학교는 교장들의 재량으로 교원을 충원하고 있거나 다른 학교에 이름을 올려놓고 근무는 다른 곳에서 하는 등 기형적인 모습을 보여주고 있다. 교장 재량으로 채용하는 경우는 단기적 해결방안으로 정식 교육부 소속이 아니라서 근본적인 해결방안이 되지 않고 있다. 교육부의 채용방식에도 문제가 있다고 지적하는 교장들도 많았다. 성교육국에서 채용공고를 낼 때 예전처럼 민족을 구분하여 채용공고를 내면 조선족 교원을 선발할 수가 있는데 지금은 민족 구분 없이 시험을 통과해야 하므로 조선족들이 시험에서 합격하기가 매우 힘들다는 것이다. 학교에서는 조선족 교원이 필요하다고 하여도 교원시험에 합격하는 조선족이 없으니 어쩔 수 없다는 교육국의 설명이라는 것이다. 이에 따라 교원의 노령화가 심화되고 있다. 조선족 교원 채용에 대한 교육국의 소극적인 태도와 조선족의 농촌학교의 근무 기피로 인하여 조선족학교는 이미 젊은 교원의 채용이 거의 중단된 지 오래이다. 교원 중 20대를 거의 찾아볼 수 없는 현실에서 나이든 교원들은 하나둘 떠나가고 있다. 이에 따라 학생들과의 활동적인 교육은 점차 쇠퇴하고 전반적으로 학교에 활기가 사라지게 되었다. 이 결과는 학교문화의 부재로 이어지고 있는 것이다.

조선족 교원들의 농촌학교 기피 현상은 젊은 교원들의 도시생활

선호와 관련이 가장 크지만 다른 요인도 있다. 농촌 학교의 경우 폐교되는 확률이 많다보니 신분의 불안을 느낄 수 있고, 농촌학교의 특성상 처음 배정된 학교에서 평생 근무하는 경우가 많아 한번 농촌 학교로 가면 다시 도시로 돌아올 수 없다는 두려움이 작용하기 때문이다. 이와 반대로 농촌의 경우 교원이 남아도는 경우도 있다. 학생이 많이 감소하였거나 학생이 거의 없어 폐교를 앞둔 학교에서는 남는 교원들을 한족학교로 전근시키거나 조기 퇴직, 그리고 학교 청소 및 교문을 지키는 잡무를 시키고 있다. 한족학교로의 전근은 조선족 교원들이 달가워하지 않고 있는데 문화적 차이와 한어 사용의 문제점으로 한족 교원과의 경쟁에서 불리하다고 생각하기 때문이다.

다섯째, 조선족 공동체 역할의 축소 및 붕괴가 학교문화 변형의 원인이다. 조선족 집거지를 중심으로 세워졌던 조선족학교는 학생들의 교육담당역할 뿐만 아니라 조선족들이 모여 조선족 공동체를 유지하는 중요한 역할을 하였다. 명절에는 운동장에 마을 사람들이 모두 모여 운동경기와 민속놀이를 통해 단결을 도모하였고, 졸업식과 입학식을 통하여 학부모들이 모여 학교와 마을이 함께 발전할 수 있는 방안을 논의하였다. 이러한 행사와 모임에는 학교의 모든 구성원과 마을의 모든 구성원이 참여하여 이루어졌다. 이렇듯 학교와 마을은 서로 없어서는 안 되는 중요한 동반자였다. 학교의 일이 마을의 일이 되었고 마을의 일이 학교의 일이 되었던 것이다. 그것은 조선족이 이주하면서 마을이 형성되고 가장 먼저 한 일이 마을 사람들이 서로 조금씩 성금을 모아 학교를 세우고 선생님을 청하고 학생을 입학시키는 등 학교는 마을의 일이었기 때문이다. 이것이 자연스럽게 학교와 마을이 함께 만들어간 조선족학교의 학교문화 중 하나였다. 그러나 상황은 급격하게 변해갔다. 조선족 집거지는 붕괴되었고 학교는 학생이 줄면서 폐교

위기에 몰렸다.[20] 마을의 붕괴에 따라 학교도 소멸되기 시작한 것이다. 현재 학부모회의는 농촌에서는 거의 이루어지지 않고 있으며 이루어지는 도시의 학교에서도 부모님 대신에 조부모가 참석하고 우리말 한글 대신 중국어로 회의를 진행하고 있다. 또한 마을에 대한 일을 논의하는 일은 근본적으로 불가능한 일이 되어 버렸다. 이제 명절 행사로 진행하였던 운동회는 학생 인원 부족이 심각한 학교에서는 찾아볼 수 없게 되었다. 다시 말해, 현재 동북3성 지역의 조선족학교는 거의 대부분이 한 학년에 2개 반을 운영하고 있으며, 1개 반만 운영하는 학교도 많다.[21] 심지어는 한 학년에 1명뿐이거나 한 학년 전체가 1명도 없는 학교도 직접 보았다. 보통 1개 반에 학생들이 적게는 1명에서 많아야 20여 명으로 운영되다 보니 학교의 행사를 치를 수가 없다. 모든 행사는 취소되고 조선족 집거지 마을 사람들이 학교에 모여 학교 일을 논하는 이전의 학교문화 모습은 사라진 지 오래이다.

여섯째, 학부모가 자녀와 함께 살지 않는 것도 학교문화를 변형시킨 원인이다. 학교에서 학부모가 만들어가는 학교문화는 매우 많다. 하지만 현재 조선족학교 입장에서는 학교에 학생들이 급격하게 줄어

---

20 조선족마을은 우리 민족이 중국에 이주하여 정착하면서 만들어온 기본 집거지역으로서 100년 이상 한족 다수의 사회에서 생활하면서 동화되지 않고 우리 말과 글, 우리민족의 전통문화와 풍속을 지켜올 수 있는 기본 토대였다. 중국의 조선족은 중국에서 2천여 개 조선족마을을 보유하여 왔다. 개혁개방 이래, 특히 최근 10여 년간 조선족인구의 대량 유동으로 하여 조선족마을 수가 줄어들고 있고 조선족마을이 조선족 비율이 낮아지고 있다. 흑룡강성의 조선족촌은 1982년에는 501개였는데, 1990년에는 492개, 2002년에는 392개로 줄어들었다. 김병호 · 류춘욱 편저, 『중국 조선족 인구문제와 그 대책』, 민족출판사, 2007, 14쪽 참조.

21 현재 대도시의 몇 몇 학교를 제외하고는 동북3성의 모든 조선족학교가 매우 어려운 상황이다. 폐교 전 혹은 대부분 농촌학교의 학생 수는 모두 합쳐야 몇십 명만 있는 경우가 허다하다. 반 구성은 고사하고 학년에 한 반도 없는 경우도 허다하다. 이를 극복하기 위해 유치원, 초등학교, 중학교, 고등학교를 같이 운영하는 '조선족학교'를 운영하고 있지만 나아질 기미는 보이지 않는 게 현실이다.

드는 것도 문제지만 학생들의 일을 상의할 부모가 없다는 것도 골칫거리이다.[22] 부모 두 사람이 모두 한국에 갔거나 중국 내 다른 도시로 돈을 벌러 간 경우가 대부분이고, 부부가 이혼한 경우도 많다. 이에 학생을 키우는 사람은 조부모가 키우고 있거나 친척들 손에서 자라고 있다. 심지어는 학교 근처에서 하숙을 하는 경우도 있고 교원이 부모로부터 생활비를 받고 아이를 데리고 사는 경우도 있다. 이러한 가정환경은 아이들에게 가정에서 배워야 할 가정교육이 붕괴되면서 그들의 정서적인 측면에도 많은 문제가 생기게 되었고 이 아이들이 장차 사춘기에 방황하는 학생들이 되어 사회적 문제를 일으킬 수 있다는 측면에서 우려할 만하다. 또한 민족공동체의 기초인 가족공동체에 문제가 발생하면서 자연스럽게 조선족 집거지가 많이 자리 잡은 동북지역의 조선족 민족공동체가 약화되었고, 조선족이 떠난 빈자리는 한족이 채워가면서 환경이 바뀌게 되어 새로운 변화의 조짐이 나타났고, 이것은 곧바로 학교문화의 변형에 영향을 주어 그동안 조선족 학부모가 창조하였던 학교문화는 사라지고 있는 것이다.

이상에서 보았듯이 현재 조선족학교 학교문화는 많은 문제점 노출

---

22 안병삼, 「초국가적 이동현상에 따른 중국 조선족의 가족해체 연구」, 『한국동북아논총』 제52권, 2009년. 가족해체에 대한 실태조사에서 중국 흑룡강성 조선족 중고등학생들은 73.5%가 부모와 별거상태인 것으로 조사되어 그동안 조선족 가족체제가 얼마나 심각하게 진행되고 있는지를 단적으로 보여주는 의미 있는 결과라고 볼 수 있다. 조선족 학생들이 부모와 별거한 이유는 경제적 이유로 한국으로의 귀환이주 때문이었다. 이에 따라 홀로 남은 학생들 중 37.6%가 조부모와 함께 살고 있는 조손가정의 형태였다. 조선족중학교에는 결손가정 학생수가 50~60%에 달하며 학부모들의 부재로 인한 학생들의 교육환경이 말이 아니다. 연길시 조선족중학교의 학부모 상황에 대한 조사에 의하면 부모의 출국이 45.25%, 이혼가정이 10.8%, 부모의 사망이 1.5%, 이상 3가지 사항으로 이한 결손 가정이 55.7%이고 부모와 함께 있는 학생이 전체 학생 수의 41.15밖에 안 된다. 〈연변일보〉 2005년 6월 1일 보도에 의하면, 2004년도 연길시 조선족중학교 결손가정 학생 수가 연길시 조선족중소학교 학생 총수의 62.12%를 차지한다고 한다. 김병호·류춘욱 편저, 『중국 조선족 인구문제와 그 대책』, 민족출판사, 2007년, 16쪽 참조.

로 인하여 비정상적인 형태로 변형되고 있다. 이러한 문제점을 일시에 해결하기는 어렵지만 그 원인을 분석하고 그 대책을 마련하는 작업은 꼭 필요하다고 생각한다. 학교문화의 사라짐은 학교 전통이 사라지는 일이기 때문이다. 학교 전통은 그동안 조선족학교가 지켜온 민족정신이다.

결론적으로 중국의 개혁개방 이후 조선족들의 해외 이동과 중국 내 대도시로의 이주는 농촌사회의 피폐와 학생의 감소를 야기하였고, 이에 따라 교원의 부족, 결손가정의 증가, 민족공동체 붕괴 등의 결과로 학교문화가 변형되고 있다. 게다가 조선족 3·4세의 한족으로의 급격한 동화와 그에 따른 문화단절현상 및 민족의식의 약화는 조선족학교 학교문화 중 가장 우수한 민족의식과 단결의식을 약하게 만들고 있어 학교문화의 변형을 더욱 가속화하고 있다.

4. 맺음말

중국 조선족학교가 학생의 감소로 인하여 통·폐합되고 조선족 집 거지가 붕괴되는 등의 많은 어려움을 겪고 있는 가운데 오랫동안 조 선족학교에서 형성되었던 학교문화가 급격히 변형되고 있다. 본 연구 는 조선족학교 학교문화가 변형되는 원인을 다각도로 고찰한 연구이 다. 이는 조선족학교가 단순하게 학생 부족만이 가장 큰 문제로 여겼 던 기존의 사고를 넘어 다양하게 전개되고 있는 여러 복잡한 문제를 많은 사람들에게 인식하게 하고 그 해결 방안이 무엇인지를 고민하게 한다는 점에서 그 의미를 찾을 수 있을 것이다.

현재 조선족학교는 기존의 학교문화가 아닌 새로운 학교문화로 변 형되어가고 있고, 그 원인은 이전의 초기 단순했던 학생 부족과 이로 인한 경제적 어려움이 아닌 더욱 복잡하고 다양한 것들이 존재하였다. 본 연구에서는 조선족학교 학교문화가 변형된 주요한 원인을 여섯 가 지로 살펴보았다. 첫째, 가장 큰 원인은 학생 부족이었다. 이로 인해 학교문화는 서서히 사라져갔고, 동시에 학생 부족 해결을 위한 여러 방법의 결과로 또 한 번 학교문화는 급격하게 변해 갔다. 이러한 상황 은 1990년대 이후 본격적으로 제기되기 시작하였고 문제의 심각성은 더욱 복잡해졌으며, 이미 수십 년간 이어져 왔다.

둘째, 조선족학교의 정체성 혼란이 학교문화의 변형을 가져왔다. 학교의 정체성이 확고하지 않으면 어떠한 학교문화도 창조할 수 없다.

그러나 조선족 학생의 부족으로 한족 학생이 입학하고 이에 따라 한족 교원도 유입되면서 학교의 정체성에 대한 혼란이 발생하였다. 그 결과 기존의 민족학교로서의 독특한 학교문화는 사라지고 한족학교의 문화를 아무런 여과 없이 수용하거나 국적불명의 문화 역시 나타나게 되었다.

셋째, 민족교육의 부실이 학교문화의 변형을 가져왔다. 21세기 생존마저 어려운 환경 속에 조선족학교의 민족성 교육은 뒷전이 되었고, 이러한 결과는 그동안 민족의식을 바탕으로 작동하던 수많은 학교문화가 사라지게 되었다. 왜냐하면 기존의 조선족학교에서 민족성 교육을 통한 민족의식 고취와 민족 단결 등은 학교문화를 구성하는 가장 기초적인 중요한 요소라고 할 수 있기 때문이다.

넷째, 교원의 수급불균형과 노령화가 학교문화 변형의 원인이 되었다. 교원의 부족은 업무 과중으로 인해 교원들의 학교문화 창조를 위한 여력을 상실하게 만들었고, 교원의 노령화는 적극적인 활동의 제약으로 더 이상 학교문화를 창조하는 일에 신경쓸 수 없게 만들었다. 그 결과 지속적으로 계승·발전시켜오던 학교문화는 젊은 교원들에게 전승되지 못하고 현재의 상황에 맞게 부실하게 운영되는 학교문화로의 변형이 이루어졌다.

다섯째, 조선족공동체 축소 및 붕괴가 학교문화 변형의 원인이다. 조선족 집거지를 중심으로 세워졌던 조선족학교는 학생들의 교육담당역할 뿐만 아니라 조선족들이 모여 조선족 공동체를 유지하는 중요한 역할을 하였다. 명절에는 운동장에 마을 사람들이 모두 모여 운동경기와 민속놀이를 통해 단결을 도모하였고, 졸업식과 입학식을 통하여 학부모들이 모여 학교와 마을이 함께 발전할 수 있는 방안을 논의하였다. 이것은 자연스럽게 학교와 마을이 함께 만들어간 조선족학교의 학교문화 중 하나였다. 그러나 이러한 학교문화는 예전과 달리 축소 운영되거나 다르게 운영되는 등 심각하게 변형되었다.

해외에 거주하는 한민족 중 중국에 거주하는 조선족은 그 수적으로 세계에서 가장 많고, 한반도와 가장 가깝다는 지리적 위치와 지금 조선족이 우리 주변에서 많은 역할을 하는 것으로 볼 때 우리와 가장 밀접한 관계를 맺고 있는 중요한 사람들이다. 그동안 그들은 조선족학교라는 민족학교를 통해 우수한 학교문화를 창조하고 계승하여 왔다. 하지만 조선족 집거지가 붕괴되면서 조선족학교도 급격하게 폐교되어 여러 가지 원인으로 인해 학교문화가 변형되고 있는 것이 현실이었다. 이 시점에서 지금 조선족학교가 당면하고 있는 문제가 무엇이며, 이를 어떻게 해결해야 하는지는 중요한 과제가 아닐 수 없다. 아무쪼록 중국 조선족학교에서 그동안 유지해오던 우수한 학교문화가 계속 유지되고 발전하기를 바란다.

VIII

요녕성
조선족학교 교가

심양시조선족유치원 원가

명랑하게

작사 교원집체 작곡 서영화

찬란한 아침해살 반겨맞으며 아름다운
정답고 아담한 우리유치원 사시장철

꽃들이 활짝피듯이 원예사의 따사로운
춤노래로 웃음꽃피죠 원예사의 알뜰한

사랑속에서 조국의 꽃봉오리들 꽃펴납니
보살핌속에 새세기 기둥감을 키워냅니

다 아 조선족유치원 자랑많은
다

행복의 요람 그품에서 중화의

그품에서 민족의 에솔들이 자라납니다

자료: 『서영화 작곡집』, 료녕민족출판사, 2009년.

심양시화평구서탑조선족소학교 교가

작사 정준기 작곡 김홍미

유서깊은서탑에 해빛넘치고 해빛밝은교정에

노래넘처요 우리당이마련해준 배움의요람

은혜로운민족정책 꽃피는요람 아 - - 사랑하는

서탑소학나의학교여 그 - 자랑 그 - 영광

영원하리라

자료: 『중국조선족교육』, 2004년 7월.

심양시황고구화신조선족소학교 교가

작사 김명자 작곡 김선국

사랑이 넘쳐 나는 아담한 배움 터 자랑찬 우리
꿈을 키워 가는 아담한 배움 터 길이 길이

학교 웃음꽃 활짝피네 성실 애심 성실 애심
찬란한 무궁화 우리학교 성실 애심 성실 애심

즐거운 우리학교 아 화 신 믿음과 사랑 넘
즐거운 우리학교 아 화 신 백화가 만발

치는 배움의 요람이래 요 배움의 요람이래 요
하는 배움의 요람이래 요 배움의 요람이래 요

자료: 제59회 2008년 7월 졸업 책자(앨범).

심양시소가툰조선족중심소학교 교가(현)
- 배움의 요람 -

작사 최은희 작곡 박희무

비 단 여 울 혼 하 물 에 마 음 을 씻 어
생 명 수 혼 하 물 에 마 음 을 씻 어

희 망 찬 래 일 위 해 서 로 손 잡 고
래 일 의 푸 른 꿈 을 가 슴 에 안 고

오 늘 도 부 지 런 히 갈 고 닦 으 며
오 늘 도 부 지 런 히 갈 고 닦 으 며

즐 겁 고 슬 기 롭 게 자 라 는 우 리
아 름 다 운 미 래 를 향해 나 가 는 우 리

사 랑 이 가 득 한 우 리 배 움 터

행 복 이 넘 치 는 배 움 의 요 람 소 가 툰

소 학 교 우 리 배 움 터 우 리 는

자료: 2012년 7월 16일 학교 3층 교장실 옆 게시판 촬영.

여 기 서　　미 래 를 키 운 다

심양시소가툰조선족중심소학교 교가(구)

- 배움의 요람에서 건실히 자라나요 -

작사 최경순 작곡 권영봉

배움의 요람에는 해빛도 따사로워 조국의
배움의 요람에는 리상도 아름다와 조국의

꽃봉오리 건실히 자라나요 인자한 선생님들
꽃봉오리 활발히 자라나요 즐거운 활동경기

새희망 안겨주어 미래를 그려가며 새지식 익혀가
손재간 꽃피우고 한가슴 성적안고 슬기를 키워가

요 아 아 소 가 툰 조 선 족 소 학
요 아 아 소 가 툰 조 선 족 소 학

교 희 망 찬 우 리 학 교 배 움 의 요 람 에 서
교 희 망 찬 우 리 학 교 배 움 의 요 람 에 서

결속구

그 자 랑 끝 없 으 라 빛 내 리 라
그 영 예 빛 내 리 라

자료: 2008년 경축 50주년 책자.

심양시화평구만융조선족소학교 교가

자랑차게

작사 조종만　작곡 권옥란

혼 하 강　맑 은 물 결　감 돌 아 드　는
심 양 대 련　고 속 도 로　줄 달 음 치　고
겨 레 의　강 한 뜻 이　하 늘 에 솟　고

푸 르 른　만 융 벌　을 한 품　에 안　고 아 이
일 떠 선 여　향 촌 공　업 슬 기　를 담　고 아 이
정 들 여　가 꾸 어 낸　대 학　생 들　이

아 담 하 게　자 리 잡 은　행 복 의 의 요　람 아
구 름 뚫 고　솟 아 나 는　희 망 의 요 람
새 별 같 이　빛 뿌 리 는　민 족 의 요 람

아　번 영 하 는　배 움 의 터　전

희 망 찬　만 융 학 교　영 광 넘 치　네

자료: 2012년 7월 탁세훈 교장선생님 제공.

심양시 효선소학교 교가

작사 윤근업 작곡 차재영

자료: 2012년 7월 21일 작곡을 하신 차재영 선생님 제공.

심양시명렴조선족소학교 교가(폐교직전)

작사 윤옥선 작곡 전명자

유서깊은 심양의 따뜻한품에안 겨

민족정책 빛발타 고 높이솟은명렴소 학

지 헤와 희망을 키워가는요람에 서

우 리의 민족문 화 꽃피워간다 네 아

아 명 렴소학 교

그 이 름 그 자 랑 빛 내 여 가 자

그 이 름 그 자 랑 빛 내 여 가 자

자료: 2012년 7월 17일 학교에서 작곡가 전명자 선생님 제공.

심양시명렴조선족소학교 교가(구)

자랑차게

작사 어문조 작곡 음악조

유서깊은 심양의 따뜻한품에안겨
영광스런 문명의 력사를빛내이며

민족정책 빛발타고 높이솟은명렴소
꽃봉오리 키워주는 아름다운우리학

학 지혜와희망을 키워가는요람에
교 자애론선생님의 손길을따라

서 우리의민족문화 꽃피워간다
서 송이송이백화들이 피여난다

네 아 그 이름
네 아 그 이름

그 자랑 빛내여가자
그 자랑 빛내여가자

자료: 『중국조선족교육』, 1994년 8월.

심양시오가황조선족중심소학교 교가

자랑차게 작사 원계향 작곡 김 정

자료: 2012년 7월 17일 학교 복도 게시판 촬영.

교   오 가 황 중 심 소 학 교

심양시소가툰성교조선족중심소학교(신흥분교) 교가

작사 배영란 작곡 장길남

혼 하 강 물결 에 새 희망 움트 고
新兴小学 多壮观 座落在浑河畔
新兴小学 红旗展 理想在胸中燃

찬 란 한 해빛아래 꽃망울 피 여나 네
光阳灿烂 照学园 烛光闪烁腹心田
教室明亮 书声琅 教书育人普新章

조 국 의꽃 망울민족의 희망나라의 기둥감을 키 啊
祖国的花朵 民族的希望 一代新人 成长的地方
新兴的少年 沐浴着阳光 勤奋学习 茁壮的成长

우는 요 람 아~신 흥 학 교 는
啊 新兴小学是花园

화 원학 습 을잘하여 과학 의고 봉으 로 높 이오르 자
好好学习 天天向上 要把科学高峰攀 要把科学高峰攀

자료: 2012년 7월 16일 폐교된 학교 2층 게시판에서 촬영. 게시판에는 중국어로 되어 있었고, 한글 가사는 이종현 서기 제공. 이 교가는 대숙보향조선족중심소학교 교가로도 사용되었다.

심양시소가툰신흥촌소학교 교가

작사 정창경 작곡 리용담

동으로 천천산맥 아득히 있고
유유히 흐르는 혼하강 언덕
찬란하게 빛나는곳 우리 배움터
력사는 빛나니 신흥에 학원
새조선 새중국은 세워졌도다
모여라 조선의 어린이들아~

자료: 2012년 7월 16일 소가툰구 촌지에서 촬영.

심양시망화구조선족제2소학교 교가

행진속도로

작사 김명화 작곡 김혜영

거 연 히 솟 아 오 르 른 뢰 봉 기 념 비
유 유 히 흐 르 는 혼 하 강 반 에

그 빛 발 받 아 안 은 꼬 마 뢰 봉 들
꽃 봉 오 리 피 여 나 는 우 리 네 요 람

못 정 신 헌 신 정 신 키 워 가 면 서
미 래 의 푸 른 꿈 을 키 워 가 면 서

나 라 의 기 둥 으 로 자 라 난 다 네 아
세 기 를 주 름 잡 아 자 라 난 다 네

아 자 랑 넘 친 우 리 배 움 터

문 명 향 상 건 강 창 조 교 풍 빛 나 네 교 풍 빛 나 네

자료: 『중국조선족교육』, 1996년 7월.

심양시신성자구윤가향서광조선족소학교 교가

작사·작곡 김 일

료 하 벌 에 자 리 잡 은   서 광 학 교 는   아 름 다 운 서 광 촌 에   우 리 들 은 행 복 하 게
공 산 당 의 민 족 정 책   하 도 좋 아 서

꾸 려 졌 어 요   아 침 마 다 붉 은 기 나 붓 길 때 면   랄 랄 라 노 래 하 며
자 라 납 니 다   선 생 님 들 반 갑 게 기 다 려 주 는   배 움 의 요 람 으 로

학 교 로 가 요   아 아 아 우 리 학 교   자 애 로 운 어 머 니 마
찾 아 갑 니 다

냥   우 리 에 게 과 학 지 식 넓 혀 주 고 요   혁 명 의 리 상 도 키 워 줍 니 다

자료: 2012년 7월 28일 이 교가를 만든 김일 선생님 제공.

심양시조선족제1중학교 교가

작사·작곡 집체

해 방 의 금빛해 살 심 양 성비칠 때 겨 민
시 대 의 기적소 리 강 산 에울릴 때 겨 민

레 의 희망 대 로 우리 학 교세 워졌 네 나 스
족 의 념 원 대 로 그 이 름떨 쳐가 네 나 스

라 의 동 량 을 안 아 키 우 며 세 세
승 의 가 르 침 가 슴에 새 기 며 세 세

월 이 흐 를수 록 기 발 이 되 네 아
월 을 주 름잡 아 달 리 여 가 네 아

아 심 양 조 선 족일 중 그 전

통 이 영 광 길 이 길 이 빛 나 리

자료: 2008년 제작된 개교 60주년 기념 책자.

심양시조선족제2중학교 교가

작사 김희자   작곡 강명복

심 양 - 성 에 우 뚝 솟은   우 리 의 배 움 터

창 문 마 다 글 소 리 랑 랑   하 늘 가 에 울 리 네

선 생 님 의   얼 굴 - 엔   지 식 이 넘 치 - 고

우 리 들 의   가 슴 - 엔   희 망 이 넘 - 치 네   아

아   2 - 중   배 - 움 - 의 요 - 람

우 리 들 의   푸 른 꿈 을   키 워 갑 니 - 다   키 워 갑 니 다

자료: 2006년 제작된 개교 60주년 기념 책자.

심양시조선족제3중학교 교가
- 하나되어 -

작사 최준영·정진향   작곡 최준영·엄기훈

뜻하 지않은 아픔 을 겪었 어   너무

앞만보 고달 렸던 거야   이제 그누구 도 탓하지 말고

나의 부족함 을 다시 생 각 해   우리

에겐아 직희 망은 있어   어려
이우릴 지켜 보고 있어   우리

올 수 록 강 해 지 는 믿음   그래
의 시 작 을 의 심 할 꺼야   그런

___

자료: 한국가요인 〈하나되어〉를 사용한 교가이다. 이 가요는 1999년에 발표된 이 곡은 IMF를 극복하기 위해서 발표된 프로젝트 앨범이다. 당시 교장선생님이 가사가 좋아 교가로 사용했다고 한다. 최금철 선생님이 전체적으로 다시 조정했다고 한다.

다시시작해 보는 거야　　　　　　다시
그들에게보 여줘야해　　　　　　우리

태어나 는그 런맘 으로　　　우린 해낼수 있어
도몰랐 던또 다른 힘을

다시 일 어날 수있어　　　그토록　힘들었 던

지난시 련도　우린 하나되 어 이겼어　　세 상

하 나되어　이겼　어　　　　저 높이떠 오르 는

태양을봐 우릴 비 취주 고있잖 아　　　우리모두

손 을잡고　　희망의미 래를향　　　　해

우린 해 낼수 있어　　　다시 일 어날 수있어

그 토록 힘 들 었 던 지 난 시 련 도 우 린

하 나 되 어 우 린 하 나 되 어 하 나 되 어 이 겼 어

심양시조선족제4중학교 교가

작사 김룡성 작곡 오광복

겨레의 푸른꿈 안고 창업의 리상을 빛낸 이

심양 조선족 4중

혼하강반 넓은 벌에 자리를 잡은

민족의 슬기를 떨쳐가네

아~ 정다운 배움의 요람

아~ 언제나 자랑스런 배움터

선생님 따뜻한 교시아래

미래의 건설자로 자라나네

자료: 2012년 7월 학교 선생님 제공. 가사는 원래 2절이 있었지만 기억하는 사람이 없었다.

심양시조선족제5중학교 교가

희망에 넘쳐   작사 김용강 작곡 서영화

칠 성 산 아 래 에   자 리 잡 은 우 리 학 교
고 려 탑 아 래 에   자 리 잡 은 우 리 학 교

새 일 대 를 키 워 가 는   아 담 한 배 움 의 요 람
충 성 의 맘 키 워 가 는   아 담 한 배 움 의 요 람

선 생 님 의 가 르 치 심 아 로 새 기 며   미 래 의 깃 굳 게 굳 게
선 렬 들 의 참 된 뜻 을 이 어 받 아 서   현 대 화 의 역 군 으 로

다 듬 어 가 는 아   아 불 타 는 진 취 심 키 우
육 성 해 가 는 아   아 우 리 는 조 국 의 아 들

며   나 라 의 동 량 으 로 자 라 납 니 다
딸   나 라 의 동 량 으 로 자 라 납 니 다

자료: 『서영화 작곡집』, 료녕민족출판사, 2009년.

심양시조선족제6중학교 교가

궁지드높이 씩씩하게

작사 박성실·김명옥　작곡 서영화

유규한력사로　자랑많은이땅에　아담하게자리잡은
랑랑한글소리　교실마다울리고　정열에찬노래소리
배움의한길이　천리만리멀어도　슬기로날아넘을

우리의배움터　　겨레의피줄이은　새세대들이
교정에넘치네　　원대한리상품은　새세대들이
과학의상상봉　　언제나스승님들　우릴이끄니

청춘의푸른꿈을　키워간다네　아　아　조선족
현대화역군으로　자라난다네
비바람눈서리도　두렵지않네

6중　사랑스런우리학교　　6중6중

심양과함께　영원히빛내여가리　라

영원히빛내여가리　라

자료: 『서영화 작곡집』, 료녕민족출판사, 2009년.

심양시혼남신구조선족학교 교가

긍지드높이　　　　　　　　　　　　　　　　작사 편도현　작곡 서영화

종 소 리 언 제 나　정 다 운 학 교
언 제 나 고 마 운　선 생 님 그 품

새 지 식 익 혀 가 는　배 움 의 요 람
교 정 엔 밝 은 해 살　생 기 넘 치 네

청 운 의 푸 른 뜻　나 래 펼 치 며
우 리 말 우 리 글　익 혀 가 는 곳

앞 날 의 주 인 공 들　씩 씩 하 게 자 라 나 네　아
민 족 의 맑 은 얼 을　뿌 리 깊 이 전 해 가 네

아~ 심 양　혼 남 벌 창 공 아 래 우 뚝 솟 은 우 리 학

교 아 름 다 운 래 일 이 비 껴 오 리 라

아 름 다 운 래 일 이 비 껴 오 리 라

자료: 『서영화 작곡집』, 료녕민족출판사, 2009년.

라 　 　 아 름 다 운 래 일 이 　 비 껴 오 리

라

요녕성조선족사범학교 교가

좀 힘있고 자랑차게

작사 최영옥 작곡 김 검

료 동 벌 주 름 잡 아   헤 쳐 온
새 시 대 펼 쳐 가 자   보 람 찬

천   만   리   원 예 사 요 람 으 로
래   일   로   민 족 의 요 람 으 로

자 랑 도 많 았   네   자 랑 도 많   았   네
위 훈 을 떨 치   리   위 훈 을 떨   치   리

무 궁 화 피 여 나 는 정 다 운 교 정 은
새 기 상 넘 쳐 나 는 희 망 찬 교 정 은

푸 른 꿈 키 워 주 는 청 춘 의 활 무 대   아
리 상 이 나 래 치 는 인 생 의 활 무 대

한 떨 기 아 름 답 게

피 여 난 꽃 이 여   백 두 의

자료: 2012년 7월 학교 선생님 제공.

기 상 안 고　　겨 레 의 꿈 안 고　　영 원 히 피 여 나

리　　　　영 원 히 피 여 나 리

대홍학교 교가

작사 · 작곡 윤세복

등뒤에는 400장이나 되는 봉밀산
앞에는 두리가 800리인 흥개호
이 마당에서 뛰노는 배달소년들
억천만년 무궁하리… 우리…

자료: 『중국조선민족교육사료집』 1, 연변교육출판사, 2000년.

의성학교(義成学校) 교가

작사 · 작곡 미상

료동 만주 정기 모아 우뚝 솟은 봉
浮雲山과 發龍抬를 좌우로 두고
희망봉을 앞에 두고 감들여 앉은 집
우리 의성학교일세
만세 의성학교 만세
만세 의성학교 만만세

반도강산 신광채를 발휘하려면
이 문우에 터를 닦고 분발심으로
雪寒螢灯 괴로움을 참고 참으면
영원한 복이 들어온다
만세 의성학교 만세
만세 의성학교 만만세

자료: 『20세기 중국조선족문학사료전집』 제3집 항일가요(기타), 연변인민출판사, 2009년.

철령시은주구조선족소학교 교가

작사 정연순　작곡 윤금옥

채 하 강 강 반 에　우 뚝 선 우 리 학　교
룡 수 산 기 슭 에　우 뚝 선 우 리 학　교

그 이 름 도 정 다 워 라　은 주 구 조 선 소 학　교
그 이 름 도 자 랑 자 랑　은 주 구 조 선 소 학　교

단 결 성 실 분 발 항 상　빛 나 는 우 리 교　풍
착 실 고 심 진 취 항 상　우 량 한 우 리 학　풍

민 족 의 미 래 위 해 힘 과 지 혜 키 우 자　아
우 리 조 국 진 흥 위 해 배 우 고 창 조 하　자

아 정 다 운 은 주 구 조 선 소 학 교

그 이 름 도 길 이 길 이　빛 내 여 나 가 자

자료: 2012년 7월 학교 교장선생님 제공.

철령시조선족고급중학교 교가

씩씩하게

작사 김무길 작곡 허창환

자료: 2012년 7월 23일 학교 교장선생님 제공.

영 광 찬 란 한 철 령 시 조 선 족 고 급중학 교

개원시조선족중학교 교가

作詞 박병대 作曲 김진

청 하 수맑은물 이 굽 이 치 는 이 땅
중 국 과동갑나 이 배 움 의 요

새 억 을남겨놓 고 세 월 은 흘
추 중

에 은 혜 로 운해빛아 래 세 위 진 우 리 학
람 리 상 교의나래펼 친 매 들 은 얼 마

러 모 의옛모습 은 달 라 졌 어

교 스 승 과제자들의 정 이 홀 러 넘 치 서
냐 이 업 위 해피땀홀린 선 배 들 의 정 신
도 창 세

는 교 정 에들어서 면 가 습 이 뜨 겁 리
나 모 영 교의선배들 은 명 성 을 날 리
은 번 하 는오 변 함 이 없

네 아 자 랑 스 런 개 원 조 선 중 학
네

교 해 와 달 이 다 하 도 록 영 광 을 떨 치 리

자료: 『중국조선족교육』, 1991년 1 · 2월.

무순시신화조선족소학교 교가

보통속도 정서깊게　　　　　　　　　작사 원성진　작곡 조용철

자료: 2012년 9월 4일 김경덕 선생님 제공.

무순시 신촌조선족중심소학교 교가

씩씩하고 자랑차게

작사·작곡 설호근

혼 하의 물 줄 기 감 도 는 땅 에
뢰 봉 의 정 신 이 흐 르 는 땅 에

해 빛 도 찬 란 한 신 촌 소 학 교
희 망 도 빛 나 는 신 촌 소 학 교

선 생 님 의 가 르 침 희 망 으 로 꽃 피 고
단 결 우 애 분 발 로 향 상 의 길 나 가 는

현 대 화 의 미 래 향 해 우 린 자 란 다
우 리 들 의 앞 길 에 는 자 랑 이 있 다

아 행 복 한 배 움 의 요 람 터
아 행 복 한 배 움 의 요 람 터

현 대 화 의 일 군 으 로 우 린 자 란 다
공 산 주 의 미 래 향 해 우 린 나 간 다

자료: 『중국조선족교육』, 1996년 4월.

무순시리석채조선족소학교 교가

- 세월속에 빛나라 길이 빛나라 -

작사 김학송 작곡 박학림

혼 하 강 기슭 에 는 정 든 학 교 는
래 일 의 우 리 는 무 엇 이 될 가

겨 레 의 아 이 들 이 꿈 꾸 는 요람
나 라 의 기 둥 으 로 항 상 준 비 해

너 와 나 이 곳 에 서 즐 겁 게 배 우 며
너 와 나 리 상 으 로 손 에 손 잡 고

꽃 처 럼 나 무 처 럼 잘 도 자 란 다
온 세 상 에 모 교 영 광 떨 치 여 가 자

아 리 석 채 조 선 족 소 학 교

세 월 속 에 빛 나 라 길 이 빛 나 라

세 월 속 에 빛 나 라 길 이 빛 나 라

자료: 2012년 7월 18일 학교 현관 게시판 촬영.

신빈민족자치현조선족소학교 교가

1=C 2/4

작사 김진수　작곡 진정혁

아　침해 동산 에　두둥 실뜨 면
창　가에봄해 살에　따뜻 한교 실에
저　녁해서 산에　노을 로피 면

우랑　리는 랄랄 라　학교 로가 요
랑　녕한 우리글　소리 귀맛당겨 요
안　녕히 동학들　래일 만나 자

선　생님 우리를　반기 여주시 는
선　생님 뜻은 요　알찬 사람되래 요
선　생님 안녕 히　인사 드려 요

아　아　신빈 현　우리 학교 제일좋아 요
아　아　신빈 현　우리 학교 꽃동 네같아 요
아　아　신빈 현　우 리 학교 래일 더좋아

자료: 2014년 8월 학교 현관 게시판 촬영.

무순시동주구조선족소학교 교가

작사 김동식   작곡 리원식

유유히 흐르는 혼하를 옆에 안고
백의동포 민족의 얼을 지니고
공산주의 리상을 가슴에 안고

장백산 줄기 산 기슭에의 자리잡은 동주조 소소
우리는 모였다 지식식에 샘터인 동주조 소소
우리는 모였다 즐겁고 자랑찬 동주조 소소

유구한 력사리에는 꽃 펴가는 요 람
여기서 우리는 알찬교육받으 며
여기서 우리는 마음껏배우 며

네 품에서 푸른 꿈 키워가는 우 리들
희망찬 조국의 래일을위 하리 여
공산주의 후계자로 자라나는 우리 들

나가자 세계로 달리자미래로

우리의 재능을 떨치여나가자

자료: 2014년 7월 무순시 퇴직교원 리행준 선생님 제공.

무순시조선족제1중학교 교가

자료: 개교 60주년 기념 책자.

신빈만족자치현조선족중학교 교가

자랑스럽게   작사 김윤복 작곡 김광호

언 제 나 즐 거운   남 산 언   덕
당 의 해살 받아 안은   우 리 의 락   원

날 마 다 반 겨 주 는   배 움 의 요   람
겨 레 넋을 지 켜서 는   우 리 새 일   대

선 생 님 의 기 대 어 린   손 길 아 래 서
선 배 들 의 우 량 전 통   이 어 받 아

진 리 의 새 학 문 넓 혀 간 다 네   아
희 망 찬 중 학 시 절 꽃 피 워 가 네

아   신 빈 조 중 나 의 자 랑 이 요

한 마 음 한 뜻 으 로 빛 내 여 가 리   빛 내 여 가 리

___

자료: 개교 60주년 기념 책자.

단동시조선족중학교 교가
- 배움의 요람 -

작사 조옥자 작곡 박석주

유유히 흐르는 압록 강변에
유견화 만발하는 금강 산아래

세기를 기약한 우리 새일 대
영예를 떨치는 민족 의요 람

배 움의 종소리 에 가슴 설레
존사 애생 따사로 운 해빛 아래

며 미 래의 푸른 꿈 키워 간다
서 단결 성실 근면향 상 교풍 빛나

네 아 희 망넘 치는 우
네

리 학교 자 랑많은 배움 의요 람

배 움의 요 람이 여

자료: 2012년 7월 7일 학교 현관 1층 게시판 촬영(악보 없이 중국어 조선족 가사만 있었다).

본계시조선족중학교 교가

작사 박경옥   작곡 김영진

태자 하의 해맑은정기를 한몸에안
평정 산의 씩씩한기상을 한가슴안

고 해살밝은 언덕에 우뚝솟았
고 우리네교정은 글소리 랑랑즐겁

네 세기를기약한새일대 손에손잡
네 겨레의어여쁜얼굴들 단란히모

고여 단결진진창신 희망의원대한
새꿈을키워갑니다 아아 교정이여
리상을피워갑니다

정든교정이여 그대는배움의전 당민족의요

람 길이길이빛나리우리의 본계시조선족중학 교

자료: 2012년 7월 26일 학교 현관 게시판 촬영.

환인만족자치현조선족중학교 교가

장엄하고 자랑스럽게

작사 김안영   작곡 리복순

자 랑 찬 오 녀 봉 - 의   기 상 - 을 안 고
희 망 찬 리 상 - 을   가 슴 - 에 안 고

푸 르 른 - 혼 강 물 에   넋 을 담 - 아 리
창 가 - 에 - 넘 쳐 나 는   랑 랑 한글소 리

아 담 히 자 리 잡 힌 우 리 교 - 정   새 일 대 자 라 나 는
언 제 나 자 랑 스 런 우 리 교 - 정   새 일 대 자 라 나 는

배 움 터 라 - 네 아 아   희 망 찬   아 아   우 리
배 움 터 라 - 네

교 - 정   아 름 다 운 우 리 학 - 교   자 랑 스 런

1.
배 움 - 의 요 람 - 이 라 네

2.
요 람 이 라 - 네

자료: 요녕성 민족교육연구중심 김수남 선생님 제공. 『중국조선족교육』, 1991년 3월 수록된 교가는 후렴구가 다음과 같다.

아~ 희망찬 교정 아~ 배움의 요람 환인조선족중학교 사랑스런 배움의 요람이라네.

료양시조선족학교 교가

썩썩하게 행진속도로 　　　　　　　　　　　　작사 김성철　작곡 최만길

백 탑은 창 공에　거 연히솟아있　고

태 자하 맑은강 물　굽 이쳐흐 르 네

따 사론 당의해 살　함 뿍받으 며

문 명고 도엔 민 족학 교　일 떠 섰 네　아

아　　　　　　배 움 의요 람　아

아　희 망찬 에　료 양시조선족학 교

자료: 2012년 7월 25일 학교 선생님 제공.

영구시조선족고급중학교 교가

- 사랑스런 우리 학교 배움의 요람이여 -

빠르지않고 다정하게

작사 김옥화 작곡 려금보

료 하 를 한 품 에 안 은 료 남 벌 에　희 망 의
갈 꽃 향기 한 몸 에 담 은 료 남 벌 에　눈 부 신

붉 은 태 양 솟 아 올 랐 네　나 날 이 푸 른 꿈 아 름 답 게
꿈 나 무 무 럭 자 라 네　청 춘 의 리 상 을 가 슴 에

키 우 며 래 일 위 해 힘 차 게 달 려 간 다 네　아
품 고 겨 례 의 새 기 상 펼 쳐 간 다 네

사 랑 스 런 우 리 학 교　아

배 움 의 요 람 이 여　이 빛 나

거 라 영 구 시 조 선 족 고 중 이 여

영 구 시 조 선 족 고 중 이 여　조 선 족

자료: 개교 30주년 기념 책자(2008년).

고 중 이 여

대련시조선족학교 교가

작사 김부호·계영재   작곡 김승겸·윤대일

태평양의 바다물은 앞에놓였고   아세아의 큰대륙은
꿈과희망심어주는 우리배움터   불 멸의 가르침을

뒤에뻗쳤다해 변 도시이 땅에다   우 리 학교
가 슴에안고어 서 자라이 나 라의   기 둥되려

는   자 리를세웠다   우 리 우 리
고   분 발 하리라

우 리 학교 대   련 시 조선족학교   우 리 우 리

우 리 학교 길 이   빛 나 리

자료: 2012년 7월 학교 선생님 제공.

참고문헌

1. 단행본

강양원 · 클레어 유 편저, 『한국 이민 초기교육의 발자취』, 선인, 2011.

권태환 편저, 『중국 조선족사회의 변화: 1990년 이후를 중심으로』, 서울대학교출판부, 2005.

김남호, 『중국조선족 전통음악 대중음악론』, 민속원, 2010.

김익기 외, 『중국의 한민족청소년 현황 및 생활실태 연구』, 한국청소년정책연구원, 2007.

김택 주필, 『연변문사자료』(제6집), 내부 발행, 1988.

김향 작곡집 『선생님 눈동자』, 연변인민출판사, 2006.

동북조선민족교육과학연구소 편찬, 『중국조선족학교현황지』, 연변교육출판사, 2005.

동북조선민족교육출판사 美音體 편집실, 『김득만 동요 200곡집』, 동북조선민족출판사, 1996.

레이초우, 『디아스포라의 지식인』, 이산, 2005.

리윤선 주필, 『무순 대도조선족100년 개관』, 민족출판사, 2012.

리채렬 작곡집 『고향의 봄노래』, 내부자료, 1993.

목릉조선민족교육사편찬위원회, 『목릉조선민족교육사』, 흑룡강조선민족출판사, 2004.

박금해, 『중국조선족 교육의 역사와 현실』, 경인문화사, 2012.

박병순 주필, 『장백조선족 발전사』, 연변인민출판사, 2008.

박창욱 주필, 『개척』(중국조선민족발자취총서 1), 민족출판사, 1999.

박창일 주필, 『불씨』(중국조선민족발자취총서 2), 민족출판사, 1999.

서명훈, 『할빈시조선민족백년사화』, 민족출판사, 2007.

서울대학교 교육연구소, 『교육학용어사전』, 하우동설, 1995.

연변대학교육학심리학교연실 외, 『연변조선족교육사』, 연변인민출판사, 1987.

연변대학조선문학연구소 편, 『20세기 중국조선족문학사료전집』 제3집 항일가요, 연변인민
　　출판사, 2009.

연변정협문사자료위원회, 『연변문사자료』(제5집), 내부발행, 1988.

_____, 『연변문사자료』(제6집), 내부발행, 1988.

연수현민족종교사무국 외, 『연수현조선족100년사』(1903-2003), 민족출판사, 2005.

임채완 · 전형권, 『재외한인과 글로벌 네트워크』, 도서출판 한울, 2006.

장익선, 『연변민요의 음악적 특성과 전승양상에 대한 연구』, 민속원, 2010.

재외동포재단 교육부, 중국 조선족학교 현황, 2002년 내부 자료.

정협 길림성 연변조선족자치주위원회 문사자료위원회 편, 『연변문사자료휘집』 2, 연변인민
　　출판사, 2008.

중국조선민족교육사료집 편찬위원회, 『중국조선민족교육사료집』 1, 연변교육출판사,
　　2000.

차철구 외, 『중국조선족혁명투쟁사』, 연변인민출판사, 2009.

최범수 외 편, 『흑룡강성조선족교육사』, 동북조선민족교육출판사, 1993.

한국예술종합학교 한국예술연구소, 『한국작곡가사전』, 시공사, 1999.

한득수 주필, 『상지시조선민족사』, 민족출판사, 2009.

허청선 외, 『중국조선민족교육사료집 4』(하). 연변교육출판사, 2004.

허청선 외 주편, 『중국조선민족교육사료집 1』, 연변교육출판사, 2000.

황룡국 주필, 『봉화』(중국조선민족발자취총서 3), 민족출판사, 1989.

『김득만 동요 200곡집』, 동북조선민족교육출판사, 1996.

『룡정문사자료』(제1집), 내부자료, 1986.

『류영섭 작곡집』, 동북조선민족교육출판사, 1992.

『류하조선족학교 백년의 발자취』, 교육과학출판사, 2012.

『밀산조선족백년사』 편찬위원회, 『밀산조선족백년사』, 흑룡강조선민족출판사, 2007

『사진으로 보는 동북군정대학 길림분교』, 연변인민출판사, 2008.

『서영화 작곡집』, 료녕민족출판사, 2009.

『연길백년교육』(1901-2001), 내부 발행, 2001.

『연길백년교육』, 길림성 내부자료, 2001.

『우리동창들』, 연변인민출판사, 1990.

『정근포 작곡집』, 동북조선민족교육출판사, 1999.

『중국조선족민간음악집』, 연변인민출판사, 2008.

『최삼명 작곡집』 제1집 리상각 시편, 연변인민출판사, 2008.

『학생가요곡집』, 동북조선민족교육출판사, 1992.

『학생노래집』 1, 연변대학출판사, 1988.

金德龍, 『朝鮮学校の戰後史』, 社会評論社, 2004.

金炳鎬, 『中國朝鮮族人口問題研究』, 民族出版社, 2007.

吉林省地方誌編纂委員會, 『吉林省誌·教育誌』(卷37), 吉林人民出版社, 1992.

吉林市民族事務委員會, 『吉林市朝鮮族誌』(1907-1988), 內部資料, 1999.

丹東市民族宗教事務委員會民族志編纂委員會编, 『丹東朝鮮族志』, 辽宁民族出版社, 2000.

東北朝鮮民族教育科學研究所 編, 『中國朝鮮族學校誌』, 東北朝鮮民族教育出版社, 1998.

藤島宇内·小沢有作, 『民族教育: 日韓条約と在日朝鮮人の教育問題』, 青木新書, 1966.

遼寧敎育學院民族敎育研究部 編, 『迈向21世紀的中國遼寧省朝鮮民族學校一覽』, 遼寧民族出版社, 1997.

辽宁省教育志編纂委員會 主編, 『辽宁省普通教育年鑑』, 辽宁大学出版社, 1989.

辽宁省地方志編纂委員會办公室 主编, 『辽宁省志·教育志』, 辽宁大学出版社, 2001.

李得春, 『延边朝鮮族双语教育研究』, 延边大学出版社, 2012.

李鍾太 等 主編, 『沈陽市民族教育百年史』, 遼寧民族出版社, 2012.

朴三石, 『教育を受ける権利と朝鮮学校』, 日本評論社, 2011.

小沢有作, 『在日朝鮮人教育論』, 亜紀書房, 1973.

延吉市教育誌編纂委員會, 『延吉教育誌』(1901-1988), 內部發行, 1990.

延邊朝鮮族自治州教育局, 『延邊朝鮮族自治州教育誌』(1989-2006), 內部資料, 2008.

延邊朝鮮族自治州教育誌編纂委員會, 『延邊朝鮮族自治州教育誌』(1715-1988), 東北朝鮮民族敎育出版社, 1992.

延邊朝鮮族自治州檔案館編, 『中共延邊地委延邊專署重要文件滙編』(第2集), 內部文件, 1986.

王秉禎·董玉琦 主編, 『長春市教育誌』, 吉林人民出版社, 1995.

汪淸縣敎育誌編纂委員會,『汪淸縣敎育誌』(1909-1985), 內部發行, 1989.

朱成華 編著,『中國朝鮮族移民史』, 民族出版社, 2009.

崔相錄 외,『中國朝鮮族敎育的現状与未来』, 延邊大學出版社, 1995.

沈阳市民委民族志編纂办公室编,『沈阳朝鮮族志』, 辽宁民族出版社, 1989.

許靑善 · 姜永德 主編『中國朝鮮族敎育史』, 延邊敎育出版社, 2009.

辽宁省地方誌編纂委員會办公室,『辽宁省誌 · 敎育誌』, 辽宁大学出版社, 2001.

『吉林省敎育年鑒』編纂委員會,『吉林省敎育年鑒』(1949-1985), 吉林敎育出版社, 1990.

『延邊朝鮮族自治州敎育誌』編纂委員會,『延邊朝鮮族自治州敎育誌』(1715-1988), 東北朝
      鮮民族敎育出版社, 1992.

『中國朝鮮民族敎育史料集』編委會編,『中國朝鮮民族敎育史料集』第1卷, 延邊敎育出版社,
      2000.

2. 논문

구자억,「개혁개방 이후 중국의 사회주의 교육관 고찰」,『한국교육』제24집, 한국교육개발
      원, 1997.

권혜인 · 한용진,「중학교 교가 가사의 교육적 가치 탐구」,『교육문제연구』제26권 1호, 교육
      문제연구소, 2013.

길태숙,「재만조선인 항일투쟁노래의 과거와 현재적 의미: 신흥무관학교 교가를 중심으로」,
      『동방학지』제144호, 연세대학교 국학연구원, 2008.

김보희,「북만주지역의 독립운동가요」,『한국음악연구』제43집, 한국국악학회, 2008.

김정호,「중국의 소수민족교육과 다문화교육」,『사회과 교육』제47권 1호, 한국사회과교육
      연구학회, 2008.

리문철 · 안병삼,「중국 길림성 조선족학교 교훈의 문화적 특징 연구」,『한민족문화연구』
      70, 한민족문화학회, 2020.

리성일,「중국 동북삼성 조선족학교 교육의 현황과 발전방향에 대한 사고」,『동북아 한민족
      의 민족교육: 현황과 과제』, 2018 동북아 평화교육포럼, 2018.

리성철,「중국 동북3성 조선족학교 교육의 현황과 발전 방향에 대한 사고」,'동북아 한민족의
      민족교육: 현황 및 과제' 학술회의, 전남대학교 세계한상문화연구단, 2018년 12월.

문정매,『중국조선족학교 통 · 폐합의 원인분석: 흑룡강성 조선족학교를 중심으로』, 서울대

학교 석사학위논문, 2007.

민경찬, 「서양음악의 수용과 음악교육 : 일제 강점기의 초등음악교육을 중심으로」, 『음악학』 제9권, 한국음악학학회, 2002.

_____, 「중국 조선족의 항일군가와 일본의 노래」, 『한국음악사학보』 제25권, 한국음악사학회, 2000.

박금해, 「滿洲事變以前 北間島民族教育에 關한 一研究」, 『인문과학연구논총』 제18집, 명지대 인문과학연구소, 1998.

방창국, 「산재지구 조선족교육에서의 문제점」, 『중국조선어문』 1998(1).

변계원, 「한국음악에서 작곡에 대한 개념적 고찰」, 『음악학』 제14권, 한국음악학학회, 2007.

송수, 「보급할 만한 경험: 학부형학교」, 『중국조선족교육』 261 · 262, 1987년 7 · 8월호.

승윤희, 「서울시중학교의 교가 분석 연구」, 『예술교육연구』 제12권 1호, 한국예술교육학회, 2014.

신대철, 「한국 · 중국 · 일본의 서양음악 수용」, 『한국음악연구』 제38권, 한국국악학회, 2005.

심수경, 「일본의 校歌에 관한 연구: 근대기의 교가를 중심으로」, 『일어일문학연구』 제90권 2호, 한국일어일문학회, 2014.

안병삼, 「중국 요녕성 조선족학교 교가 연구」, 『한민족문화연구』 제43집, 한민족문화학회, 2013.

_____, 「中國 朝鮮族學校 校歌 分析」, 『인문연구』 제62호, 영남대학교 인문과학연구소, 2011.

_____, 「중국 조선족학교 교가에 나타난 한민족공동체의식」, 『민족문화논총』 제57집, 영남대학교 민족문화연구소, 2014.

_____, 「중국 조선족학교 교가에 대한 학생들의 의식 고찰」, 『디아스포라연구』 제7권 2호, 세계한상문화연구단, 2013.

_____, 「중국 조선족학교 교가의 가사 연구」, 『한국학연구』 제39집, 고려대학교 한국학연구소, 2011.

_____, 「中國 朝鮮族學校 校歌의 亡失과 그 特徵」, 『한국민족문화』 제39집, 부산대학교 한국민족문화연구소, 2011.

_____, 「중국 조선족학교의 교가교육에 관한 고찰」, 『한국동북아논총』 제18집 1호, 한국동북아학회, 2013.

_____, 「중국 흑룡강성 조선족학교 교가 가사 연구」, 『인문연구』 제69호, 영남대학교 인문과학연구소, 2013.

_____, 「중국 흑룡강성 조선족학교 교가 연구」, 『인문과학연구』 제35집, 강원대학교 인문과
    학연구소, 2012.

_____, 「중국조선족학교의 학교문화 연구: 교표를 중심으로」, 『동아시아문화연구』 제63집,
    한양대학교 동아시아문화연구소, 2015.

_____, 「초국가적 이동현상에 따른 중국 조선족의 가족해체 연구」, 『한국동북아논총』 제14
    집 3호, 한국동북아학회, 2009.

양춘식, 「西間島 獨立運動과 新興武官學校」, 연세대학교 교육대학원 석사학위논문, 2006.

이경자, 「중국의 근대 학제 개혁」, 『한국교육사학』 제42권 1호, 한국교육사학회, 2020.

이현정, 「조선족의 종족정체성 형성 과정에 관한 연구」, 『비교문화연구』 제7집 2호, 서울대
    학교 비교문화연구소, 2001.

일민, 「조선족교육에서 나타난 문제와 그 해결방법」, 『중국조선어문 1998(2)』, 1998.

임영언, 「재일코리안 조선학교 민족교육운동과 고교무상화제도 고찰」, 『로컬리티 인문학』
    제19호, 한국민족문화연구소, 2018.

임영언 외, 「재일조선학교에서 북송운동의 전파과정 고찰: '불꽃' 잡지의 내용을 중심으로」,
    『국제문화연구』 제11권 1호, 국제문화연구원, 2018.

임형재 · 김효신, 「중국의 이중 언어 정책의 변화와 민족학교 중국어 교수의 도입」, 『국제어
    문』 제65권, 국제어문학회, 2015.

장세일, 「향후 중국 조선족교육의 발전 전망」, 『한국교육사학회 학술발표논문집』, 한국교육
    사학회, 2002.

전병국, 「고려인 강제 이주 원인과 민족 정체성」, 『러시아어문학연구논집』 제35집, 한국러
    시아문학회, 2010, 201-221.

전영권, 「교가(校歌)에 나타난 대구의 지형관: 대구 초 · 중등학교를 사례로」, 『한국지형학회
    지』 제19권 4호, 한국지형학회, 2012.

정영홍, 「중국의 사회주의 현대화와 조선족교육의 미래」, 『교육철학』 제15권, 한국교육철학
    회, 1997.

조경란, 「현대 중국의 소수민족에 대한 국민화 이데올로기」, 『시대와 철학』 제17권 3호, 한
    국철학사상연구회, 2006.

채휘군, 「조선족 교육의 형성과정과 현안문제 고찰」, 『교육철학』 제29집, 한국교육철학회,
    2006.

최우길, 「중국조선족교육의 현황과 과제」, 『디아스포라연구』 제6권 1호, 전남대학교 세계한
    상문화연구단, 2012.

한흥화, 「『바람꽃』을 통해 본 조선족 정체성의 변이양상: 주인공 의식의 변화과정을 중심으
    로」, 『한국민족문화』 제38집, 부산대학교 한국민족문화연구소, 2010.

홍광기 · 리동근, 「농촌조선족교육에서 시급히 해결하여야 할 문제」, 『중국조선어문』
1999(2).

吉林省地方誌編纂委員會, 『吉林省誌 · 敎育誌』 卷37, 吉林人民出版社, 1992.
羅正日, 「关于黑龙江省朝鲜族教育情况的调查」, 『黑龙江民族丛刊』 95(6), 2006.
中島智子, 「朝鮮人学校保護者の学校選択理由—『安心できる場所』『当たり前』を求めて」, 『プ
ール学院大学研究紀要』 第51号, 2011.

3. 잡지 및 소책자

『중국조선족교육』, 1989년 10월.

『중국조선족교육』, 1989년 9월.

『중국조선족교육』, 1990 7 · 8월(합본).

『중국조선족교육』, 1990년 1 · 2월(합본).

『중국조선족교육』, 1991년 10월.

『중국조선족교육』, 1991년 11월.

『중국조선족교육』, 1991년 6월.

『중국조선족교육』, 1991년 7 · 8월(합본).

『중국조선족교육』, 1991년 9월.

『중국조선족교육』, 1992년 10월.

『중국조선족교육』, 1992년 11월.

『중국조선족교육』, 1992년 12월.

『중국조선족교육』, 1992년 4월.

『중국조선족교육』, 1992년 6월.

『중국조선족교육』, 1992년 7 · 8년(합본).

『중국조선족교육』, 1993년 12월.

『중국조선족교육』, 1993년 3월.

『중국조선족교육』, 1993년 4월.

『중국조선족교육』, 1993년 5월.

『중국조선족교육』, 1994년 10월.

『중국조선족교육』, 1994년 1월.

『중국조선족교육』, 1994년 5월.

『중국조선족교육』, 1994년 6월.

『중국조선족교육』, 1994년 9월.

『중국조선족교육』, 1995년 1월.

『중국조선족교육』, 1995년 2월.

『중국조선족교육』, 1995년 3월.

『중국조선족교육』, 1995년 8월.

『중국조선족교육』, 1995년 9월.

『중국조선족교육』, 1996년 11월.

『중국조선족교육』, 1996년 12월.

『중국조선족교육』, 1996년 2월.

『중국조선족교육』, 1997년 10월.

『중국조선족교육』, 1997년 2월.

『중국조선족교육』, 1997년 5월.

『중국조선족교육』, 1997년 8월.

『중국조선족교육』, 1997년 9월.

『중국조선족교육』, 1998년 1월.

『중국조선족교육』, 1998년 5월.

『중국조선족교육』, 1998년 6월.

『중국조선족교육』, 1999년 1월.

『중국조선족교육』, 1999년 2월.

『중국조선족교육』, 1999년 9월.

『중국조선족교육』, 2000년 10월.

『중국조선족교육』, 2000년 4월.

『중국조선족교육』, 2001년 11월.

『중국조선족교육』, 2004년 6월.

교하시조선족중학교 50주년 책자(2002년).

길림시조선족중학교 60주년 책자(2009년).

류하현조선족완전중학교 교지(校誌)(2005년).

배초구중학교 학교연혁 책자.

연길시제5중학교 건교 50주년 소책자.

연길시조양소학교 2007-2008학년도 제2학기 학교소개 책자.

왕청제2중학교 2005년 발간된 학교 홍보책자.

장백조선족자치현제2중학교 학교 소개 책자(2006년).

장백현제2실험소학교 설립 90주년 책자(2008년).

장춘시관성구조선족소학교 90주년 기념행사 책자(2012년).

통화시조선족중학교 60주년 책자.

화룡시광흥중학 60주년 기념 책자.

4. 신문 및 인터넷

도쿄 연합뉴스, 2017년 12월 29일.

'항일 민족의 요람' 명동학교 교가 복원, 한겨레뉴스(문화, 학술), 2013년 4월 24일.

흑룡강신문(http://hljxinwen.dbw.cn), 2013년 3월 22일.

흑룡강신문(http://hljxinwen.dbw.cn), 2014년 5월 30일.

http://www.okf.or.kr/homepage/index.do (검색일: 2020년 8월 12일)

https://news.naver.com/main/read.nhn?oid=028&aid=0002185284 (검색일: 2020. 06. 30.)

https://terms.naver.com/entry.nhn?docId=2273972&cid=50223&categoryId=51052 (검색일: 2020. 06. 29.)

http://www.newsis.com/ar_detail/view.html?ar_id=NISX20120917_0011451265&cID=10809&pID=10800 (검색일: 2020. 06. 29.)

이 책에 수록된 글들의 발표지

1. 안병삼, 「중국 요녕성 조선족학교 교가 연구」, 『한민족문화연구』 제43집, 한민족문화학회, 2013.

2. 안병삼, 「중국 조선족학교 교가에 대한 학생들의 의식 고찰」, 『디아스포라연구』 제7권 2호, 세계한상문화연구단, 2013.

3. 안병삼, 「중국 조선족학교의 한족 학생 수용에 관한 고찰」, 『한국민족문화』 제55호, 부산대학교 한국민족문화연구소, 2015.

4. 안병삼, 「21세기 중국 조선족학교의 '學校文化' 연구」, 『다문화와 디아스포라 연구』 제11호, 한국다문화 · 디아스포라학회, 2017.

5. 안병삼 외, 「해외 한민족학교의 교가 비교 연구」, 『인문과학논총』 제37권 4호, 순천향대학교 인문과학연구소, 2018.

6. 안병삼, 「중국 조선족학교 교가에 나타난 조선족의 현실 인식」, 『국제문화연구』 제12권 1호, 조선대학교 국제문화연구원, 2019.

7. 안병삼 외, 「중국 조선족학교 교가의 음악적 분석과 그 특징 연구」, 『한국민족문화』 제76호, 부산대학교 한국민족문화연구소, 2020.

8. 안병삼 외, 「중국 조선족학교 교가 음악 구성요소 분석」, 『동아시아문화연구』 제83집, 한양대학교 동아시아문화연구소, 2020.